오!
쉬운
영어

읽으면서 바로 말하는 영어 공부법 61

오십을 위한 쉬운 영어

오십을 위한

백선엽 지음

생각
정원

목차

3장 '한 단어'에서 '두 문장'까지 완성하는 3단계 학습

4장 최소한의 영문법 : 핵심 규칙 3가지로 시작하자

5장 패턴 학습의 기적 : 문법에서 길을 잃은 이에게

6장 영어는 콘텐츠다 : 기초를 완성하는 공부법13

오십, 가장 지혜로운 나이에
시작하는 영어

Start now. The future me will be grateful. 지금 시작하라. 미래의 내가

감사할 것이다.

－랄프 왈도 에머슨^{Ralph Waldo Emerson}

'영어를 좀 할 수 있다면, 자유롭게 다니며 더 많이 보고 느낄 수 있을

텐데⋯.'

이 생각은 한 지인이 영어공부를 다시 시작하는 계기가 되었습니다.

바로 인생의 버킷리스트 '홀로 여행'을 이루기 위해서라더군요. 세대를

막론하고 가장 많은 사람들이 버킷리스트 1위로 꼽은 것이 바로 '여행'

입니다. 특히 중년의 시기에는, 오랜 시간 가족과 일에 집중해온 자신에

게 주는 선물처럼 여행을 꿈꾸는 분들이 많습니다. 친구들과의 유쾌한

여행 혹은 나만의 속도로 떠나는 홀로 여행은 생각만 해도 지친 일상에

새로운 활력과 설렘을 주지요. 그런 여행을 꿈꾸거나 준비하면서 자연스럽게 '영어를 좀 할 수 있다면'을 생각하게 된 것입니다.

'AI 번역기의 도움을 받으면 되지'라고 생각할 수 있지만, 사람과 사람이 마주 보며 이야기를 나누고, 마음을 주고받는 경험은 기계 번역으로는 결코 대체될 수 없지요. 적어도 식사 주문이나 숙소 예약, 길 묻기 정도는 번역기 도움 없이 할 수 있어야 하지 않을까, 특히나 '홀로 여행'을 꿈꾸는 분들에게 '영어'는 꼭 곁에 두고픈 똘똘한 가이드니까요.

또한 많은 분들이 영어공부를 자기관리의 한 방법으로 삼고 있습니다. 새로운 언어를 배우면 뇌를 젊게 유지할 수 있다는 과학적 근거를 바탕으로, 게을러지기 쉬운 마음을 다잡고, 나약해지려는 자신을 일으켜 세우기 위해 영어에 도전하는 것입니다. 또한 오랜 시간 가족을 위해 헌신해온 삶에서 벗어나, 이제는 '나 자신'의 꿈을 위해 새로운 목표를 세우는 분들도 있습니다. 그 목표가 바로 '영어'인 거예요. 영어공부는 삶에 활력을 불어넣어 줄 뿐 아니라, 실제로 중년의 우울감을 이겨내는 데 큰 도움이 되었다는 분들도 많습니다.

'다시 시작하는 영어공부!' 가슴이 부풀어 오릅니다. 그러나 이내 망설이게 됩니다. '이 나이에, 너무 늦은 게 아닐까' 하는 생각에서죠. 하지만 늦은 게 아니라 이제야 영어를 공부할 진짜 이유를 갖게 된 겁니다. 학창시절 영어는 시험을 보기 위한 책상머리 공부였다면, 이제는 더 넓은 세상과 마주하고, 가족과 일에 치여서 소홀했던 나 자신과의 새로운 대화를 시작하는 아름다운 도전인 것이죠.

'그래, 도전!' 하고 용기를 냈다가, 또 자신이 없어집니다. 바로 학교 다닐 때 힘겨웠던 영어의 기억 때문이죠. 실제로 학창 시절 영어는 어렵기만 했습니다. 연습장이 까매지도록 단어를 외워도 금세 잊어버리기 일쑤였고, 복잡한 문법은 너무 어렵기만 했죠. 그렇게 우리에게 영어 추억은 쓰디씁니다. 그러나 이 책을 읽어가며 여러분은 '아, 영어가 이렇게 쉬운 거였어?' 그간의 고정관념이 깨지는 속 시원한 경험을 하게 될 겁니다.

실제로 원어민들이 쓰는 영어는 우리가 생각하는 것만큼 어렵지 않습니다. 오히려 단순하고 직관적인 표현들이 대부분이에요. '쉬운 말로 소통한다', 그것이 영어의 매력입니다. 실제로 저는 미국 유학을 떠날 때 문법책에 나오는 어려운 단어를 잔뜩 외우고 갔습니다. 그런데 원어민들이 제가 말하는 단어들을 잘 모른다는 사실을 발견했습니다. 그들은 쉬운 단어를 쓰고, 짧은 문장으로 소통하고 있었던 것이죠. 이 책의 2장에서 다루는 '네이티브는 쉬운 말을 쓴다'는 내용을 통해, 그 사실을 확인할 수 있을 겁니다.

얼마 전 영어를 다시 시작한 40대 분이 이런 말을 했습니다. "영어를 어디서부터 어떻게 시작해야 할지 막막해요. 그냥 '한 단계 한 단계 이렇게 하면 돼'라고 콕 집어서 이끌어줬으면 좋겠어요." 그 말에서 나침반 없이 낯선 길을 걷는 막막한 기분을 공감할 수 있었습니다. 그 말 한마디가 이 책의 출발점이 되었습니다. 많은 분들이 어려워하는 '영어=문법'이라는 편견을 깨고, 생초보를 위한 3단계 학습법을 구성했습니다.

즉 '하루 5단어 → 한 문장 → 두 문장 익히기'죠. '하루 5단어 익히기'라는 아주 작은 습관에서 시작해, 점차 한 문장, 두 문장으로 확장해 나가는 방법입니다. 두 문장까지 익히면, 영어의 기초를 완성하게 됩니다.

3장에서 "하루 5단어를 1년 동안 외우면 〈뉴욕 타임스〉를 읽을 수 있다"고 했는데, 그 말이 단순한 격려처럼 들릴지 모르지만, 결코 과장이 아닙니다. 작은 실천으로 그처럼 놀라운 변화를 경험한 분들이 이미 많으니까요.

문법에 얽매이지 않고 한 문장 익히기, 그리고 두 문장 학습은 무엇보다 쉽고, 그 효과도 탁월합니다. 원어민들은 길고 복잡한 문장보다, 짧고 명확하게 두 문장으로 나누어 말하는 것을 좋아합니다. 핵심을 분명하게 전달할 수 있기 때문이죠. 워런 버핏도 복잡한 경제 원리를 단 두 문장으로 간결하게 정리하며 큰 주목을 받았습니다.

"Price is what you pay. Value is what you get. 가격은 당신이 지불하는 것이고, 가치는 당신이 얻는 것이다."

사람들 앞에서 말하는 것을 두려워했던 그는, 이렇게 짧고 힘 있는 '두 문장' 표현법을 연습해서 자신감을 얻고, 효과적으로 메시지를 전달할 수 있게 되었다고 합니다.

우리는 예전에 문법의 미로에서 길을 잃었지만, 이제 더 이상 헤매지 않을 겁니다. 4장에서 제시한 영어의 핵심 규칙 3가지를 따라가 보세요. 문장의 기둥인 '주어+동사' 구조를 시작으로 시제와 어순의 원리를 쉽게 이해하고, 문법의 두려움에서 벗어날 수 있습니다. 5장에서는 '패턴 학습'이라는 매우 실용적인 접근법을 소개합니다. '문법을 몰라도 바로 영어로 말할 수 있다니.' 그 놀라운 기적을 경험하게 될 거예요.

6장에서는 영화, 음악, 요리, 여행 등 일상 속 친숙한 콘텐츠를 통해 영어를 즐겁게 배우는 13가지 방법을 소개합니다. '즐거운 감정이 스며든 배움은 결코 잊히지 않는다'는 심리적 배경에 주목한 방법이죠. 좋아하는 영화를 보며 대사를 따라하고, 팝송을 부르며 발음과 억양을 익히고, 요리 레시피를 영어로 따라 해보고, 여행 브이로그를 보는 것만으로도 영어가 삶 속에서 자연스럽게 스며듭니다. 영어가 공부가 아니라 인생의 재미가 되어가는 순간들을 경험하게 될 것입니다.

제가 30여 년 가까이 영어를 가르치면서, 늦깎이로 영어를 시작한 많은 분들이 젊은 학습자들보다 오히려 더 빠르게, 더 깊이 있게 영어를 습득하는 모습을 수없이 봐왔습니다. 중년의 학습자에게만 있는 '느긋한' 집중력, 분명한 목표 의식, 그리고 삶의 경험에서 우러난 단단함과 의지가 있기에 가능한 일입니다. 영어를 빠르게 배우는 것보다 중요한 것은 '끝까지' 놓지 않고 계속 이어가는 것입니다. 언어는 우리의 삶이고 호흡이니까요.

1장에서 진심을 담아 대화했던 한강 작가의 영어 인터뷰 사례처럼, 중요한 것은 언어의 완벽함이 아니라 자신의 생각을 있는 그대로 전달하는 진정성입니다. 결국 영어 학습을 통해 얻게 되는 것은 단순한 의사소통 능력이 아니라, 새로운 세계를 바라보는 시각과 스스로에 대한 믿음, 그리고 즐겁게 배우며 활기차게 살아가는 삶인 것이죠.

이 책은 전문 영어교재를 지향하지 않습니다. 하지만 저는 확신합니다. 여러분이 이 책을 끝까지 읽고 나면 영어를 바라보는 눈이 달라질 거라고요. 그저 책 한 권을 읽었을 뿐인데, 영어가 쉬워질 뿐 아니라 다른 어떤 일에도 '나도 할 수 있어'라는 자신감이 단단하게 마음속에 자리 잡을 것입니다. 그 자신감은 영어를 넘어 여러분의 삶 곳곳에 긍정적인 에너지로 확산될 것이고요. 이 책은 단순히 영어를 잘하는 법만 알려주는 것이 아니라, 오래 잠자고 있던 내면의 열정을 다시 깨울 테니까요. 중년이라는 인생의 새로운 계절에 과감하게 도전하도록 이끌어주고, 여러분 안에 숨어 있던 가능성과 용기를 다시 발견하게 할 것이기 때문입니다.

물론, 'Sorry, 이런 일은 늘 일어날 수 있답니다'라는 챕터 제목처럼, 영어 학습 과정에서 실수와 좌절은 피할 수 없는 과정입니다. 하지만 그럴수록 더욱 성장하고 있다는 증거이니, 절대 포기하지 마십시오. 영국의 작가 J.K. 롤링은 《해리 포터Harry Potter》 시리즈를 쓰던 시절, 매일 자신의 실수를 노트에 기록했습니다. 그녀는 그 노트를 'The garden where mistakes grow into lessons. 실수가 교훈으로 자라나는 정원'이라 불렀습니다. 즉 실수는 성장의 씨앗이라는 것이지요. 당연하게도, 씨앗을 뿌리지 않은 사람에게 수확이란 있을 수 없습니다.

지금까지 열심히 살아온 여러분, 이제 새로운 시작입니다. 지금부터가 여러분 자신을 위한 시간 속에서, 인생에 가장 빛나는 장면들이 펼쳐질 시기입니다. 꾸준히 한 걸음씩! 천천히 나아가다 보면 어느새 영어가 부담스러운 숙제가 아닌, 삶에 윤기와 생기를 더해주는 든든한 친구가 되어 있을 것입니다. 이 책이 여러분의 삶 속에 작은 변화의 바람을 일으키길, 그리고 그것이 아주 멋진 기적이 되기를 바랍니다.

I'm cheering you on in your challenge. 당신의 도전을 응원합니다.

2025년 5월 19일

Thailand 방콕에서

백선엽

Take it one day at a time.

하루하루 차근차근 해나가세요.

영어는 언제든
다시 시작해도 좋다

한강 작가의 영어 인터뷰가
아름다운 이유

'소설가 한강, 노벨문학상 수상!' 미국에서 일정을 마치고 귀국하는 길, 공항에서 뉴스를 들었습니다. "와우!" 감탄사가 절로 나왔죠. 우리나라에 노벨문학상 수상자가 나오다니요! 노벨상위원회와 진행한 전화 인터뷰에서 한강 작가의 답변을 듣고 또 한 번 놀랐습니다. 완벽한 문법, 화려한 수사, 원어민 억양을 구사해서가 아닙니다. 지극히 간결한 문장에서 작가의 진심이 잔잔하게 전해졌어요. 7분여의 짧은 인터뷰였지만 듣는 내내 그 풍경이 그려졌습니다.

서울 서촌의 어느 집. 느지막한 저녁 즈음에 벨이 울리고 작가는 핸드폰을 들었을 테죠. 노벨상위원회 측에서 수상을 축하하며 기분을 묻자, 작가는 차분한 목소리로 또박또박 말했습니다.

"I'm so surprised. 정말 놀랐어요." 그러고는 "I'm honoured. 영광스럽습니다"라고 덧붙였습니다. 단 두 마디! 짧고 단순한 말이지만 작가가 느꼈을 놀람과 감사의 마음이 충분히 전해져 왔습니다.

작가는 수상 소식을 들었을 때의 상황을 이렇게 말했습니다.

"**I just finished dinner with my son.** 방금 아들과 저녁 식사를 마쳤습니다." 자신의 일상을 있는 그대로 보여준 그 말에서 한강 작가 특유의 겸손함과 진실함이 묻어났습니다.

"노벨문학상 수상이 당신에게 어떤 의미인가요?"라는 질문을 받았을 때는 "**I'm honoured**"라고 말하고는 잠시 멈추었는데, 그 몇 초 사이에 흐르는 벅찬 감정과 정제된 기운이 저에게도 흘러드는 듯했습니다.

특히 기억에 남는 것은, "**I didn't work today.** 나는 오늘 아무것도 하지 않았습니다"라는 말로 시작해 "**I took a walk.** 산책을 했습니다"로 이어진 부분입니다. 장황한 수식어를 거둔 단순한 말이었는데, 평범한 일상의 순간이 의미 있게 전달되었지요. 작가의 담백한 표현에서, '언어란 마음을 담는 그릇이구나'를 새삼 느꼈습니다.

어려웠던 영어 추억은 그만!

자, 이제 영어 이야기를 해보겠습니다. 여러분은 '영어' 하면 어떤 기억을 갖고 있나요? 학창 시절 연습장이 까매지도록 단어를 쓰고, 영어 구절을 앞뒤로 짚어가며 해석했습니다. 오직 독해에 모든 노력을 기울였죠. 거기에 듣기와 말하기는 없었습니다. 사실 언어란 '듣기, 말하기, 읽기, 쓰기'의 총합인데 말이죠.

'**When I was your age~** 나 때는 말이야~' 하면서 떠올리는 영어책이 있죠? 바로《성문종합영어》입니다. 그 시절엔 영어 교재가 많지 않아서, 중학생은《기본영어》, 고등학생은《성문종합영어》를 선택했죠.《성문

종합영어》는 꽤 수준이 높았습니다. 은근 그 책을 들고 다니면 '영어 좀 하다'는 시선도 있었죠. 자기 실력을 고려하지 않고 선택한 교재는 앞부분 몇 장만 열심히 공부하다 멈추기를 반복했습니다. '명사 편'만 마르고 닳도록 보는 이들도 많았죠. '영어는 어렵다, 나는 영어에 소질이 없다'는 편견이 우리 머릿속에 각인된 것은 이때부터가 아닐까 싶습니다.

문법 중심의 학습은 시험을 잘 보는 데는 도움이 됐습니다. 하지만 일상에서는 말 한마디 못하고 알아듣기도 어려웠지요. 우리가 오랜 공부에도 영어를 넘을 수 없는 벽처럼 느낀 것은 문법에 갇혀 완벽한 문장으로 말해야 한다는 강박 때문입니다. 예를 들어보죠. 패스트푸드점에서 "햄버거에 양파 넣지 말아주세요"라고 주문하고 싶을 때, 영어로 어떻게 말할까요? 혹시 다음과 비슷한 문장을 만들려고 했나요?

I hope that there are no onions inside my hamburger. 나는 나의 햄버거 안에 양파가 들어가지 않기를 바랍니다.

그렇다면, 앞으로도 영어가 어려울 수밖에 없을지 모릅니다. 이럴 땐 "no onions!"라고 하면 되는데 말이죠. 한국어 문장을 영문법에 맞춰 완벽한 문장을 만들려다 보니 바로 말이 되어 나오지 않습니다. 뭔가 말이 안 되는 것 같으니까 더 당황하게 되고요. CNN의 유명 앵커 앤더슨 쿠퍼는 방송 초기에 겪은 경험을 이렇게 이야기했습니다.

"너무 완벽한 문장을 만들어서 질문하려다가 오히려 인터뷰이를 불편하게 만들었다. 그 바람에 대화를 망쳐버리고 깨달은 건, '간단명료한 질문이 가장 좋은 질문'이라는 것이다."

그의 말은 우리가 영어로 대화하는 데도 적용됩니다. '완벽한 문장이 곧 좋은 대화는 아니다.' '언어는 마음과 생각을 나누는 의사소통의 도구다!' 이 본질을 기억한다면, 우리는 몇 개의 쉬운 단어만으로도 말하고자 하는 바를 충분히 전달할 수 있습니다.

한강 작가가 쓴 단어는 누구나 알 만한 것들입니다. 'surprised', 'happy', 'peaceful'과 같은 쉬운 단어들이었지요. 문법의 완벽함이나 능숙한 표현보다 그 순간의 마음을 있는 그대로 전하려 했습니다. 때로는 문장이 엉키고 매끄럽지 않아도, 그 자체로 진정성이 느껴졌습니다.

물론 문법 공부는 필요합니다. 하지만 문법에만 매달리는 순간, 영어는 형식이라는 성에 갇혀버립니다. 혼자 성안에 들어앉아 문장만 들여다보는 공부가 되는 거죠. 우리는 꽤 오래 영어를 공부했지만, 사실 혼자만의 공부였던 탓에 외국인을 만나면 당황하고 피하게 됩니다. 대인기피증, 영어 울렁증을 느끼는 경우가 많아요. 지금 우리에게 필요한 것은 편견을 깨는 경험입니다. '아, 영어가 쉽구나.' 느끼는 경험 말입니다. 그 첫걸음은 일단 성문을 열고 밖으로 나가는 거예요. 자, 어려웠던 영어 추억은 잊고 시작해봅시다. '쉽고 간결한 표현'부터!

"You can do it."

Han Kang : Hello? 여보세요?

Jenny Rydén : Hello, is this Han Kang? 여보세요, 한강 씨인가요?

HK : Yes. 네

JR : Hi, my name is Jenny Rydén. I'm calling from the Nobel Prize.

안녕하세요, 제 이름은 제니 라이덴입니다. 노벨상위원회에서 전화드립니다.

HK : Yeah. So nice to talk with you. 네. 통화해서 정말 반가워요.

JR : Very nice to talk to you too. Please let me first express my

congratulations. 저도 반갑습니다. 먼저 축하한다는 말씀을 드리고 싶네요.

HK : Thank you. Thank you so much. 고마워요. 정말 감사합니다.

JR : How are you feeling right now? 지금 기분이 어떠세요?

HK : I'm so surprised and absolutely. I'm honoured. 정말 놀랐고, 정말 영

광입니다.

JR : How did you find out about the prize? 수상 소식은 어떻게 알게 되었나요?

HK : Someone called me and he talked to me about this news, so

of course I was surprised. And I just finished dinner with my son

and in Korea, it's just eight o'clock in the evening. So yeah, it's a very peaceful evening. I was really surprised. 누군가 저에게 전화를 해서 이 소식에 대해 이야기해 주었어요. 당연히 놀랐죠. 그리고 방금 아들과 저녁 식사를 마쳤습니다. 한국은 저녁 8시가 막 지났어요. 아주 평화로운 저녁이었죠. 정말 놀랐어요.

JR : And you are in your home in Seoul? 지금 서울 자택에 계시나요?

HK : Yeah, I'm at home in Seoul. 네, 서울 집에 있어요.

JR : And what have you been doing today? 오늘은 뭐 하셨어요?

HK: Today? I didn't work today and I just read a bit and I took a walk. It was kind of very easy day for me. 오늘요? 오늘은 일을 안 하고 책도 좀 읽고 산책도 했어요. 저한테는 아주 편안한 하루였어요.

JR : So you said you're with your son. What was his reaction to this? 아들과 함께 있다고 하셨는데요. 아들의 반응은 어땠나요?

HK: My son was surprised as well, but we didn't have much time to talk about this. We were surprised, and that's all. 아들도 놀랐지만 이에 대해 이야기할 시간이 많지 않았어요. 그냥 놀랐을 뿐이죠.

JR : I imagine. What does it mean to you getting the Nobel Prize in literature? 그렇군요. 노벨문학상 수상은 작가님에게 어떤 의미인가요?

HK : Yes, I'm honoured and I really appreciate your support, the support of the prize. I just appreciate it. 네, 영광이고, 상을 주신 여러분의 지지와 성원에 정말 감사드립니다. 그저 감사할 따름입니다.

하나씩 배우는,
공부 즐거움을 아는 나이

"The real self is not something one finds as much as it is something one makes. 진정한 자신은 발견하는 것보다 만들어가는 것이다."

세계적인 저널리스트이자 작가인 시드니 해리스Sydney J. Harris의 말입니다.

우리는 언제 '나이 들었구나'를 느낄까요? 바로 새로운 시도를 하지 않을 때입니다. 특히 나이 들어서 뭔가를 공부하겠다는 마음을 내기란 쉽지 않죠. 기억력과 체력도 떨어지고, 이미 충분히 배웠다거나 새로운 지식을 습득하기엔 너무 늦었다고 생각해서입니다. 무엇보다 시험을 보거나 직장을 구할 것도 아닌데, '어디 써먹을 데도 없는, 그 힘든 공부를 왜?' 싶은 거죠. 그런데 꼭 써먹을 데가 있어야만 할까요?

어릴 적 초등학교를 어른이 되어 가본 뒤 '운동장이 이렇게 작았나?' 놀란 경험이 있을 겁니다. 몸집이 커지고 눈높이가 달라졌기 때문이죠. 예전에 이해하지 못했던 것들이 '아, 그거였구나' 하고 이해되기도 합니다. 그간의 경험과 지혜, 변화된 관점 덕분이지요. 학창 시절 어렵기만 했던 교과서도 이제 보면 조금은 만만합니다. 시험을 위한 공부가 아니라 잊었던 걸 다시 배우고, 몰랐던 것도 새롭게 배우는 마음으로 가볍게 볼 수 있어서죠. 오롯이 배우는 즐거움은 나이 들어 누릴 수 있는 특권입니다. 제가 중년에 이른 분들에게 '목적 없는 영어공부'를 권유하는 이유입니다.

제 친구 명희 씨 이야기를 해볼게요. 지난해 딸이 워킹홀리데이로 캐나다에 갔습니다. 어느 날 영상통화를 하던 중 엉겁결에 딸의 호스트 패밀리와 인사를 나누게 되었습니다.

"Hi, how are you? 안녕하세요, 잘 지내세요?"

명희 씨가 짧은 인사를 했습니다. 영어를 잘하지 못하지만, 그래도 딸이 신세 지고 있는 만큼 잘 부탁한다는 뜻으로 인사를 건네고 싶었던 겁니다. 그는 자신의 말을 상대가 알아들을까 걱정했는데 호스트 패밀리가 따뜻한 미소로 화답하자, 더 이야기를 나누고 싶다는 마음이 생겼습니다. 무엇보다 '어, 나도 영어를 할 수 있겠는데?' 싶은 작은 용기가 생기더랍니다. 그 뒤 명희 씨는 매주 화상통화 때마다 영어로 한두 마디씩 건네기 시작했어요.

"Good morning"이나 "Thank you" 같은 간단한 인사말에서 시작했지만, 짧은 대화를 나누기에 이르렀습니다.

"How are you? 잘 지내세요?"라고 상대가 물으면,

"Good! You? 잘 지내요. 당신은요?"라고 답하고,

"Good too! 저도 잘 지내요"라고 상대가 말하면,

"Nice weather today! 오늘 날씨 좋네요!"라고 한 거죠.

상대방의 옷차림이 마음에 들 때는 이렇게 말했답니다.

"Like your shirt! 셔츠가 멋지네요."

그러자 "Oh thanks!"라며 상대방이 웃더라는 거예요.

그리고 마지막 인사는 "Nice talking to you! 대화 즐거웠어요"나 "Have a good day! 좋은 하루 보내세요!"로 마무리!

이렇게 인사하고 손 흔들면, 몇 마디 했을 뿐인데 뭔가를 해낸 듯 뿌듯함을 느꼈다더군요. 그 이야기를 듣고 좀 놀랐습니다. 예전에 그는 내성적이라 낯선 사람과 말하는 걸 어려워했으니까요. "영어는 영 자신 없다더니 용감해졌네?"라고 물으니까 그가 웃으며 말하더군요.

"나이 드니까 그런 게 좋더라. 사람을 너무 어려워하지 않는 거. 사람 사는 게 어디든 비슷하다 싶어서겠지. 그냥 고마운 마음을 전하고 싶어서 어설픈 영어나마 시작한 건데, 상대도 그 마음 알고 자연스럽게 받아주니까 할 수 있겠다는 용기가 생기더라고."

그의 이야기를 들으면서, '영어공부도 저마다의 타이밍이 있구나.' 싶었습니다. 필요성을 느끼고 마음이 열릴 때야말로 영어를 시작하기 좋은 때이죠. 그 점에서 50대는 최적의 시간대에 이른 셈입니다. 사회적 스펙 쌓기나 자녀 양육의 책임에서 어느 정도 자유로워지고 그런 여유 속에서 자신이 원하는 것이 무엇인지 탐색하고 시도해볼 용기를 낼 수 있을 때니까요. 다시 말해, 영어를 배우는 일이 단순히 '목적지'에 도달하기 위한 것이 아니라, 그 과정에서 새로운 것을 발견하고 자신을 더 이해하

게 되는 특별한 여행이 될 수 있는 것입니다.

영어를 배우지 않아도 나이는 먹어요

매일 아침 6시, 배우 김희애 님은 자전거를 타며 영어를 공부한다고 합니다. 벌써 10년 넘게 하고 있다는데, 그 비결을 묻자 이런 얘기를 했어요. "80세 된 할머니가 평생 한글을 몰라서 답답하다가 한글공부를 하면서 '저 읽을 줄 알아요' 하시며 행복해하는 마음을 알겠어요." 그 역시 행복하기 위해 영어공부를 하는 것이라는 얘기였죠. 영어공부는 자신을 완성시키는 느낌을 준다고도 했습니다.

"잘하고 못하고를 떠나서 뭔가를 할 수 있다는 게 힘이 되고, 제가 꽉 찬 느낌이 들어요. 살아있는 기분도 들고. 뭔가 '진행형'이라는 게 저를 행복하게 만드는 게 있어요." 그녀의 말 중에 '진행형'이란, 꾸준히 배우고 익히며 성장해갈 때 행복하다는 뜻으로 이해되었습니다.

나이 들어서 배우는 영어는 이뤄야 하는 과제가 아니라, 우리의 일상에 은은한 빛을 더해주는 과정일 수 있습니다. 꼭 어디에 써먹어야 한다는 부담이 아닌, 자신을 돌보며 하루하루 열심히 살고 있다는 자존감이 일상을 행복하게 하는 것이죠.

무언가를 배우기에 결코 늦은 나이는 없습니다. 중년은 '나이의 기회비용'이 청년기에 비해 크지 않습니다. 돈을 걸고 하는 투자가 아니라면, 도전에 실패하더라도 잃는 것보다 얻는 것이 더 많으니까요. 우리는 꾸준함의 힘을 알고, 실수에 너그러우며, 풍부한 인생 경험이 있습니다. 늦었다고 생각될 때도 다시 시작할 수 있죠. 그런 강단이야말로 지금까지 살아온 인생이 주는 놀라운 선물일지 모릅니다.

'뭐? 영어공부? 지금? 이 나이에?' 아직 이런 생각을 하는 분들에게 줄리아 캐머런^{Julia Cameron}의 이야기를 들려드리고 싶네요. 소설가이자 시인, 작곡가 등 다양한 방면에서 창조적으로 활동하는 그는 평범한 사람들의 열정을 깨우는 클래스를 운영하면서 전 세계 수많은 사람의 삶을 바꿔놓았지요. 하루는 한 중년 여인이 찾아와, 피아노를 배우고 싶지만 나이가 너무 많아서 망설이고 있다고 하죠. 그 말에 캐머런은 "나이는 생각 말고 피아노를 배워보세요"라고 말했습니다. 그러자 중년 여인은 이렇게 묻습니다.

"세상에, 제가 지금 피아노를 배워서 잘 칠 즈음이면 몇 살인지 아세요?"

그러자 캐머런이 답했습니다.

"물론이죠. 하지만 피아노를 배우지 않아도 그 나이를 먹는 건 마찬가지예요."

어떤가요? 배우든 안 배우든 시간은 갑니다. 그러나 배움을 시도하는 순간부터 우리는 다른 인생을 살게 될 거예요. 시간이 우리에게 가르쳐준 용기와 지혜로 함께 시작해봅시다.

"Let's try now."

영어를 잘했다면
인생이 달라졌을까

'아, 영어공부를 더 열심히 했더라면….' 이런 생각이 스쳐 지나갈 때가 있습니다. '영어를 잘했다면 지금과는 다른 삶을 살고 있을 거야.' 상상에 빠져보기도 합니다. 영어에 대한 경험과 아쉬움이 한 번씩 고개를 드는 거지요. 그렇다면 이런 질문을 던져봅시다.

'지금 영어공부를 시작한다면 내 인생이 달라질까?'

돌아보면 참 열심히 살았습니다. 치열한 학창시절을 마치고 사회에 나와 다양한 경쟁 속에서 살아남기 위해 애를 썼습니다. 결혼과 육아에 울고 웃던 나날들, 경제적인 어려움에 좌절했던 순간들, 뜻대로 되지 않은 일들에 고뇌하고 갈등하고, 그렇게 스스로를 다독이며 오늘에 이르렀습니다. 견뎌온 시간만큼 단단해졌기에 이제 무엇을 해도 두렵지 않은 나이가 되었죠. 무엇보다 자신이 무엇을 좋아하고, 무엇에 강한지, 무엇을 원하는지 알 수 있게 되었습니다. 그래서 이 시기야말로 진짜 꿈을 가져도 좋을 때가 아닐까요. 그동안 열심히 살아온 나에게 주는 선물로 말이죠. 특히나 영어공부는 꿈을 향해 나아가는 좋은 목표입니다.

자기계발 강사로 유명한 김미경 님의 꿈은 '자녀들 다 키운 후 미국 유학을 가거나 외국에서 무언가를 시작하는 것'이었습니다. 주위에서는 불가능한 꿈이라고 은근히 무시했다고 하죠. 하지만 그는 준비했습니다. 그가 영어를 공부하기 시작한 때가 53세입니다. 몇 년의 노력 끝에 기본적인 의사소통이 가능해졌고, 대중 앞에서 영어로 강의하는 작은 꿈도 이루었죠. 그는 65세에 미국 유학의 꿈을 이루기 위해 오늘도 하루 3시간씩 영어공부에 매달리고 있습니다. 그는 말합니다.

"누구에게나 골든타임이 있다. 첫발을 떼는 출발점에선 불안과 좌절 투성이지만 결국엔 만나게 된다. 비록 응원받지 못하는 꿈일지라도 아내의 꿈은 무죄다."

혹시 묻어둔 꿈이 있나요? 스티브 잡스는 "좋아하는 일을 찾으라. 그것이 열정을 불러일으키고, 꾸준히 할 수 있는 원동력이 된다"라고 말했습니다. 좋아하는 일에서 열정이 피어나고 그것이 꿈이라는 목표와 결과로 연결된다는 겁니다. 만약 꿈이 생각나지 않는다면 자신이 무엇에 관심을 갖고 있는지 살펴봐도 좋겠지요. 바로 다음과 같은 질문을 통해 자신의 꿈에 다가갈 수 있습니다.

'What am I immersed in? 나는 어떤 일에 시간 가는 줄 모르고 몰입하는가?'

'When am I most excited and thrilled? 나는 언제 가장 설레고 가슴이 뛰는가?'

'What do I find joy in? 나는 무엇을 할 때 기쁨을 느끼는가?'

이런 면이 있는 줄 나도 몰랐어!

줄리아 차일드^{Julia Child}는 1960년대 미국에 프랑스 요리를 소개한 스타 셰프입니다. 그의 삶은 영화 〈줄리 & 줄리아^{Julie & Julia}〉로 만들어지기도 했습니다. 정보요원이었던 그는 외교관인 남편을 따라 프랑스에 오게 되고, 마흔을 앞두고 편안하게 살아온 지난 삶을 돌아보던 중 문득 질문을 던집니다. 'What can I do? 나 뭐 하고 살지?' 늘 프랑스 음식에 감탄하며 맛있게 먹는 자신을 떠올리고는 직접 요리를 배워보기로 합니다. '직접 요리를 한다'는 것은 당시 파격적인 일이었습니다. 웬만한 중산층 가정에는 가정부가 있었고, 줄리아 자신도 제대로 요리를 해본 적이 없었죠. 그즈음 여성 인권의식이 두드러지지 않은 상황에서 그는 쉽지 않은 결정을 한 셈입니다. 훗날 줄리아 차일드가 티브이에서 요리 프로그램을 진행하며 인기를 끌자, 여권운동가들에게서 "Bringing women back into the kitchen. 여성을 다시 부엌으로 불러들인다"라는 날선 비판을 받기도 했습니다. 그러나 줄리아는 먹는 즐거움만이 아니라 요리하는 기쁨을 사람들에게 전하고 싶었을 뿐이었습니다.

프랑스 요리를 배우기로 했지만, 프랑스어가 관건이었습니다. 학창 시절 제2 외국어로 프랑스어 수업을 들었지만, 동사의 변화형만 달달 외웠을 뿐, 말할 수도 알아들을 수도 없었으니까요. 프랑스어로만 진행하는 요리학교에 입학한 그는 기초부터 시작합니다. 언어와 요리 모두 생초보였지요. 낯선 이방인을 대하는 수강생들의 달갑지 않은 분위기에도 포기하지 않고 꿋꿋이 따라간 끝에 그는 프랑스인 셰프들로부터 인정을 받습니다. 줄리아는 말합니다.

"I didn't realize there was a side to this. 이런 면이 있는 줄 나도 몰

랐어."

좋아하는 일을 하는 사람에게선 사신노 모를 열징이 셈솟는 것이죠. 600여 가지의 프랑스 요리법을 담은 책 《프랑스 요리의 기술Mastering the Art of French Cooking》을 완성했을 때 그의 나이 오십이었습니다. 줄리아 차일드에게 요리는 소중한 취미이자 꿈이었고, 새로운 언어 배우기는 그 꿈을 키우고 연결하는 다리였습니다.

이 책이 얼마나 대단한지 조지 랭George Lang이라는 셰프는 "1961년은 즐겁고도 중요한 3가지 사건이 일어난 해다. 파블로 피카소는 〈램프가 있는 정물화〉를 그렸고, 오드리 헵번의 영화 〈티파니에서 아침을〉이 개봉되었으며, 줄리아 차일드의 《프랑스 요리의 기술》이 출간되었다"라고 말하기도 했습니다.

하고 싶은 것이 있으신가요? 그렇다면 결과에 대한 부담 없이 열정의 온도를 높여보세요. 코미디언 김영철 님은 미국 무대에서 스탠딩 코미디를 하겠다는 꿈을 목표로 영어공부에 매진했습니다. 열심히 공부했음에도 미국에 진출하지 못하면 어떻게 되느냐는 물음에 그는 심플하게 답합니다. "그렇다면 저는 영어를 잘하는 사람이 되어 있겠죠."

앞에서 '지금 영어공부를 시작한다면 내 인생이 달라질까?'라는 질문이 있었습니다. 저의 답은 이렇습니다. "네, 달라집니다, 시작하는 지금이 순간부터!" '난 영어를 못해'라는 핑계를 버리고 시작하면, 더 넓은 세상으로 나아가는 영어 다리가 놓입니다. 이제 여러분의 꿈 이야기를 시작해봅시다. 당신의 내일이 기대됩니다!

"I'm excited about tomorrow!"

옥스퍼드 영어사전에 등재된
'콩글리시'

얼마 전 미국 빌보드 글로벌 차트에서 로제^{Rose}와 브루노 마스^{Bruno} ^{Mars}가 함께 부른 〈APT〉가 정상을 차지했습니다. 전 세계에 〈APT〉 열풍이 불었죠. 한국에서 'APT'는 원래 'Apartment'의 줄임말로, 콩글리시의 대표적인 사례로 여겨왔어요. 그런데 이제 이 노래를 들으며 단어와 문법이 기존의 고정된 규칙을 넘어서 어떻게 창의적이고 유연하게 변형될 수 있는지 목격하고 있습니다. SNS와 유튜브를 통해 사람들은 'APT'의 새로운 의미와 재미를 공유하며 문법 파괴마저 하나의 문화로 즐기고 있습니다. 이 현상은 우리에게 중요한 메시지를 전합니다. 언어는 고정된 틀이 아닌, 상황과 문화에 따라 끊임없이 진화하며 사람과 사람을 연결하는 도구라는 사실입니다.

파이팅^{fighting}, 스킨십^{skinship}, 피씨방$^{PC-bang}$ 등, 우리가 콩글리시라고 자조하던 이 단어들은 글로벌 사전인 옥스퍼드 영어사전에 당당히 등재되어 있습니다. 순 한국어인 대박^{daebak}, 오빠^{oppa}, 언니^{unni}, 한류^{hallyu}, 먹방

mukbang은 물론 '콩글리시Konglish'라는 단어도 사전에 올라 있습니다. 콩글리시가 '한국식 엉터리 영어'라는 뜻이지만 재플리시Japlish, 일본식 영어, 틴글리시Tinglish, 태국식 영어, 아라블리시Arabglish, 아랍식 영어, 렁글리시Runglish, 러시아식 영어 등 영어권이 아닌 각 나라에서만 통용되는 영어가 있습니다. 통칭하면 브로큰잉글리시Broken English, 문법적으로 맞지 않는 영어인데, 전 세계에서 가장 많이 쓰는 언어가 바로 '브로큰잉글리시'라고 봐도 무방하죠.

옥스퍼드 영어사전에 수록된 단어는 약 60만 개. 처음부터 영어가 이렇게 풍부하지는 않았을 겁니다. 인류 문화가 발전하고 교류하면서 새로운 단어들이 수용되었습니다. 일례로 영국의 대문호 셰익스피어의 문학작품에 등장하는 약 3만 개의 단어와 표현이 사전에 수록되었는데, 그 가운데 1,500여 개는 '영어의 최초 사용'으로 기록되어 있습니다. 셰익스피어가 만든 영어, 이른바 '셰익스피어 신조어'입니다.

셰익스피어가 만든 신조어

dawn 새벽	eyeball 눈동자
hot-blooded 다혈질	snob 속물
shooting star 별똥별	never ending 끝나지 않는
sweets 단 것	hurry 서두르다
Love letter 연애편지	successful 성공적인
bedroom 침실	useless 쓸모없는
schoolboy 남학생	fashionable 유행하는
dewdrop 이슬방울	lonely 외로운

옥스퍼드 사전편찬위원회는 한국어 단어 등재에 붙여 이렇게 설명합니다. "어휘 혁신은 영미권 국가에만 국한되지 않는다." 이는 한국어와 같은 비영어권 언어가 영어에 새로운 어휘와 표현을 추가함으로써 영어의 지평을 넓히고 있음을 의미합니다. 드넓은 영어의 바다에 한국어 단어들이 더해져, 영어 표현이 더욱 풍부해지는 데 일조한 것입니다. 콩글리시는 이제 단순히 한국 내에서만 통용되는 말이 아니라, 세계 영어 무대의 VIP 출입구를 슬쩍 두드리며 "저도 좀 들어가겠습다~" 하고 있는 중입니다. '빨리빨리' 문화처럼 콩글리시도 영어권에 빠르게 침투 중인 셈이죠.

이쯤 되면 콩글리시에 당당해져도 되겠죠?

2018년 응용언어학자이자 미국 메릴랜드 대학교 교수인 로버트 디케이저Robert DeKeyser는 "과도한 문법 교육은 오히려 의사소통 능력의 발달을 방해할 수 있다", 특히 "문법 규칙을 지나치게 강조하는 것이 학습자의 자발적 표현 의지를 억누르는 주요 원인"이라고 지적했습니다. 실험에 참여한 학생 중 78퍼센트가 "문법적 오류를 걱정하다 보니 말하기를 주저하게 된다"라고 답했습니다. 우리가 느끼는 언어 장벽이 연구 결과로도 증명된 셈입니다.

실제로 원어민들도 항상 문법에 맞는 완벽한 문장을 구사하는 것은 아닙니다. 우리가 중·고등학교에서 배우는 5형식 문형, 가정법, 분사구문 같은 복잡한 문법 규칙들은 일상 대화에서는 거의 쓰이지 않아요. 예를 들어, 친구끼리 말할 때 다음과 같이 줄임말을 자주 사용합니다.

"Wanna come with? 나랑 같이 갈래?" (Do you want to come with me?)

심지어 "Me too! 나도요!"나 "Me neither! 나도 그래!" 같은 문법적으로 틀린 표현도 많이 씁니다. 무법적 정확성보다는 친근하고 편안한 느낌을 주기 위해서죠. 마치 우리가 "그랭~"이나 "안녕하세욧!" 같은 친근한 말투로 대화하듯이, 영어에서도 친밀한 느낌을 주는 방식으로 대화합니다. 콩글리시라는 표현이 세계적으로 주목받는 단어로 거듭난 것처럼, 여러분도 시대의 흐름을 타고 자신 있게 소통의 문을 열어가면 됩니다. 언어는 규칙의 나열이 아니라 살아있는 의사소통의 도구니까요.

틀리면 창피하지 않을까?

영어로 말할 때 가장 큰 공포가 바로 발음입니다. '내 발음이 이상한가?' '내 말을 알아들을까?' '틀리면 어떡하지?' 두려워하죠. 그러나 전 세계에 통하는 수많은 브로큰잉글리시를 생각하면, 미국식·영국식 발음만이 '정확하다'고 여기는 고정관념도 옛날이야기가 되었습니다. 세계적인 배우 아놀드 슈워제네거도 유명해지기 전, 자신의 오스트리아식 억양 때문에 고민했습니다. 그는 대표작 〈터미네이터〉에서 "I'll be back. 곧 돌아올게"이라는 대사를 발음하는 데 어려움을 겪어 "I will be back"으로 바꾸고 싶어했지만, 제임스 캐머런 감독이 이를 거부했죠. 결국 그의 오스트리아식 억양은 기계 같은 느낌을 주어 영화의 성공에 기여했고, 처음에는 장애물로 여겨졌던 독특한 발음이 오히려 그의 가장 큰 자산이 되었다고 합니다.

저도 20년간 미국에서 생활하며 배운 가장 큰 교훈은, 완벽한 발음이란 세상에 존재하지 않는다는 사실입니다. 물론 진정성 있는 발음은 존재합니다. 발음의 완벽함이 아닌 생각과 감정을 나누는 의사소통이 중요하다는 거죠. 실수를 두려워 말고 대화를 시작해보세요. 만약 상대의 말을 못 알아들었다면 **"I'm sorry, could you say that again?** 미안한데, 한번 더 말씀해주시겠어요?" 같은 간단한 표현만으로도 충분히 대화를 이어갈 수 있습니다.

1970년대 중국 항저우에서 한 청년이 매일 새벽 낡은 자전거를 타고 40분 동안 달려 항저우 호텔로 향했습니다. 그는 영어를 배울 기회조차 없었던 평범한 젊은이였지만, 남다른 꿈을 품고 있었습니다. 그는 외국인 관광객들에게 영어로 말을 걸고 싶었지만, 아는 영어라고는 단 두 마디, "Hello"와 "Thank you"뿐이었죠. 매일 아침 똑같은 시간에 호텔로 간 그는 문을 나서는 외국인에게 다가가 무료로 도시를 안내해주겠다고 제안했습니다. 처음에는 그의 말을 이해하지 못하는 관광객들이 대부분이었죠. 하지만 그는 포기하지 않았습니다. 무려 9년 동안이나요. 이때의 영어공부를 발판으로 그는 훗날 세계적인 기업가가 됩니다. 바로 알리바바의 창업주 '마윈Jack Ma'의 이야기입니다.

그 뒤 사업가로 성장한 마윈은 전자상거래 회사를 세우고 투자자를 찾기 위해 고군분투합니다. 모두 38개의 벤처 캐피탈Venture Capital로부터 거절을 당한 후, 2000년 소프트뱅크SoftBank의 손정의Masayoshi Son 회장으로부터 2천만 달러(약 250억 원)의 투자를 받았습니다

컴퓨터 전공자도 아닌 마윈에게 손 회장이 거액의 투자를 결정한 것은 프레젠테이션하는 마윈의 강렬한 눈빛, 상대의 눈을 바라보며 말하는 태도에 있었다고 하죠. 마윈이 젊은 날 관광객들 앞에 나섰던 용기와 영어를 배우며 키운 자신감 덕분이었을 겁니다. 마윈은 말했습니다. "실수

를 두려워하지 마세요. 그때 나는 매일 아침 새로운 실수를 했고, 그 실수 덕분에 새로운 것을 배울 수 있었어요. 관광객들은 제 서툰 영어를 웃으면서 고쳐주었고, 그렇게 대화를 나누며 조금씩 자신감을 얻었어요."

우리는 '틀리면 창피하지 않을까?'라는 걱정에 입을 다물지만, 언어 학습에서 가장 중요한 것은 시도하는 용기, 실수해도 주저하지 않고 반복하는 자신감입니다.

'별거 아니야'라는 태도가 필요해

미국에서 지낼 때 근처 타운에 한국인이 운영하는 작은 카페가 있었습니다. 어쩌다 미국에 카페를 열게 된 영미 씨는 처음에 외국인 손님이 들어올 때마다 가슴이 덜컥 내려앉았습니다. 그에게 영어는 공포였죠. 메뉴판에 영어로 설명을 달아두었지만, 손님이 추가로 물어볼까 봐 주방으로 숨은 적도 있습니다. 자신의 어설픈 발음을 못 알아들으면 어쩌나 싶었던 거죠.

변화가 찾아온 건, 매일 아침 카페를 방문하는 한 미국인 학생 덕분이었습니다. 늘 밝은 표정으로 인사를 건네는 그 학생을 보며, 영미 씨는 더 피하면 안 되겠다는 결심을 했습니다. 그날부터 거울을 보며 연습을 이어갔죠. 처음엔 떨리는 목소리로 겨우 인사하는 정도였지만, 한 달쯤 지나자 "Can you tell me where the napkins are? 냅킨이 어디 있는지 말해줄 수 있나요?"라는 질문에도 자연스럽게 답할 수 있게 되었습니다.

영미 씨의 작은 용기가 가게 분위기를 바꾸어놓았습니다. 영미 씨는 더 이상 손님들을 피하지 않았고, 손님들은 영미 씨의 말을 끝까지 들고 천천히 답해주었죠. '괜찮아요. 기다릴 테니 천천히 말하세요'라는 무언의 대화가 그들 사이에 흘렀습니다. 애초부터 서툰 발음은 아무런 문제가 되지 않았던 것입니다.

언어는 결국 마음과 마음을 잇는 다리입니다. 진심이 담긴 "You OK? Me help!"가 완벽한 문장보다 더 큰 감동을 줄 수 있습니다. 언어 학습은 마치 음식을 경험하는 과정과 같아요. 맛있는 음식을 먹을 때, 우리는 단맛과 짠맛을 분석하지 않죠. 그저 한입 베어 물고, 느끼고, 경험하면서 자연스럽게 그 맛을 기억하게 됩니다. 영어도 마찬가지입니다. 상황 속에서 느끼고 경험하며 배우는 것이죠. 맛있게 먹은 음식이 오랜 시간 기억에 남듯, 상황 속에서 체득한 영어는 여러분의 삶에 자연스러운 일부로 자리 잡게 됩니다.

요리연구가 줄리아 차일드는 아주 통찰력 있는 명언을 남겼습니다. **"In cooking, you've got to have a what-the-hell attitude.** 요리에서는 '별거 아니야'라는 태도가 필요하다." 이는 영어 학습에도 그대로 적용됩니다. 마치 맛있는 요리를 만드는 것처럼, 영어를 즐기면서 접해보세요. 때로는 레시피를 벗어나 새로운 시도를 하듯, 여러분만의 방식으로 영어와 친해지시기 바랍니다. 영어를 요리해보세요, 이런 태도로요.

"What-the-hell attitude!"

Sorry, 이런 일은
늘 일어날 수 있답니다

영어공부는 다른 문화를 배우는 재미있는 여정이기도 합니다. 단순히 언어의 규칙을 배우는 것을 넘어, 그 속에 담긴 사람들의 삶과 가치관을 이해하는 일이기 때문이죠. 뉴욕에 머물 때 일입니다. 어느 겨울 아침, 카페에서 제가 실수로 옆 테이블에 앉은 손님의 커피를 엎질렀습니다. 순간 어찌할 바를 모르는데, 그 손님이 먼저 이렇게 말했습니다.

"Oh, sorry! I shouldn't have put my coffee there. 오, 죄송해요! 제가 커피를 거기에 두지 말았어야 했네요." 그분은 제가 닦는 걸 도와주며 따뜻하게 덧붙였죠. "No worries, these things happen! 걱정하지 마세요, 이런 일들은 늘 일어납니다!"

실수는 누구에게나 일어날 수 있는 일이니 괜찮다는 배려였습니다. 그 말을 들으니 당황스럽던 마음이 좀 풀어졌습니다. 한편 많은 걸 배우기도 했어요. "Sorry"는 의례적인 사과가 아니라 상대방을 배려하는 따뜻한 마음에서 나온다는 것, "Thank you"는 단순한 감사가 아닌 존중하는 마음의 표현이라는 것, 일상적인 표현으로 무심코 썼던 말의 의미를 새롭게 배웠죠.

그날 이후 **"These things happen!** 이런 일은 늘 일어날 수 있다"는 말이 떠오르는 상황에서, 상대를 배려하며 한결 여유롭게 대처할 수 있게 되었고요. 이처럼 새로운 언어를 배우면서 우리는 삶에 대한 새로운 통찰과 문화를 배우고, 인간관계의 본질을 이해하게 됩니다. 이쯤에서, 영어권 문화를 이해할 수 있는 몇 가지 예를 살펴볼게요.

Could you possibly~ : 개인 공간과 존중의 문화

영어권 문화에서 가장 눈에 띄는 점 중 하나는 바로 '개인 공간'과 '존중'입니다. 이 가치들은 지금 우리 일상에서도 자연스럽게 받아들여지고 있지만, 여전히 무시되는 경향도 있죠.

할리우드의 배우 드류 베리모어^{Drew Barrymore}가 처음 영국 영화에 출연했을 때 일입니다. 그는 영국 배우들과 이야기를 나눌 때 상대가 자꾸 뒤로 조금씩 물러서는 느낌을 받고는, 자신에게 무슨 문제가 있는지 고민했습니다. 몸에 뿌린 향수가 너무 강한 것일까, 아니면 내 호흡이 불쾌한 것일까. 시간이 흐른 뒤 그것은 개인 공간을 중시하는 영국인들의 독특한 문화적 특징이라는 사실을 알게 됩니다. 타인과 적절한 거리를 유지하고, 신체 접촉을 조심하고 지나치게 사적인 질문을 자제하는 것이죠. 그 문화를 알고 나면, 일상에서 쓰는 영어의 뉘앙스와 패턴을 이해하는 데 도움이 됩니다.

상대의 시간과 공간을 존중하는 표현들

Can I get a little more space, please? 조금만 더 공간을 주실 수 있을까요?

Sorry to interrupt, but… 방해해서 죄송한데요…

Take your time. No rush. 천천히 하세요. 급하지 않아요.

I need a moment to think about it. 잠깐 생각할 시간이 필요해요.

이 표현들 속엔 상대의 시간과 공간을 존중하고, 그들의 결정을 존중하려는 섬세한 배려가 녹아 있습니다. 'Could you possibly~ ~해주시겠어요?'와 같은 패턴을 자주 사용하는 것도 같은 이유입니다. 'Can'이 상대에게 바로 해달라는 요청이라면, 'Could'는 거절을 염두에 둔 조심스러운 부탁입니다. 그 문화를 이해하면 더 정확하고 자연스럽게 영어를 사용할 수 있게 됩니다.

Small talk : 어색함을 깨는 날씨 이야기

미국인이나 영국인들은 낯선 이들과 눈이 마주치면 눈인사를 하거나 간단한 물음으로 말을 걸기도 합니다. 영국 회사에서 근무하게 된 한국인이 그들의 인사 문화에 당황했다는 이야기를 들은 적이 있습니다. 하루에도 몇 번씩 마주칠 때마다 "How about you? 너는 어때?"라고 반복적으로 물어서 당황한 것이죠. 우리는 보통 하루에 한 번 인사하고 나면 끝이잖아요.

영미권에서는 "How are you? 잘 지내세요?"와 같은 질문이 실제 상태를 묻는 것이 아니라, 대화를 시작하기 전 분위기를 부드럽게 하기 위한 인사말에 가깝습니다. 이런 문화를 처음 접하는 외국인들은 종종 자신의 상태를 진지하게 설명하곤 하지요. 특히 날씨에 대한 이야기는 대화의 소재로 매우 자주 쓰입니다. 처음 만나는 사이는 물론 일상적인 대화를 시작할 때, 어색함을 깨기 위한 일종의 '스몰 토크small talk'입니다.

A : It looks like it may rain soon. **곧 비가 올 것 같아요.**
B : Yes, it does. **네, 그런 것 같아요.**
A : I like rainy days. **저는 비 오는 날을 좋아해요.**
B : I see. **그렇군요.**

맑다가 갑자기 비가 내리고 쌀쌀해지는 등 섬나라 영국의 날씨는 변화무쌍하죠. 전통적인 영국 신사가 모자와 코트, 우산을 늘 휴대하고 다니는 것도 다 이유가 있습니다. 사실 날씨만큼 가볍게 말 건네기 좋은 주제가 있을까요. 날씨 이야기로 가볍게 말을 건네다 점점 대화가 깊어지는 거죠.

'How you doin'?' : 시대의 흐름이 담긴 미드

미국 드라마(미드)를 통해서 시대의 언어와 문화를 동시에 배울 수 있습니다. BTS의 RM도 영어공부를 위해 봤다는 유명한 미국 시트콤이 있어요. 바로 〈프렌즈Friends〉입니다. 1990년대와 2000년대 초반의 패션, 생활방식, 대중문화를 잘 담아냈죠. 드라마 속 인물인 조이의 시그니처 대사가 있습니다. **"How you doin'?** 안녕, 잘 지내냥?" 조이의 유머스럽고 능글맞은 성격을 잘 보여주는 인사말입니다. 특히 이성을 유혹하는 플러팅 방식으로 사용한 표현인데 1990년대 젊은 세대의 쿨하고 즉흥적인 접근방식을 잘 대변해서 인기를 끌었습니다.

또 다른 미드 〈버진 리버Virgin River〉를 보면 떠오르는 영어 표현이 있습니다. **"Take it one day at a time.** 하루하루 차근차근 해나가요"이라는 말인데요. 이 표현은 '하루씩만 생각하며 살아가라'는 의미로, 감정적으로 힘들 때 과거나 미래에 대한 걱정보다 현재에 충실하라는 메시지를 담고 있습니다. 작은 마을의 일상과 인물들의 감정선을 차분히 그려내는 이 드라마의 분위기와 딱 어울리는 표현이죠. 요즘처럼 힐링이 중요한 시대에, 현대인의 불안과 스트레스를 다독이는 위로의 말로 여전히 많은 이들에게 공감을 얻고 있습니다.

현대의 가족간 세대 차이와 갈등을 코미디로 풀어낸 드라마 〈모던 패밀리Modern Family〉에서는 생생한 일상의 표현들을 배울 수 있습니다. **"What's the deal with that?** 이게 뭔 일이야?" 또는 **"No biggie.** 별거 아니야"** 같은 것들이죠.

우리는 영어를 배우며 더 넓은 세계를 만나게 됩니다. 얼마나 멋진 경험인가요. 그 과정에서 우리의 사고를 확장하고, 문화적 이해를 깊게 하며, 감정적 공감을 키우면서, 풍요로운 삶을 살아가는 방법까지도 배우는 거죠. 새로운 단어 하나, 짧은 문장 하나가 그날그날의 소중한 수확입니다. 그 작은 것들이 쌓여 어느덧 영어의 큰 숲이 되어갈 테니까요.

"Small steps, big changes!"

알고 있다는 착각과
모른다는 착각

학교 졸업하고 나서 영어 쓸 일도 없고 육아 마치고 이제 뭐 해야 하나. 머리는 돌이 된 거 같고, 주위에선 노년의 치매 예방을 위해 언어를 배워야 한다는데… 이제 와서 생판 다른 언어를 배우는 건 그렇고, 30년 놓고 있던 영어를 다시 공부해볼까 하는데 어떻게 해야 할까요?

미국에 장기간 머물 일이 생겼어요. 이 나이에 미국 갈 일을 상상하니 설레기도 하고 두렵기도 합니다. 주변에서는 어설픈 영어 하지 마라, 그럼 서로 고생이다, 번역기 쓰면 되니 걱정하지 말라고도 합니다. 능숙한 회화까지는 아니더라도 몇 마디라도 해야 할 상황을 피하지는 말아야 하지 않겠어요? 기초부터 공부하자니 창피하기도 하지만 이제 피하지 않으려고 합니다.

영화 〈오만과 편견〉을 보고, 원작인 제인 오스틴의 소설을 원어로 보고 싶다는 생각이 들었어요. 난생 처음으로 영어공부 하고 싶다는 생각이 들다니! 매사 의욕 없는 성격인데 나이 들어 이런 마음이 들다니 신기합니다. 너~~~무 영어 머리를 안 써서 기본적인 단어조차도 인식이 안 되는 상황인데, 저의 이 마음을 꺼뜨리고 싶지 않아요.

영어공부하고 싶다! 그런데 뭘 어떻게 시작해야 할지 모르겠어요. 컴으로 하면 된다, 앱 많다, 그냥 혼자 하면 된다고 하는데, 그걸 알겠으면서도 모르겠고, 옛날식으로 학원에 다니면서 워밍업을 하는 게 나은 건지… 무엇부터 어떻게 해야 할까요?

한 커뮤니티에 올라온 사연들입니다. 상황은 조금씩 다르지만, 모두 '영어공부를 하고 싶다, 나에게 용기를 다오!'라는 진심이 느껴집니다. 저는 이분들의 마음이 참 귀합니다. 무엇을 하고 싶다는 '자발적인 의지'가 일어날 때, 인생의 변화는 시작되니까요. 그런데 이런 욕구들은 망설임으로 끝나거나, 작심삼일이 되기 쉽죠. 사실 우리 인생의 수많은 시작들이 그랬습니다. 불발탄 같은 것들 말입니다. 그 가운데 '영어'만큼 미련을 버리지 못한 것이 있을까요? "영어, 해도 해도 잘 안 되고 어렵기만 해요"라는 어느 독자의 애증 섞인 고민이 떠오릅니다. 영어에 대한 미련이 사라지지 않는 것은, 우리가 정말 진심으로, 끝까지, 제대로 해보지 않아서일지 모릅니다. 우리를 찜찜하게 만드는 '어렵다'는 생각에 숨은 두려움의 실체를 한번 솔직하게 들여다봅시다.

기초부터 다시 해야 한다는 부담감 : '이 나이에 다시 기초부터 시작해야 한다니, 언제 다 배우지?'

과거 실패의 기억 : '예전에도 하다 말았는데, 이번에도 마찬가지겠지.'

비교에서 오는 열등감 : '나랑 비슷한 나이의 저 사람은 유창한데, 난 왜

이럴까?'

감추고 싶은 영어 실력 : '영어를 못한다는 걸 남들이 알까 두려워.'

이 가운데 무엇이 여러분의 도전을 주저하게 만드나요? 모두 다 인가요? 그럼 하나씩 묻고 답해보세요. 이 나이에 기초부터 시작하는 게 뭐 어떤가요? 예전에 영어를 '쫌' 공부했어도 계속 쓰지 않은 탓에 다 잊어버린 사람도 많습니다. 예전에 하다 말았으면 이번엔 끝까지 가봅시다. 영어를 잘하는 사람들은 그만큼 엄청난 노력을 했을 겁니다. (영어 공부의 왕도는 없다, 오직 꾸준한 반복만이 답이라는 걸 우리는 알잖아요!) 그리고 당신의 영어 실력에 관심 있는 사람은 없을 겁니다. 또 남들이 알기 전에 실력을 갈고 닦으면 어떤가요? 나의 미숙함과 취약함을 솔직하게 인정함으로써 도움을 받을 수도 있습니다. 나의 성장을 가로막는 건 확인되지 않은 두려움과 편견들일 뿐이죠.

드라마 〈버진 리버〉는 들키고 싶지 않은 상처를 가진 간호사 멜이 외딴 시골마을인 버진 리버에 정착하면서 일어나는 이야기를 담고 있습니다. 멜은 이 작은 마을에서 또 다른 상처를 갖고 있는 잭을 만나는데, 두 사람은 서로를 격려하며 이렇게 말합니다.

Take it slow. 천천히 해봐요.

You got this. 잘 해낼 수 있어요.

I'm here for you. 제가 곁에서 돕겠습니다.

우리의 영어공부도 이렇게 나아가면 좋겠습니다. 제임스 앨런James

Allen은 그의 유명한 저서 《생각하는 대로^{As a man Thinketh}》에서 말합니다. **"Men do not attract that which they want, but that which they are.** 사람은 자신이 원하는 것을 끌어당기는 것이 아니라 자신의 모습이라고 생각하는 것을 끌어당긴다."** 이 말은 제 삶을 관통해온 말이기도 합니다.

나의 첫 문장, "I got this!"

영어를 잘하지 못하던 제가 미국 유학길에 올라, 미국인들도 어렵다는 저널리즘을 전공하고, 커뮤니케이션학 교수로, 영어 저자로 40여 권의 책을 썼습니다. 미국 유학 시절 맛본 피자를 직접 만들고 싶다는 바람으로 요리를 배우기 시작해서 중국과 한국에서 음식점을 열었고, 음식점 경영 수익으로 인도 델리의 작은 초등학교를 인수해서 존경하는 간디와 테레사 수녀의 정신을 나누려 했죠. 돌아보면, 저는 꿈이 나를 부르는 대로 움직이며 살아왔습니다. 세세히 헤아려보면 어려움과 실패가 더 많았지만, 꿈을 향한 용기와 도전으로 일궈온 성장의 시간이기도 했습니다.

그 도전의 시기에 제가 처음 말한 영어 문장은 **"I got this!** 난 해낼 거야!"였습니다. 그 순간을 또렷이 기억하는 건 그 말을 하는 순간 가슴이 벅차올랐기 때문입니다. 돌이켜 보니 그 한마디가 제 인생의 새로운 장을 열어준 주문이었습니다.

영어공부를 시작한 초보 시절, 저는 매주 토요일이면 '나를 위한 칭찬 시간'을 가졌습니다. **"I spoke English today!** 나 오늘 영어로 말했어." **"Tried something new!** 새로운 걸 시도해봤어!"라며 스스로를 격려하고, 때로는 거울 앞에서 **"Great job today!** 오늘 정말 잘했어!" **"You did**

awesome! 너 정말 잘했어!"이라며 박수를 쳤습니다. 우스워 보이나요? 하지만 이 작은 행동들이 저의 자존감을 키워주었습니다. 남들과 비교하지 않고 나만의 속도로 나아가는 것, 천천히 가더라도 결국은 도달한다는 생각으로 **"Take it slow.** 천천히 해"라며 스스로를 다독였습니다. 빨리 성과를 내려고 조급해하지 않으려 애썼던 거죠.

시작은 언제나 설레기도 하고 두렵기도 합니다. 하지만 꼭 기억해야 할 것이 있습니다. 우리는 이미 많은 도전들을 성공적으로 해낸 사람들이라는 점입니다. 처음 운전을 배울 때, 컴퓨터를 처음 사용했을 때 느꼈던 어색함과 두려움도 차츰 익숙해졌듯이, 영어도 그렇게 될 겁니다. 커피숍에서 "Americano, please"라고 떨리는 목소리로 조그맣게 말하는 것에서 시작해, 어느새 외국인 관광객에게 길을 설명해주는 자신을 발견하게 될 그날까지, 오늘의 용감한 첫걸음을 계속 이어나가 보세요.

오늘부터 시작하는 당신의 작은 변화가 일상을 생기 있게 하고, 머잖아 인생에 뜻밖의 선물이 될 수도 있습니다.

"Start now, enjoy English."

버킷리스트 1위,
'홀로 여행' 위한 영어

"당신 인생에 버킷리스트 1위는 무엇인가요?"

다양한 설문 조사에서 세대를 불문하고 1위로 나온 대답은 바로 '여행'입니다. 프랑스 시인 보들레르는 이렇게 외쳤다지요. "어디로라도! 어디로라도! 이 세상 바깥이기만 하다면." 그의 말처럼 우리는 늘 이곳이 아닌 다른 어딘가로 옮겨가는 여행을 꿈꿉니다. 여행에서 우리는 버림으로써 가벼워지고, 얻음으로써 풍요로워지고 싶어서죠. 그러나 여행지에 가기 전에는 무엇을 경험하고 무엇을 얻게 될지, 혹은 무엇을 버리고 오게 될지 알 수 없습니다. 그래서 여행은 더 설레고 기대하게 만드는 것인지도 모릅니다.

TED의 강연자이자 여행작가인 피코 아이어^{Pico Iyer}는 **"We travel, initially, to lose ourselves; and we travel, next, to find ourselves.** 우리는 처음에 자신을 잊기 위해 여행을 떠난다. 그리고 여행을 통해 자신을 찾게 된다"라고 했습니다. 실제로 그는 1984년 뉴욕에서 〈타임〉 지 기자로 바쁘게 일하던 중 싱가포르를 방문하여 인생의 전환점을 맞이했습니다. 그는 헤밍웨이, 서머싯 몸 같은 세계적인 대문호들이 머물렀던 래플스 호텔에서 영감을 얻어 자신도 작가가 되어야겠다는 결심을 하게 되었죠. 그는 여행을 통해 기자에서 작가로의 꿈을 갖게 된 것입니다.

영어, 여행의 꿈을 빛내는 도구

누구나 여행을 꿈꾸지만, 막상 떠나는 것이 쉽지는 않습니다. 특히나 해외여행을 꿈꾼다면 시간과 경제적 여유라는 조건도 중요하니까요. 자녀를 다 키우거나 직장을 은퇴한 경우 인생의 숙제를 마치고 홀가분한 기분으로 떠날 수 있을 테지만, 그렇지 못한 경우라도 여행의 꿈을 이루기 위해 준비할 수는 있습니다. 바로 '영어'라는 도구를 잘 갈고 닦는 것입니다.

실제로 여행을 가기 위해 영어공부를 시작하는 분들이 많습니다. 특히 단체여행을 다녀온 뒤 영어공부를 하겠다고 마음먹은 분들이 있습니다. 여행 시작부터 가이드의 안내에 따라 함께 움직이는 단체여행은 편한 면도 있지만, 그야말로 마냥 따라다니는 여행이라 아쉬움이 클 수밖에 없으니까요. 또 어떤 분은 친구들과 여행을 갔는데, 한 친구가 영어로 숙소 예약을 확인하고 음식을 주문하는 게 무척이나 부러웠다고 합니다. 자신도 영어를 할 줄 안다면, 한마디라도 거들 수 있을 텐데 싶었다는 거죠. 그래서 이분도 친구들과 여행을 다녀온 뒤 영어공부에 의욕을 불태우고 있습니다.

'홀로 여행'에 든든한 가이드

궁극의 여행이라면 '홀로 여행'이 아닐까요. 혼자 떠나는 여행에서는 '과정'에 더 의미가 있습니다. 낯선 곳에서 어디로 갈지를 고민하고, 식사 메뉴를 고르는 일조차 고심하는 등 작은 선택들이 이어지죠. 이 과정에서 그 어느 때보다 자신에게 집중하게 됩니다. 일상에서는 수많은 관계 속에서 나를 규정하지만, 홀로 여행에서는 오직 '나'로 존재하며, 진짜 내가 원하는 것이 무엇인지, 어떤 모습으로 살고 싶은지 고민해보기도 하고요. 홀로 여행에서 우리는 자신을 조금 더 이해하고, 조금 더 단단해져서 돌아옵니다.

자유로운 여행, 홀로 여행을 꿈꾸는 분들에게 꼭 필요한 것이 바로 '영어'라는 가이드입니다. 물론 꼭 유창한 영어가 필요한 건 아닙니다. 제 지인은 태국 여행 중 길을 잃었는데, 그때 짧은 한 문장으로 무사히 호텔로 돌아왔다고 합니다. 바로 이 한마디였습니다.

"Excuse me, help me please."

이처럼 간단한 문장이 낯선 곳에서 가이드 역할을 톡톡히 한 겁니다. 얼마 전 50대 학습자분은 미국 여행 중에 한 레스토랑에 들렀던 이야기를 들려주었습니다. 그는 메뉴를 살펴본 뒤 자신 있게 "I want pasta"라고 했는데, 웨이터가 아무 말 없이 엄지를 척 올리더라는 겁니다. 이 짧은 문장만으로도 그는 정확히 의사를 전달했고, 표정이 워낙 당당해서 웨이터도 위트 있게 대응한 것이죠.

또 다른 배낭여행자는 유럽을 여행하며 아주 단순한 핵심 표현만으로 40개 도시를 무사히 여행했다고 합니다. 교통편을 이용할 땐 "Train station where? 기차역은 어디인가요?" "Next bus when? 다음 버스는 언제 와요?"라고 물어서 어려움 없이 이용했고, 레스토랑에서는 "Menu please"와 "Pasta, salad, water"처럼 짧은 단어만으로 주문을 할 수 있었고, "Bill please"로 계산을 마칠 수 있었습니다. 심지어 "Tomorrow meet? OK?" 같은 말로 새로운 친구들과 약속을 잡기도 했으며, "WiFi password?"라고 물었을 때도 어느 카페에서나 친절한 응대를 받았다고 합니다.

물론 깊이 있는 대화를 나누고, 현지인들의 삶과 문화를 제대로 느끼려면 영어가 조금은 능숙해야겠지요. 하지만 간단한 문장으로도 대화하겠다는 용기만 있다면 충분합니다. 여행의 경험이 늘어가고, 배우고 익히는 시간 속에서 자유 여행과 홀로 여행은 깊이를 더하게 됩니다.

집에서도 세계 여행 즐기는 시대, 지금 당장 떠납시다!

자유로운 여행에 영어는 필수 도구라고 했지만, 꼭 공항에서 비행기를 타야만 여행의 시간이 시작되는 건 아닙니다. 영어공부를 시작하는 순간부터 우리는 색다른 여행을 경험할 수도 있습니다. 새로운 단어나 표현을 마주하는 것은 마치 낯선 풍경과 문화를 발견하는 여정과도 같으니까요. 더구나 요즘은 집에서도 세계 여행을 즐길 수 있는 시대입니다. 넷플릭스나 유튜브로 세계 곳곳의 풍경을 감상하거나 구글 어스를 통해 가보고 싶은 곳을 둘러볼 수도 있죠. 여행 블로그나 브이로그, 유튜브 여행 관련 채널은 전 세계 다양한 장소와 문화를 간접적으로 경험하면서 영어 표현을 익히는 데 아주 유용한 자료입니다. 실제 여행에 필요한 표현을 자연스럽게 배울 수 있으니까요.

"This place is quiet. 이곳은 조용해요", "The weather is perfect today. 오늘 날씨가 딱 좋아요"처럼 현지 분위기를 간단히 표현하거나,

"It's best to come early. 일찍 오는 것이 가장 좋아요", "It gets busy in the afternoon. 오후에는 붐벼요"라고 방문하기 좋은 시간을 안내할 수 있습니다.

"Try the local food! 현지 음식을 먹어봐요", "Visit the market nearby. 근처 시장도 가보세요"와 같이 권하는 표현도 배울 수 있죠.

영상과 함께 실용적인 영어 표현을 반복해서 듣고 익히다 보면, 여행지에 있는 것처럼 느껴집니다. 또 실제 여행지에 가서도 자신 있게 사용할 수 있게 되죠. 처음엔 한글 자막으로 시작해, 서서히 영어 자막으로 전환하면 좋습니다. 좋아하는 프로그램을 매일 10분씩 영어로 시청하거나 산책 중에 영어 팟캐스트를 들어보세요. 이 작은 습관들이 쌓이면 영어는 자연스레 일상에 스며들 거예요. 이 여정에서 단순히 영어 실력이 향상되는 것 이상으로 자신감과 용기로 무장한 자신을 발견하게 될 겁니다.

지금 어디로 가고 싶은가요? 이제 꿈으로 간직하는 대신, 그곳으로 한 걸음 내디뎌봅시다. 자, 지금 바로 출발할까요?

"Let's travel."

저속노화, 언어 공부는
뇌와 정신을 깨운다

얼마 전 한 방송에서 80대 여성이 헬스장에서 근력 운동을 하는 모습을 보았습니다. "기력이 떨어지고 여기저기 아프고 해서 60대부터 헬스를 시작했어요"라고 하는데, 80대의 나이가 믿기지 않을 만큼 꼿꼿하고 근육량도 상당했습니다. 표정도 아주 밝고 자신감이 넘쳐 보였죠.

꾸준한 운동으로 몸을 건강하게 잘 관리할 수 있듯이, 뇌 건강에도 운동이 필요합니다. 그럼 어떤 뇌 운동이 좋을까요? 미국 신경의학회지에 게재된 연구에 따르면, 새로운 언어를 배우는 것은 뇌를 젊고 생기 있게 유지하는 최고의 운동이라고 합니다. 마치 뇌에게 헬스장을 선물하는 셈이죠. 또 두 가지 언어를 쓰는 사람이 하나의 언어만 쓰는 사람에 비해 치매 발생 위험도 낮았다고 합니다.

치매를 뜻하는 'dementia'는 라틴어에서 비롯된 말입니다. 상실을 뜻하는 접두사 'de'와 정신을 의미하는 어근 'ment', 그리고 상태를 가리키는 접미사 'ia'의 합성어죠. 즉 'out of mind 마음에서 벗어난' 상태가 치

매입니다. 전 세계적으로 치매를 앓는 사람들이 늘고 50대에 발발하는 경우도 증가 추세입니다. 우리가 유독 치매라는 병에 공포를 느끼는 것은 상실과 단절에 있습니다. 사랑하는 가족을 몰라보고 나 자신마저 잃는다는 것은 생각만 해도 두려운 일입니다.

언어 학습이 치매 예방에 좋은 이유는 바로 '뇌 가소성' 때문입니다. 뇌 가소성이란, 뇌가 학습과 경험 등에 의해 변형되고 적응하는 능력을 말합니다. 지적 학습이나 새로운 경험을 통해 신경세포(뉴런) 간의 연결이 만들어지고 강화되는 거죠. 예전에는 성인이 되면 뇌의 성장이 멈춘다고 여겼지만, 지금은 죽기 직전까지 평생 변화하고 발전할 수 있다는 것이 정설입니다. 특히 평소 쓰는 언어가 아닌 외국어를 배우면, 뇌 속 신경세포들이 새롭게 연결됩니다. 반복 학습은 뇌의 물리적 구조에도 영향을 주는데, 단어나 문장을 반복적으로 암기하는 것만으로도 기억과 언어를 담당하는 해마가 활성화되고 발달하게 됩니다.

학습과 운동을 함께할 때 시너지 효과

뇌 건강을 증진하는 데는 지적 학습과 신체 운동을 함께 하는 것이 좋습니다. 몸과 정신을 활성화시켜서 시너지 효과를 내는 거죠. 운동을 하면 근육에서 '아이리신Irisin'이라는 단백질이 생성되는데, 이 물질은 뇌 신경세포의 성장과 연결을 돕습니다. 또한 운동은 뇌로 가는 혈류를 증가시켜, 뇌 신경 네트워크를 강화하고 인지 기능 향상에 기여합니다.

우리나라 1세대 패션디자이너이자 최근 유튜버로 큰 인기를 얻고 있는 밀라논나Milanonna. 그의 백발이 참 멋있습니다. 현재 72세인 그는 취미로 '영어'를 공부한다고 합니다. 오래전부터 천천히 건강하게 늙어가는 것에 관심을 둔 그는 새로운 것을 계속 배워야 좋다는 생각을 실천하고 있습니다. "나이가 들면 오히려 자꾸 새로운 걸 접해야 인지 기능이 발달한다잖아요." 그래서 산책도 익숙한 길이 아닌 다른 길을 가보려 하고, 아침에는 운동하면서 뇌도 단련시킬 겸 BBC 뉴스를 틀어놓고 스트레칭을 한답니다. 오전에 한 시간 영어공부를 하는데, 교재는 아들이 중학교 때 공부한 영어책이었어요. 내 몸에 맞는 운동부터 시작하듯 영어의 난도도 무리하지 않는 거죠. 그래야 꾸준하게 오래 계속할 수 있는데, 탁월한 선택이다 싶었습니다.

아인슈타인이 편안한 스웨터 차림으로 기우뚱거리는 자전거를 타는 사진을 한 번쯤 보셨을 겁니다. 그 사진과 직접 관련은 없지만, 아인슈타인이 아들 에두아르트에게 보낸 편지에 이런 말이 있었다고 합니다.

"Life is like riding a bicycle. To keep your balance, you must keep moving. 인생은 자전거를 타는 것과 같다. 균형을 잡으려면 계속 움직여야 한다."

'멈추지 말고 조금씩이라도 계속 나아가라'는 아들을 향한 응원의 메시지였습니다. 그의 말처럼 우리 뇌도 계속 새로운 자극을 받아야 퇴화되지 않고 활발하게 활동할 수 있습니다. 특히 영어공부는 뇌를 자극하는 안티에이징 효과가 큽니다. 새로운 어휘와 문법 구조를 배우며 기억력과 집중력이 향상되고, 다양한 문화적 맥락을 이해하면서 감정적 공감능력이 발전되고, 사회적 상호작용 능력도 향상되죠. 나이 들수록 뇌는 굳어지고 쪼그라드는데, 반대로 유연해지고 활성화되는 안티에이징 효과가 있다면 영어공부를 안 할 이유가 없겠죠?

심리적 '안티에이징' 효과

영어공부는 뇌 건강뿐 아니라 심리적, 정서적 건강에도 긍정적인 영향을 미칩니다. 얼마 전 오랜만에 만난 지인에게 근황을 들었습니다. 그는 오래전 유학을 계획했지만 결혼과 동시에 꿈을 접었죠. 지금은 아이들 모두 대학에 들어갔다면서 할 일을 다 마쳤다는 듯 홀가분한 표정이었습니다. 그런데 뜻밖의 이야기를 털어놓았습니다.

"사실 요즘 사는 게 뭔가 싶어요. 애들 키울 때 대학 잘 보내는 것만 생각하고 정신없이 살았는데, 다 집을 떠나고 나니 허전해요. '빈 둥지 증후군'이라는 말 들어봤죠? 남 얘기인 줄 알았는데, 내가 그래요."

50대는 자녀를 위해 열심히 살다가 갑자기 목표를 잃어버린 탓에 좌표 없는 배처럼 흔들리기 쉽습니다. 저는 그에게 영어공부를 권했습니다. 20대에는 학업에 충실하고, 삼사십 대에는 가족을 위해 열심히 살았다면, 이제 자신을 위해 살 때라고. 특별히 할 일이 떠오르지 않는다면 먼저 언어를 공부해보라고, 그렇게 성취감을 일깨우다 보면 또 다른 목표로 이어질 것이라고 말입니다. "이 나이에 영어를 배워서 어디 쓰겠어요? 유학 갈 것도 아닌데…." 옛 생각이 났는지 그는 희미하게 웃었습니다. 그런 그가 몇 달 만에 전화를 걸어왔는데, 목소리가 활기찼습니다.

"고마워요. 다시 공부해보니 신기하게도 예전에 공부했던 내용들이 다 생각나더라고요. 요즘엔 미드를 보는 즐거움도 생겼어요. 전에는 줄거리 따라가기 바빴는데, 지금은 대사 하나하나 이해하니 더 재미있어요. 영어가 들릴 때마다 '오, 내가 이런 사람이었구나.' 싶답니다."

그의 말은 과장이 아닙니다. 실제로 언어 학습이 심리적 치유에 긍정적인 영향을 준다는 연구결과들이 있습니다. 언어를 배우면서 성취감을 느끼면 긍정적인 감정이 형성되고, 이는 심리적 안정과 자존감 향상으로 이어집니다. 작은 목표라도 달성하면 도파민이 분비되어 즐거움을 느끼고, 그것은 다시 학습 동기를 불러일으키며 선순환을 만들어내죠.

다행히도 그는 영어를 공부하며 일상에서 자기만의 루틴을 잡아가는 듯했습니다. 무엇보다 안심이 된 건, 우울했던 마음이 편안해졌다는 거죠. "전에는 집이 텅 비어서 외로웠는데, 이젠 조용한 영화관 같아서 좋아요." 이렇게 말한 그는 일과 자녀 양육 등 주어진 역할을 해내고, 이제 다시 '나'로 돌아와 자신을 위한 시간을 가질 수 있다는 게 얼마나 소중한지를 경험하고 있었습니다. 바로 자기 효능감이 생긴 거죠.

자신이 무언가를 할 수 있다고 믿는 힘, 그것이 바로 '자기 효능감Self-efficacy'입니다. 자기 효능감은 목표를 달성하기 위해 적극적으로 행동하게 만들고, 실패해도 다시 도전하게 하며, 어려움을 극복할 수 있는 힘을 줍니다. 그 과정에서 스트레스가 감소하고 우울감도 줄어드는 긍정적인 효과가 나타나죠. 목표가 있는 사람은 일상에 루틴을 만들고, 매일 할 일을 정리하며 계획적으로 생활하게 됩니다. 이런 습관은 무기력함과 혼란스러운 감정을 줄이고, 자신의 삶에 대한 통제감을 높이는 효과까지 얻습니다.

영어공부는 단지 지식을 배우는 것이 아닙니다. 뇌를 자극하고 정신을 활력 있게 만드는 과정입니다! 영어 한 문장을 외우고, 새로운 단어를 익히는 작은 습관이 우리의 노화를 늦추고, 일상에 활기를 불어넣죠. '안티에이징' 인생의 시작입니다.

"You're feeling young again!"

**Fear is Natural. The problem is :
the more you fear something,
the more likely it is to come true.**

두려움은 자연스러운 거예요.
문제는 뭔가를 겁낼수록 그게 현실이 되기 쉽다는 것이죠.

2

영어가 만만해지는
7가지 노하우

네이티브는
쉬운 말을 쓴다

영어에는 '플레인 잉글리시Plain English'라는 말이 있습니다. 'Plain'은 '분명한, 솔직한, 있는 그대로'라는 뜻입니다. 첨가물을 넣지 않는 '플레인 요거트'를 떠올리면 선명하게 이해되죠. 솔직한 대화를 'plain talk'라 하고, 플레인 잉글리시는 누구나 쉽게 이해할 수 있도록 간단하고 명확하게 표현하는 방식을 의미합니다. 복잡한 문법, 어려운 단어, 전문용어를 피하고 쉬운 단어를 사용해 핵심 내용을 전하는 거죠. 바로 원활한 의사소통을 위해서입니다. 누구나 복잡한 문장보다는 한눈에 알아보고 바로 알아들을 수 있는 문장을 좋아합니다. 어려운 단어를 장황하게 나열한 공문서를 보면, 도무지 무슨 뜻인지 몰라 읽기도 싫었던 적이 있잖아요.

아인슈타인은 **"If you can't explain it simply, you don't understand it well enough.** 간단히 설명할 수 없다면, 충분히 이해하지 못한 것이다"라고 했습니다. 그는 복잡한 물리학 개념조차 사람들이 이해할 수 있도록 단순하게 설명하려고 노력했죠. 아인슈타인이 이해와 소통의 중요성을 강조한 덕에, 우리는 그의 상대성 이론에서 '시간과 공간은 상대적이다'라는 핵심 개념에 다가갈 수 있었습니다.

세계적인 작가 무라카미 하루키도 영어를 공부하며 F. 스콧 피츠제럴드의 《위대한 개츠비The Great Gatsby》를 번역했는데, 이때 영어에 대해 중요한 걸 깨달았다고 했습니다. **"I learned that the simplest words can carry the deepest meanings.** 가장 단순한 단어들이 가장 깊은 의미를 전달할 수 있다"는 것이었죠. 이렇듯 세계적인 물리학자, 노벨상 후보에 오른 작가도 복잡하고 어려운 언어가 아니라 '단순하고 쉬운 언어'를 강조했습니다.

짧은 문장으로 마음 전하는 영어의 매력

우리가 학창 시절 문법을 공부하면서 어려운 문장들을 접하다 보니, 영어권 사람들이 어려운 표현을 많이 쓴다고 생각하지만, 실제로는 쉬운 표현을 많이 씁니다. 긴 문장도 잘 쓰지 않아요. "I like it. 좋아요", "That's nice. 멋지네요" 같은 짧은 표현으로도 충분히 마음을 전하죠. '단순한 표현으로 소통한다', 이것이 영어의 매력입니다.

전 세계적으로 사랑받는 팝스타 테일러 스위프트Taylor Swift. 〈타임〉지는 2023년 올해의 인물로 테일러 스위프트를 선정하고, **"She is the last monoculture left in our stratified world.** 그녀는 분열된 세계에 남은 마지막 단일 문화다"라고 선정 이유를 밝히기도 했습니다. 요즘 세상엔 모두가 좋아하는 것이 드물지만, 테일러 스위프트만은 예외라는 뜻이죠.

한 기자가 인기 비결을 묻자, 그녀는 이렇게 대답했습니다. "내 노래 가사가 친구와 대화하는 것처럼 들리기 때문이 아닐까요?" 실제로 그녀가 직접 쓴 노랫말은 짧고 단순하고, 누구나 이해할 수 있는 간단한 표현들이 주를 이룹니다. 바로 'I love you. 사랑해', 'I miss you. 보고 싶어', 'Are you okay? 괜찮아?' 같은 단순한 표현들로 마음을 전하는 것이죠.

기본 단어로도 감정과 상황을 충분히 설명한다

아기는 단어 하나로 의사를 표현하지만, 엄마는 그 의미를 매번 정확히 알아듣습니다. 그 이유는 단어 하나만으로도 상황과 맥락에 따라 의미가 충분히 전달되기 때문입니다. 즉 기본 단어들은 문법에 의존하지 않고도 우리의 감정과 상황을 풍부하게 설명할 수 있는 강력한 도구입니다. 'good 좋은', 'bad 나쁜', 'happy 행복한', 'sad 슬픈' 같은 단어들이죠.

I feel happy today. 오늘 기분이 좋아요.

The weather looks good. 날씨가 괜찮네요.

My day was bad. 오늘 하루는 별로였어요.

It makes me sad. 그게 나를 슬프게 해요.

단어를 반복해서 사용해도 문제 되지 않아요. 예를 들어 'good'이라는 단어만으로도 여러 상황을 설명할 수 있습니다.

The weather is good. 날씨가 좋아요.

This restaurant is good. 이 식당이 좋아요.

You look good today. 오늘 좋아 보이세요.

I feel good. 기분이 좋아요.

의견을 말할 때 : I think~, I feel~ 로 가볍게 시작하자

짧고 단순한 표현만으로도 내 생각과 감정을 충분히 전달할 수 있습니다. 대표적인 단어가 'think'와 'feel'입니다. 일상에서 'think'는 '생각하다', 'feel'은 '느끼다'라고 하기보다 '~인 것 같아'라는 뜻으로 쓰입니다. 우리말에서도 '~인 것 같아'라는 말을 자주 쓰듯이요. 여기서 1인칭 대명사 'I나'가 어색하게 느껴질 수 있습니다. 영어는 주어를 명확히 표현하는 언어이므로 문장마다 주어 'I'를 습관처럼 씁니다. 'I'를 꼭 해석해서 이해하기보다는 그냥 자동으로 붙여 쓴다고 생각하면 됩니다.

의견을 말할 때 : "I think~ (내 생각에는) ~인 것 같아."

I think this movie is good. 이 영화가 좋은 것 같아요.

I think it's too cold today. 오늘 너무 추운 것 같아요.

감정이나 기분을 말할 때 : "I feel~ (내 느낌에는) ~인 것 같아"

I feel happy today. 오늘 기분이 좋아요.

I feel excited about the trip. 그 여행이 기대돼요.

영어가 입에서 바로 나오게 하는 방법은 어렵지 않아요. 완벽한 문법 형식을 갖춰서 말하겠다는 생각을 버리면 됩니다. 날씨가 좋으면 그 냥 "Nice day 좋은 날이네요"라고 가볍게 말하고, 커피를 마시고 싶으면 "Coffee time 커피 마실 시간이네요"라고 해도 충분히 의미가 전달됩니다. 한국어로 길게 표현해야 예의가 있다 싶은 내용도 영어로는 짧고 쉽게 표현할 수 있어요. 예를 들어 식당에서 "저기 죄송하지만 물 한 잔 가 져다주실 수 있을까요?"라고 말하는 대신 "Water, please. 물 주세요"라 고 간결하게 표현하는 식이죠. 만약 초대받은 식사 자리에서 음식 맛을 칭찬하고 싶을 때, 머릿속에는 온갖 미사여구가 떠오를 수 있어요. 하지 만 간단한 표현으로도 그 마음을 충분히 전할 수 있습니다.

I really appreciate the meal you have prepared for me today.
오늘 저를 위해 준비해주신 식사에 정말 감사드립니다.
→ The food is good! 음식이 맛있어요!

영어 원어민들은 일상에서 짧고 단순한 표현을 선호하고, 완벽함보다 는 자연스러운 소통에 가치를 둡니다. 'Step by step', 'Day by day'처 럼 매일 조금씩 반복해봅시다. 쉬운 것부터, 꾸준히 진전하는 것! 영어 학습의 절대 원칙입니다.

더 알아보기

간단하게! 원하는 정보 얻기

질문은 간단해야 원하는 정보를 얻을 수 있다. '이렇게 말하면 맞나?' 걱정하지 말고, 딱 필요한 단어만 사용해서 물어보자. "Where is it? 이게 어디 있어요?", "What's this? 이게 뭐예요?"와 같이 간단하게 물어보면, 상대 방도 쉽게 이해하고 대답할 수 있다.

예시 1 화장실을 찾을 때

I beg your pardon, but could you possibly inform me of the location of the nearest restroom? 죄송하지만 가장 가까운 화장실이 어디 있는 지 알려주실 수 있을까요?

→ Where's the bathroom? 화장실이 어디예요?

예시 2 길을 물을 때

Would you be so kind as to provide directions to the nearest subway station? 가장 가까운 지하철역 방향을 알려주실 수 있을까요?

→ Where's the subway? 지하철 어디에 있어요?

예시 3 아플 때

I'm not feeling very well today, could you please help me find the nearest hospital? 오늘 몸이 별로 좋지 않은데, 가장 가까운 병원을 찾는 것을 도 와주시겠어요?

→ I sick, hospital where? 저 아파요, 병원 어디에요?

예시 4 커피를 주문할 때

I would very much appreciate it if you could prepare me a cup of hot coffee. 따뜻한 커피 한 잔을 준비해주실 수 있으면 정말 감사하겠습니다.

→ Can I have a coffee? 커피 한 잔 주세요.

또는 Coffee, please. 커피요.

규칙은 뒤로,
상황부터 몸으로 느껴라!

"언어 학습에서, 문법 규칙을 암기하는 것보다 실제 상황에서 언어를 사용하며 체득하는 방식이 더 효과적이다." 즉 '규칙은 뒤로! 상황부터 몸으로 느껴라'라는 것입니다. 이 접근법은 단순한 구호가 아닌, 과학적 근거를 가진 효과적인 언어 학습 방법이라는 것이 최근 연구들을 통해 뒷받침되고 있습니다. MIT와 하버드의 연구진이 5년 동안 성인 외국어 학습자 2,000명을 추적한 결과, '상황 중심의 체험적 학습'이 '문법 중심의 전통적 학습'보다 의사소통 능력을 크게 향상시킨다는 겁니다. 특히 50대 이상의 학습자들은 문법 규칙을 암기하는 대신, 실제 상황에서 언어를 경험할 때 학습 효과가 세 배 이상 높았습니다. 연구진의 결론은 명확했습니다. "언어는 규칙을 아는 것이 아니라 경험하는 것이다."

이 같은 사실은 학문적 발견에 그치지 않습니다. 미국 플로리다 주의 한 커뮤니티 센터의 체험형 언어 학습 프로그램에 참가한 50대 이상의 미국 이민자들은 "I want this. 이것 주세요", "Too hot. 너무 뜨거워요",

"Very good. 아주 좋아요" 같은 간단한 표현들을 실제 상황에서 반복적으로 사용하며 영어 학습 능력이 크게 발전했습니다.

이런 사례들은 체험적 학습이 학습자의 두려움을 줄이고, 언어를 더 자연스럽게 받아들이도록 한다는 걸 증명합니다.

언어를 경험하라! 이것이 핵심입니다. 단어와 문법을 외우는 것에 의존하지 말고, 실제 상황에 자신을 놓아두고 행동으로 표현해보세요. 이는 마치 요리를 배울 때와도 같아요. 레시피를 읽는 것도 중요하지만, 결국 직접 요리해봐야 가장 빨리 배웁니다. 이때 중요한 것은 '직감과 경험'을 통해 언어를 체득한다는 거죠. 결국 배운다기보다는 '느낀다'는 자세가 핵심입니다.

모든 상황을 영어로 표현해보기

영어를 몸으로 익히는 과정은 아이들이 처음 말을 배우는 것과도 같습니다. 모든 것이 낯설고 새롭지만 자연스럽게 반복되면서 언어가 스며들었듯이, 우리도 매일 주어진 상황 속에서 늘 영어로 표현하다 보면 자연스럽게 익숙해집니다.

예시 1 아침에 일어나서

Open the window. 창문을 열어요.

Good morning, everyone! 좋은 아침이에요!

I look in the mirror. 나는 거울을 봐요.

I change my clothes. 나는 옷을 갈아입어요.

예시 2 식사를 준비하며

I'm hungry. 배고파요.

Where is the spoon? 숟가락이 어디 있지?

Open the refrigerator door. 냉장고 문을 열어요.

Let's make breakfast. 아침식사를 만들어요.

예시 3 음식 재료를 가리키며

This is an egg. 이게 달걀이에요.

That is bread. 저건 빵이에요.

These are potatoes. 이것들은 감자예요.

Plenty of vegetables. 채소는 넉넉해요.

예시 4 운동을 할 때

Walk Walk Walk 걷기

Run Run Run 달리기

Kick Kick Kick 발차기

Jump high 높이뛰기

예시 5 컴퓨터를 사용하면서

Turn on the computer. 컴퓨터를 켜요.

Turn off the computer. 컴퓨터를 꺼요.

Check the email. 이메일 확인하기

Too slow. 너무 느려요.

예시 6 TV를 보며

Change channels 채널 바꾸기

Volume up 소리 높이기

Volume down 소리 낮추기

Mute the sound 소리 끄기

이처럼 상황과 동작에 맞는 표현을 반복해보세요. 청소할 때는 'Clean the room 방 청소하기', 'Wash the dishes 설거지하기' 등 일상의 모든 상황을 영어 학습의 기회로 삼을 수 있어요. 예를 더 들어볼게요.

옷 입으며 : I wear a blue shirt. 파란 셔츠를 입어요.

신발 신으며 : Put on shoes. 신발을 신어요.

가방 들고 : Take my bag. 가방을 들어요.

거울 보며 : I look good. 나한테 잘 어울리네.

버스 기다리며 : Wait for the bus. 버스를 기다려요.

친구 만나면 : Happy to see you. 만나서 반가워.

식사 후에는 : Good food. 맛있었어요. I'm full. 배불러요.

상황 속에서 몸으로 경험하며 표현하면, 책으로 공부하는 것보다 훨씬 빠르게 영어를 습득합니다.

"**I'm washing my hands.** 나는 손을 씻고 있어요"라며 손을 씻고,

"**The water is cold!** 물이 차갑다!"라고 느끼며 말하면, 언어를 더욱 생생하게 체득합니다.

"**I'm tired, I need sleep.** 나 피곤해, 잠이 필요해"라며 하품을 하거나 침대에 눕는 것도 마찬가지입니다.

"**Let's eat! I'm starving!** 먹자! 나 너무 배고파!"라고 외치며 함께 식사를 즐기면, 그 표현에 감정이 더해집니다.

"**It's raining! I need umbrella!** 비 온다! 우산이 필요해!"라고 말하며 비를 피해 뛰어가는 순간, 책에서 백 번 읽는 것보다 그 문장이 오래 기억에 남아요.

제스처, 언어 학습의 필수 도구

'의사소통의 55퍼센트는 비언어적 표현(몸짓과 표정)으로 이루어진다.' 심리학자 앨버트 메라비언^{Albert Mehrabian}의 연구 결과입니다. 언어만이 아니라 손짓 발짓으로도 소통이 가능하다는 것입니다. "Delicious!"라고 말하며 흡족한 표정을 지으면 '맛있다'는 뜻으로, 입가에 손부채질하면서 "Too spicy!"라고 하면 '맵다'는 걸 알게 됩니다.

제스처는 단어의 의미를 눈으로 보여주는 역할도 합니다. 말로는 잘 안 와닿던 표현도, 몸짓을 보면 그 의미가 훨씬 더 직관적으로 와닿을 수 있습니다. 예를 들어, 우리가 '크게'를 표현할 때, 실제로 손을 크게 벌리면서 말하면 그 크기의 느낌이 더 확실히 전달됩니다.

또 언어적 표현이 다 전하지 못하는 감정이나 뉘앙스를 전달하는 데도 중요한 역할을 합니다. 화가 나서 "하지 마!"라고 말할 때, 손을 흔들거나 얼굴 표정을 함께하면 단순한 말 이상의 감정을 전달할 수 있죠.

이는 제스처가 뇌의 언어 처리 영역과 연계되어 있어, 단어와 의미를 보다 깊이 이해하고 기억하는 데 도움을 주기 때문입니다. 예를 들어, '가다'라는 단어를 외울 때, 손을 앞으로 뻗어 보이면시 그 동작을 하게 되면, 단어와 그 의미가 단순한 청각적 정보에서 시각적이고 운동적인 경험으로 확장됩니다. 이 경험은 뇌가 더 풍부하게 정보를 처리하도록 만들죠. 뇌의 운동 영역이 활성화되면서, 단어와 그 의미가 뇌 속에서 더 깊이 뭉쳐지고, 기억에 더 잘 남게 되는 겁니다.

언어는 머릿속 이론이 아니라 몸으로 느끼고 행동하며 익히는 것입니다. 즉 언어의 의미와 감정을 몸과 함께 경험하는 것이죠. 따라서 가만히 앉아서 단순히 암기하기보다는 보고 듣고, 몸을 움직이며 학습하는 것이 효과적입니다. 영어가 더 잘 이해되고 기억되죠. 실제로 활용하는 데도 큰 도움이 됩니다.

틀린 문법은
시간이 고쳐준다

우리는 영어에서 실수하면 큰일 날 것처럼 생각합니다. 심지어 실수가 두려워서 아예 시도조차 안 하려고 하죠. 그런데 영어 원어민도 종종 실수를 합니다. 예를 들어 "She don't like it. 그녀는 그것을 좋아하지 않는다." ("She doesn't like it"이 맞는 표현이에요)나 "Me and my friend 나와 내 친구" ("My friend and I"가 맞는 표현이에요)라고 하는 식이죠. 원어민들도 실수를 하는데, 제2외국어인 영어를 우리가 완벽하게 해야 한다고 걱정할 필요가 있을까요?

영어교육 전문가 케이트 존슨은 "실수를 두려워하는 순간, 학습은 멈춘다"라고 했습니다. 뇌과학에서도 뇌는 실수를 통해 더 강한 연결을 만들어낸다고 합니다. 실수란, 결국 새로운 가능성을 만들어내는 하나의 과정인 셈이죠. 우리가 실수에서 배우는 교훈은, 실수란 멈추는 이유가 아니라 오히려 앞으로 나아가는 발판이라는 것입니다. 물론 그것을 놓치지 않고 학습의 기회로 삼을 때 말입니다.

영국의 작가 J.K. 롤링은 《해리 포터Harry Potter》 시리즈를 쓰던 시절, 매일 자신의 실수를 기록하는 노트를 가지고 다녔습니다. 그녀는 그 노트를 'The garden where mistakes grow into lessons 실수가 교훈으로 자라나는 정원'이라 불렀습니다. 페이지마다 잘못 쓴 단어들, 어색한 문장들로 채워졌지만, 그 안에서 그녀는 이야기를 한층 더 단단히 가꿔 나갔습니다. 또 작가 앤 라모트Anne Lamott는 "Almost all good writing begins with terrible first efforts. 거의 모든 좋은 글쓰기는 끔찍한 첫 번째 노력에서 시작된다"라고 말했습니다. 두 작가의 말은 우리에게 한 가지 깨달음을 줍니다. 실수란 우리 삶의 정원에서 새로운 배움으로 자라나는 씨앗과도 같다는 것이죠.

실수를 많이 할수록 성장의 씨앗을 많이 뿌린 것이 됩니다. 그 실수를 환영하는 연습을 해보면 어떨까요? 'Speaking Welcome Time 실수 환영 말하기 시간'이라고 이름 붙여보죠. 매일 10분, 스마트폰 녹음 기능을 켜고 자신만의 영어 이야기를 시작해보세요. 처음에는 "Today, I eat… ah, ate… breakfast at 7"처럼 더듬거리겠지만 괜찮아요. 그 순간들이야말로 우리가 한 걸음 더 나아가고 있다는 증거니까요. 그것을 녹음하고 다시 들어보세요. 처음에는 민망할 수도 있지만, 점차 자신의 목소리에서 자신감을 발견하게 될 것입니다.

실수를 게임처럼 즐기는 방법도 있습니다. '빙고 실수 노트'를 만들어보세요. 3×3 칸을 그리고, 자주 하는 실수를 적어두는 겁니다. 'ed 발음 깜박함.' '현재완료 대신 과거형 사용.' '관사 빼먹음.' 그날 실수한 항목에 동그라미를 치고, 빙고가 완성되면 오히려 자신을 축하하세요. 그만큼 많은 시도를 했다는 뜻이니까요.

Me no English?!

　실수는 학습의 자연스러운 일부이자, 성장 과정입니다. 예를 들어, "Yesterday I eat pizza. 어제 나는 피자를 먹다"라고 말하던 사람이 어느 순간 "Yesterday I ate pizza. 어제 나는 피자를 먹었다"라고 말하게 되는 날이 옵니다. 'eat'의 과거형이 'ate'이란 것쯤은 알아도 실제 대화에서 바로 떠오르지 않죠. 실수하다가 고치게 되는 거예요. 싱가포르의 한 직장인은 처음에 "Meeting finish?"라고 말했지만, 3개월쯤 지나자 "Has the meeting finished? 회의가 끝났나요?"로 자연스럽게 발전했다고 합니다. 물론 여기에는 전제가 있습니다. 실수해도 꾸준히 연습하고 배워갔다는 것이죠.

　공항에서 "Me no English"라고 말했을 때도, 원어민들은 웃으며 이해하고 기꺼이 도와줍니다. 우리도 외국인이 "안뇽-허세요", "날씨는 예뻐요" 등 더듬더듬 서툴게 말할 때 "와, 한국말 곧잘 하네요" 하고 잘 봐주잖아요. 그만큼 표현하는 것만도 대단하게 여기고 어떻게든 도와주려고 하죠. 외국인들도 우리가 영어를 쓸 때 어눌하고 실수투성이여도 이를 반갑게 여기고 도와주려 합니다.

한글식 영어로 시작해도 괜찮다!

　'한글식 영어'로 시작해도 괜찮아요. 예를 들어, "I yesterday go park. 나 어제 공원 갔어요"처럼 말입니다. 문법이 틀려도 이런 시도조차 안 하는 것보다는 훨씬 낫습니다. 실제로 뉴욕의 한인 커뮤니티에서 만난 분들이 처음엔 이런 '한글식 영어'로 시작했습니다. 이민 초기, 대부분의 한인들은 영어 소통에 어려움을 겪었습니다. 처음에는 "I no speak English.", "You help me?", "Yesterday I go hospital." 등 한국어 어순과 사고방식이 그대로 묻어나는 말로 현지인들과 소통해야 했죠. 그야말로 '생존 영어'였지만, 매일 동네 마트에서, 병원 접수대에서, 은행 창구에서 실수와 좌절을 딛고 계속해서 말하고, 틀리고, 다시 말하는 과정에서 차츰 나아졌지요.

예를 들어, 다음과 같은 한글식 표현이 자연스럽게 발전해갑니다.

I tomorrow meeting go. **나 내일 회의 가요. (한국식 문장)**
→ I go to the meeting tomorrow.

I coffee want. **나 커피 원해요. (한국식 문장)**
→ I want coffee.

I head pain have. **나 머리 아파요. (한국식 문장)**
→ I have a headache.

여행할 때 한글식 영어를 써도 괜찮아요. 대화를 통해 점점 발전해갑니다. 두려워 말고 말 걸어보세요.

I toilet where? **화장실이 어디예요? (한국식 문장)**
→ Where is the toilet?

I hotel go want. 호텔 가고 싶어요.(한국식 문장)

→ I want to go to the hotel.

You help me please. 도와주세요. (한국식 문장)

→ Could you help me?

'한글식 영어'는 더 자연스럽고 자신감 있는 영어로 나아가는 소중한 첫걸음입니다. 그리고 모든 영어공부 방법의 결론은 하나로 모아집니다. '가볍게 시작하고, 꾸준히 하면 반드시 실력이 는다!'는 겁니다. 아기가 네발로 기어가다가 걸음을 배우고, 넘어지기도 하지만 결국엔 힘차게 달리는 것처럼, 여러분의 영어도 처음엔 실수하며 겨우 한발 한발 내딛지만 점차 속도와 자신감을 얻게 될 거예요.

더 알아보기

왕초보의 실수 노트 & 성장의 기록

'실수 노트'는 자신의 부족한 점을 인식하고, 시각적 피드백을 통해 다시 한 번 익히며 성취감을 높이는 데 큰 도움이 된다. 실제로 실수 노트를 꾸준히 쓰면서 영어 실력이 향상된 분들이 많다. 단순히 실수를 적는 데 그치지 않고, 반복 학습을 유도하는 게 포인트! 날마다 일정한 시간에 오늘의 실수를 확인하며 기록하자.

다음은 실수 노트의 한 예시로, 자기만의 방법을 더해도 좋다.

나의 실수 노트	Date. 2025 . 5. 26.

오늘의 대화 : 오늘 시도한 새로운 영어 표현

Where is the restroom? 화장실이 어디입니까?
나의 답 : **Straight ahead.** 앞으로 더 가세요.
다른 답 : **Over there.** 저쪽이요. (손가락으로 가리키며)
　　　　 It's to the right. 오른쪽에 있어요.

나의 실수 : 실수한 표현과 올바른 표현

카페에서 : **I want coffee hot (X)**
문법 포인트 : **I'd like a hot coffee (O)** 형용사는 명사 앞에!

길을 물을 때 : **Where is restroom? (X)**
문법 포인트 : **Where is the restroom? (O)**
　　　　　　 특정한 것을 지칭할 때 관사 'the'를 잊지 말기.

작은 승리 : **Let's to go there.** (Let's 뒤에는 동사 원형이 온다!)

목소리를 내는 순가,
진짜 영어가 시작된다

공개된 곳에서 영어를 말하려고 하면 목소리가 떨리고, 가슴이 두근 거립니다. 너무 오랫동안 침묵 속에서 영어를 배워왔기 때문이죠. 눈으로 문장을 읽는 데는 익숙해도, 소리 내어 말하려면 영 어색하고 쑥스럽습니다. 그런 우리가 '굿 모닝, 아임 쏘리' 같은 말은 거침없이(?) 씁니다. 일상에서 가볍게 많이 쓰다보니 익숙해진 거예요. 머리로 만들어내는 영어가 아니라 '입에 붙은' 영어인 것이죠. 바로 이것이 포인트입니다. 눈으로만 읽고, 머리로 익히는 영어는 이제 그만! 영어가 입에 붙을 만큼 자꾸 말해봅시다.

운동선수들이 경기 전에 몸을 풀고, 성악가들은 공연을 앞두고 발성 연습을 합니다. 우리도 영어라는 새로운 경기에 나서려면 준비 운동이 필요하죠. 방법은 간단합니다. '눈에 보이는 영어 단어를 소리 내어 읽는 것!' 마치 게임을 하듯 일상에서 마주치는 영어 단어와 문장을 사냥감으로 생각하는 거죠. 슈퍼마켓의 상품 라벨, 카페 메뉴판, 거리의 간판까지,

눈앞에 나타나는 영어 단어 하나하나가 목표가 될 수 있어요. 간판의 단어를 읽고, 스마트폰 영어 메시지를 중얼거리며, 지하철 안내문을 따라 말해보세요.

처음에는 'OPEN', 'EXIT', 'SALE' 같은 흔히 볼 수 있는 단어들부터 시작해서 점차 문장으로 확장해 나가면 됩니다. 영어 단어가 눈에 들어오는 순간, 망설이지 말고 바로 소리 내어 말하세요. 생각하는 시간이 길어질수록 행동으로 옮기기가 더 어려워지니까요. 처음에는 의식적인 노력이 필요하지만, 이 과정이 습관이 되면 영어 단어를 보는 순간, 자동으로 입이 움직이게 됩니다.

자신의 목소리를 녹음해서 들어보는 것도 큰 도움이 됩니다. "처음 영어로 말하기를 연습할 때, 제 목소리를 녹음해서 들어봤어요. 그런데 이게 웬걸, 너무 어색한 거예요. 발음이 이상하고, 심지어 내가 이렇게 말하고 있었나 싶을 정도로 제 목소리가 낯설었어요. 남의 목소리 같아서 '그냥 하지 말까?'라는 생각도 들었어요. 그런데 다들 그러더라고요. 누구나 자신의 목소리를 녹음해서 들으면 낯설게 느껴진다고요."

이 학습자의 이야기처럼 누구나 녹음된 자신의 목소리는 낯설게 들립니다. 내가 평소 듣던 목소리는 사실 내 두개골과 귀를 통해 변형된 소리이기 때문입니다. 그러니까 타인이 듣는 목소리가 진짜 내 목소리에 가까운 셈이죠. 게다가 인간은 본능적으로 자기 자신에게 비판적인 경향이 있어서 기대했던 것과 실제가 다를 때 실망을 느끼곤 합니다.

단순히 발음 문제만이 아니라 이런 어색함과 불편함을 마주하는 용기야말로 영어공부의 핵심입니다. 영화 〈킹스맨The King's Man〉 시리즈 '시크릿 에이전트'에서 거리의 건달이었던 에그시가 신사적인 스파이로 변해가는 과정이 떠오릅니다. 그는 거울 앞에서 발음을 교정하고, 몸짓과 태도를 연습했습니다. 처음엔 어색하고 불편했지만, 시간이 흐르는 동안 자연스러워졌고 마침내 완벽한 '킹스맨'으로 거듭납니다. 킹스맨의 최초 미션을 다룬 '퍼스트 에이전트' 편에서 주인공 콘래드에게 유모 폴리는 이렇게 말합니다.

"Fear is Natural. The problem is : the more you fear something, the more likely it is to come true. 두려움은 자연스러운 거예요. 문제는 뭔가를 겁낼수록 그게 현실이 되기 쉽다는 거예요."

우리가 두려움에 사로잡히면, 그 두려운 일이 현실로 다가올 가능성이 커진다는 거죠. 그 반대로 두려움 없이 영어를 자꾸 말한다면, 우리는 영어를 유창하게 말하는 현실을 만들게 되겠죠. 지금부터 그 현실을 만들기 위해 실천해봅시다. 처음에는 어색하고 서툴겠지만, 중요한 것은 '완벽'이 아니라 '진행'입니다. 거울 앞에서 미소 지으며 외치는 한마디, 출근길 버스 안에서의 작은 중얼거림, 설거지하며 연습하는 과장된 발음, 잠들기 전 하루를 정리하며 소리 내어 써 내려가는 짧은 문장. 이 모든 사소한 순간들이 쌓여 매일 조금씩 영어가 입에 붙어갑니다. 그러다 어느 순간 거침없이 말하게 되는 순간이 옵니다. 눈으로만 읽지 말고 목소리를 내보세요. 그 순간 진짜 영어가 시작됩니다.

I am, '나'를 중심으로
사고하고 말하기

영어권 문화는 개인주의적 성향이 강합니다. 이러한 특성은 언어에도 반영되어, 내 생각과 감정을 중심으로 세상을 바라보는 경향이 있어요. 그래서 어떤 상황을 설명할 때 '나'를 중심에 두는 경우가 많습니다. 말하는 사람의 위치와 관점을 기준으로 삼아, 문장의 주어가 '나 (I, me, my)'인 경우가 많은 거죠. 즉 "여기가 어디지?" 했을 때 "Where is this?" 보다 "where am I?"를 더 많이 씁니다.

이와 달리 한국어는 객관적인 표현을 선호하고 '나'를 굳이 드러내지 않으려 합니다. 예컨대 "이건 좀 그런 것 같아"처럼 말하는 사람을 문장에 직접 등장시키지 않아도 의미가 전달되는 거죠. 그러나 영어는 말하는 사람의 감정, 판단, 위치를 문장 속에 분명히 드러내야 자연스럽습니다. 이 차이를 이해하고 영어를 사용할 때 '이 상황을 내가 어떻게 느끼고 경험하는가?'라는 관점에서 생각하면 더 자연스럽고 정확한 표현이 가능해집니다.

한국어	영어	차이
여기가 어디지?	Where am I?	한국어는 '여기가 어디지?'라고 장소(this)를 가리키지만, 영어는 '나(I)'가 중심이 돼서 "나는 어디에 있지?"가 된다.
이게 더 좋아	I think this is better	한국어는 "이게 더 좋다"라고 표현하지만, 영어는 "내 생각엔 이게 더 좋아"라는 주관적 표현을 자주 쓴다.
기분이 좀 이상해	I feel weird	한국어는 "기분이 이상하다"라고 하지만, 영어는 '나(I)'를 중심으로 "나는 이상한 기분이 들어요"라고 표현한다.
길이 막히네	I am stuck in traffic	한국어는 객관적으로 '길이 막히다'라고 하지만, 영어는 "내가 교통 체증에 갇혀 있다"로 표현한다.

가장 흥미로운 주제는 바로 '나!'

우리 인생에서 가장 소중하고 가장 관심 있는 것은 뭘까요? 바로 '나'입니다. 내가 좋아하는 것, 내가 관심 있는 것, 내가 하고 싶은 것 등 나와 관련된 모든 것은 늘 흥미로운 주제입니다. 영어도 내 생각, 감정, 경험을 표현하는 것이 가장 효과적으로 꾸준하게 공부할 수 있는 핵심 방법입니다. 2023년 〈뉴욕 타임스〉는 특별 기획에서 '50대 이상의 학습자들이 어떻게 영어 학습에 성공했는지'를 다루었습니다. 한 사례로, 실리콘밸리의 테크 기업에서 근무하는 57세 마리아 로드리게스는 매일 아침 자신의 감정과 하루의 계획을 영어로 기록하기 시작했어요.

"Today, I feel good. 오늘 나는 기분이 좋다."
"I will do my best. 나는 최선을 다하겠다."

이처럼 간단한 문장들로 시작한 그녀는 1년 후 회사의 주간 미팅에서 프레젠테이션을 진행할 수 있을 만큼 성장했습니다. 그 배경에 '내 생각과 감정을 표현'하는 습관이 있었던 거죠. 자신과 관련된 주제였던 만큼 꾸준하게 할 수 있었던 겁니다.

저 역시 '나'를 소재로 공부한 덕에 영어 학습에 자신감이 생겼습니다. 제가 영어라는 오래되고 거대한 저택의 문을 열 때 주문처럼 외운 것이 있는데, 바로 'I am'입니다. 저는 그 집의 창가에 앉아 '나는 ~이다/하고 있다'라는 단순한 표현을 계속 읊조렸어요.

아침에 일어나 "I am ready! 준비 됐어!"라고 말하는 것으로 하루를 시작했고, 출근길에는 상황에 따라 "I am late. 늦었어요." 또는 "I am early. 일찍 왔어요"라고 말했고요. 하루 동안 느끼는 감정도 모두 'I am'으로 표현했습니다. 기분이 좋을 때는 "I am happy! 행복해요!", 피곤할 때는 "I am tired", 배고플 때는 "I am hungry"처럼 말이죠. 이렇듯 간단하게 느낌, 감정을 표현하면서 영어가 한결 친근하게 느껴졌고, 지속적으로 학습할 수 있었습니다.

그럼 먼저 'I am~'부터 연습해봅시다.

예시 1 **느낌 표현하기**

I am sleepy. **졸려요.**

I am fresh. **상쾌해요.**

I am starving! **나 완전 배고파!**

I am exhausted. **완전 지쳤어요.**

감정 표현하기

I am excited. 신나요.

I am worried. 걱정돼요.

I am confident. 자신 있어요.

I am stressed. 스트레스 받았어요.

쉬운 표현부터 꾸준히 해가면, 새로운 단어들을 찾아보게 되거나, 같은 상황에서 다르게 표현할 수 있는 단어들을 알게 됩니다. 나의 어휘들이 풍부해지는 거죠.

예시 3 **나의 감정 어휘 확장하기**

I am nervous. 긴장돼요.

I am confused. 혼란스러워요.

I am bored. 지루해요.

I am frustrated. 답답해요.

직장이나 일상생활에서도 'I am' 문장은 정말 유용합니다. 회의 중에 "I am listening. 듣고 있어요", 바쁠 때는 "I am busy. 바빠요"라고 말할 수 있어요. 카페에서 주문할 차례가 되면 "I am next. 제가 다음이에요", 메뉴를 결정하지 못했을 때는 "I am still deciding. 아직 고르는 중이에요"라고 말합니다.

스마트폰으로 나의 이동 상황을 주고받을 때도 'I am' 문장이 자주 쓰입니다.

I am on my way. 가는 중이에요.

I am here. 도착했어요.

I'm running a bit late. 조금 늦을 것 같아요.

I'm five minutes away. 5분 정도 남았어요.

'I am' 하나만으로도 일상의 수많은 순간들을 표현할 수 있죠? 하루 종일 'I am'을 사용하다 보면, 어느새 영어로 생각하고 표현하는 것이 자연스러워집니다. 처음에는 의식적으로 '이 상황을 영어로 뭐라고 하지?'라고 생각하겠지만, 하루에 단 1분씩이라도 꾸준히 연습하다 보면 자연스럽게 영어 표현이 떠오르게 됩니다.

여기서 팁 하나! 스마트폰 메모장에 자주 쓸 만한 'I am' 문장들을 적어두세요. 하루에 다섯 번, 정해진 시간(아침 기상 직후, 출근길, 점심시간, 퇴근길, 취침 전)에 그 순간의 감정이나 상태를 'I am' 문장으로 표현하는 거예요. 화장실 거울이나 컴퓨터 모니터에 포스트잇으로 'I am' 문장들을 붙여두고 수시로 읽어보는 것도 좋은 방법입니다.

I like~, 내가 좋아하는 것 표현하기

내가 좋아하는 것을 영어로 표현해봅시다. 아주 간단해요. "I like~"로 시작하면 됩니다. 아침에 일어나서부터 매 순간 아주 사소한 것들에도 좋아하는 감정을 붙여서 표현할 수 있어요.

I like the morning air. 아침 공기가 좋아요.

I like eating lunch with you. 너랑 점심 먹는 게 좋아요.

I like being home. 집에 있는 게 좋아요.

예시 강도를 달리하여 표현하기

I like~ 좋아해요.

I really like~ 정말 좋아해요.

I kind of like~ 좀 좋아해요.

I totally like~ 완전 좋아해요.

예시 질문형 문장 만들기

Do you like~? 너는 ~을 좋아해?

What do you like about~? 너는 ~의 무엇이 좋니?

Which do you like better~? 너는 ~중에 뭐가 더 좋아?

요일별 변형하기도 좋은 방법입니다. 요일별로 내가 원하는 것, 필요
한 것, 느끼는 것, 좋아하는 것 등으로 변형해보는 거죠.

월요일에는 I want~ : ~을 원한다(~을 하고 싶다).

화요일에는 I need~ : ~할 필요가 있다.

수요일에는 I feel~ : ~한 느낌/기분이 들다.

매일 새로운 표현을 하다 보면 다양한 문장 패턴에 익숙해집니다.

월요일에 "I want some coffee. 커피 좀 마시고 싶어요"라고 했다면,

화요일에는 "I need a break. 잠깐 쉴 필요가 있어요"라고 말하고,

수요일에는 "I feel tired today. 오늘 좀 피곤하네요" 같은 문장을 연습해볼 수 있어요.

이처럼 요일별로 주제를 나누어 연습하면, 지루하지 않게 문장 패턴을 익힐 수 있습니다.

내가 경험한 것 vs 타인을 관찰한 것

'나'를 중심으로 한 영어 표현에서 더 나아가, '내가 경험한 것'과 '내가 관찰한 것'을 구분해서 표현하면 영어 문장이 더 정확하고 자연스러워집니다. 'I feel happy. 나는 행복하다'와 'She looks happy. 그녀는 행복해 보인다'의 차이죠. 좀더 살펴볼까요.

내 감정과 생각을 말할 때 : I feel~, I think~, I know~

I feel happy. 나는 행복해요.

I think this food is delicious. 이 음식이 맛있다고 생각해요.

I know because I've been there. 나도 겪어봐서 알아요.

타인을 관찰하여 말할 때 : look, seem, appear

She looks happy. 그녀는 행복해 보이네요.

He seems tired. 그는 피곤한가봐요.

He appears confident. 그는 자신감이 넘쳐 보여요.

내가 경험한 것은 내 감정, 생각, 기억을 말하는 것이므로 'I feel~, I think~, I know~' 등을 사용하고, 타인을 관찰한 것은 겉으로 드러난 모습을 표현하는 것이므로 'look, seem, appear' 같은 동사를 씁니다. 영어에서는 나의 시선으로, 즉 나를 중심에 두고 이 상황을 어떻게 느끼는지를 표현하는 습관을 들이는 것이 중요합니다.

3초, 5단어로 충분하다

영어 원어민들의 일상적인 표현은 대개 '단 3초 안에, 5단어 이내'입니다. 저는 이 대화법을 '3초 5단어' 규칙이라고 합니다. 영어를 학습할 때 간단한 문장을 빠르게 만들고 말하도록 돕는 규칙이죠. 먼저 3초 안에 떠오르는 단어로 문장을 만듭니다. 문법적으로 완벽하지 않아도 괜찮아요. 중요한 것은 즉각적으로 반응해서 표현하는 것입니다. 그리고 한 문장을 5단어 이내로 짧고 간단하게 말합니다. 너무 길거나 복잡한 문장은 피하고, 핵심 내용을 간결하게 표현하면 됩니다.

'3초라니 그게 가능할까?' 생각할 수 있지만, 실제로는 그리 어렵지 않아요. 예를 들어 뉴욕의 바쁜 거리에서 커피 주문은 "Coffee, please." 두 단어면 충분하고, 뉴욕 지하철에서 **"Where is Times Square?** 타임스퀘어가 어디 있나요?" 세 단어로 간단히 길을 물을 수 있습니다.

소리 내어 말하는 순간, 뇌는 '아, 이건 말할 수 있는 언어구나'라고 인식하게 됩니다. 이 반복이 바로 자신감을 만들어줍니다. 3초 안에 떠오르는 말을 해보세요. 떠오르지 않으면 잠깐 멈췄다가 다시 해보면 됩니다. 중요한 건, 계속해보면서 습관을 만드는 것입니다.

세계적인 CEO들의 핵심 단어 사용법

실리콘밸리 회의실에서는 "**Great idea. Let's do it.** 멋진 아이디어예요. 해봅시다", 이 다섯 단어로 중요한 결정을 내립니다. 세계적인 CEO들도 간결한 표현의 힘을 이해하고 잘 활용했습니다. 애플의 창업자 스티브 잡스는 2005년 스탠포드 대학교 졸업식 연설에서 단 네 단어, '**Stay hungry, stay foolish**'로 전 세계 사람들의 마음을 사로잡았죠. 그 문장은 연설의 핵심 메시지였습니다. '항상 호기심을 갖고 도전하며, 실패를 두려워하지 말라'는 의미였죠. 지금도 여전히 창의성과 혁신을 꿈꾸는 사람들에게 크나큰 영감을 주고 있습니다.

일론 머스크는 자신의 트위터를 통해 '**Funding secured**투자금 확보됨'이라는 단 두 단어로 전 세계 주식시장을 뒤흔들었습니다. 물론 그의 영향력이 컸기 때문이지만, 아주 간단한 2개의 핵심 단어로 '자금 마련 계획이 이미 확정되었다'는 인상을 준 것이죠. 두 단어의 파장은 엄청나서 크나큰 논란을 불러왔습니다. 중요한 것은 그 논란이 아니라 짧은 문장, 두 단어의 힘을 확인할 수 있었다는 것입니다.

나이키는 '**Just do it**'이라는 세 단어로 오랜 세월 브랜드 가치를 지켜왔습니다. 'Just do it'은 '주저하거나 두려워하지 말고 즉시 행동으로 옮기라'는 뜻을 담고 있습니다. 단 세 단어로 '스스로의 한계를 뛰어넘으라'는, 간결하면서도 보편적인 공감의 메시지가 되었습니다.

핵심 단어로 표현하는 '3초 5단어' 규칙은 말하고자 하는 바를 명확하게 전달하는 데 있습니다. 그러니 내가 말하고자 하는 바에서 핵심 단어만 잘 사용하면 됩니다. 이 규칙에 따라 연습하면, 영어로 빠르게 생각하고 말하는 능력을 키울 수 있습니다.

영어 대화에서 가장 중요한 것은 사실 문법이나 발음이 아니라 자신감입니다. 일단 말할 수 있어야 하니까요. 상황에 맞는 간단한 표현을 익혀두고 활용하면, 일상적인 대화에서 자신감이 생깁니다. 이제부터, 여러분만의 '3초 5단어' 이야기를 시작해보세요.

"Here we go!"

더 알아보기

핵심을 말하는 '3초 5단어'

'3초 5단어' 대화법은 바쁜 생활에 아주 유용하다. 예를 들어, 급하게 이동할 때 "In a rush. 서두르고 있어요", "Be there soon. 곧 갈게요", "Five minutes more. 5분만 더 기다려요"처럼 간단한 메시지를 남길 수 있다.

상황별로 익혀두면, 심지어 긴장한 상태에서도 쉽게 의사를 전달할 수 있다. 면접 상황에서도 "I'm passionate. 저는 열정적이에요"나 "I learn quickly. 저는 빨리 배웁니다"와 같은 간단한 표현으로 자신을 충분히 어필할 수 있다.

실수했을 때도 장황하게 변명하기보다는 "I'm sorry. 죄송합니다", "My mistake. 제 실수예요"와 같은 간단한 사과가 오히려 더 진정성 있게 들린다. 감사의 마음을 전할 때도 "Thanks a lot. 정말 고마워요"나 "Really appreciate it. 진심으로 감사해요" 정도면 충분하다. 길고 복잡한 설명보다, 짧지만 핵심을 찌르는 말이 더 깊은 인상을 남긴다는 걸 기억하자.

예시 상대를 칭찬할 때
Good job! 잘했어요.
Well done! 좋아요.

예시 의견에 동의할 때
Good point. 좋은 의견이에요.
Makes sense. 이해가 되네요.

예시 약속을 잡을 때
See you at six. 6시에 봐요.
Running late. 좀 늦어요.

예시 급한 상황이 생겼을 때
It's urgent. 급해요!
Need this now. 지금 당장이요!

예시 문제가 생겼을 때
Leave it to me. 나한테 맡겨요.
Need help? 도움이 필요해요?

예시 병원에 갔을 때
Headache. 머리가 아파요.
Stomachache. 위가 아파요.

Airport, please. 공항으로 가요.

How long? 얼마나 걸려요?

Help me, please. 도와주세요.

One moment, please. 잠깐만요.

Call you back. 다시 전화할게요.

Bad signal. 신호가 안 좋아요.

Meeting Tomorrow 내일 약속

Quick Question 빠른 질문

Speak up in meetings. 회의에서 의견을 말하세요.

Take the initiative today. 오늘 주도적으로 나서세요.

Is your form correct? 자세가 맞나요?

Keep moving, don't stop. 계속 움직이세요, 멈추지 마세요.

Where's the subway? 지하철이 어디죠?

How far from here? 여기서 얼마나 걸리죠?

I'm from Korea. 저는 한국에서 왔어요.

I'm here on vacation. 이곳엔 휴가차 왔어요.

Trust yourself and move. 자신을 믿고 나아가세요.

Your future starts now. 당신의 미래는 지금 시작됩니다.

대화를 여는
5W1H 법칙

단어를 많이 알아야 영어를 잘하는 건 아닙니다. '질문하는 사람', 말문을 먼저 여는 사람이 더 많은 배움의 기회를 가집니다. 언제부터인가 우리는 영어를 공부할 때 '맞는 문장'을 만들려고 애쓰느라 정작 '하고 싶은 말'은 놓치고 있었는지도 모릅니다. 그런데 생각해 보면, 우리가 하루에 가장 많이 하는 대화는 '묻는 것' 입니다.

호주에서 워킹홀리데이를 하고 돌아온 청년이 있었습니다. "말도 잘 안 통했을 텐데 고생했다"고 인사를 건네자, 그 청년이 웃으며 말하더군요. "영어가 그리 어렵지 않았어요. 질문만 하면 다 되던데요."

When bus come? 버스 언제 와요?

How much this? 이거 얼마예요?

이런 간단한 질문들로 일상생활을 어려움 없이 해낼 수 있었다는 겁니다. 낯선 곳에서 그를 안내해준 것은 바로 6가지 질문, '5W1H(Who, What, Where, When, Why, How)'였습니다. 그 질문들이 요즘으로 말하면 스마트폰의 맵이 되어준 거죠.

Who를 통해 사람들과 연결되고,

What을 통해 매일의 경험을 나누며,

Where로 새로운 장소를 발견하고,

When으로 그 순간을 기억에 새기며,

Why로 서로를 이해하고,

How로 함께 성장해 나아가는 것이죠.

5W1H는 한국어에서 정확한 문장을 쓸 때 지켜야 하는 육하원칙과 같습니다. **누가who, 언제when, 어디서where, 무엇what, 왜why, 어떻게 how,** 이 6가지 의문문은 단순하게 Yes나 No로 답할 수 없습니다. 바로 대화의 시작점이 되는 거죠. 또 질문을 만드는 과정에서 자연스럽게 어휘와 문법을 익히게 됩니다.

저도 미국 뉴욕에 처음 도착한 날, 지하철에서 **"Where is the A train?** A 트레인은 어디 있죠?"라고 물으며 헤매고 다녔던 기억이 있습니다. 그때 5W1H는 낯선 거리를 안내하는 지도와 같았습니다. 저는 동네 커피숍에서 **"What is good here?** 뭐가 맛있어요?"라고 묻는 것에서 하루를 시작했고, 점심 때는 **"Who wants to grab lunch?** 누가 점심 같이 먹을래?"라며 사람들과 조금씩 소통을 시작했습니다. 식당에서 **"How's the pizza?** 피자 맛이 어때요?"처럼 간단한 질문을 던지는 것으로 현지인들과 대화를 시작했죠.

어딜 가든 묻고 다녔습니다. 쇼핑할 때는 **"When is the sale?** 세일은 언제 시작하나요?**"**나 **"Where is the restroom?** 화장실이 어디예요?**"** 같은 질문이 매우 유용했습니다. 때로는 **"Why is this so expensive?** 왜 이렇게 비싸죠?**"**라고 농담처럼 묻기도 했죠. 길을 잃으면 **"How do I get there?** 거기 어떻게 가요?**"**라고 물었고, 이웃에게는 **"What is up?** 안녕하세요?**"**이라는 짧은 인사말로 말을 걸기도 했습니다.

질문을 많이 할수록 말문이 트였고, 대답을 많이 들으면서 점점 귀가 열렸습니다. 그 경험 때문에 자신 있게 추천합니다. "질문을 많이 하세요!"라고. 짧은 질문 하나하나가 여러분이 나아갈 길을 열어줄 테니까요.

Who is she? 그녀는 누구인가요?

What do you want to eat? 뭐 드시고 싶어요?

Where are we going? 어디로 가는 거죠?

When does it start? 언제 시작하나요?

Why are you upset? 왜 화가 났어요?

How did you do that? 어떻게 그런 거예요?

Who, What, Where, When, Why, How, 이 여섯 단어로 나의 일상을 표현해 보세요. 묻는 만큼 영어를 잘하게 됩니다. 짧고 간단한 문장으로 대화를 주고받다 보면 자신감도 조금씩 쌓입니다. 영어의 핵심은 결국 '말하기!' 그리고 '반복하기!'입니다.

더 알아보기

5W1H로 문장 만들기

Who '누구', '누가'라는 질문을 할 때 쓴다.

Who is that? 저 사람 누구예요?
Who is next? 다음은 누구예요?
Who are you? 누구세요?

이런 질문들을 반복해 연습하다 보면, 더 복잡한 표현도 할 수 있다.

Who is coming? 누가 올 거예요?
Who is coming to the party? 누가 파티에 오나요?
Who is your favorite musician? 너의 가장 좋아하는 음악가는 누구야?

What '무엇'에 대해 질문할 때. 주로 사물, 동작, 상황, 정보 등을 물어볼 때 쓴다.

What is this? 이게 뭐예요?
What time? 몇 시에?
What can I do? 나는 뭐하지?

이 표현에 익숙해지면, 다음과 같은 질문도 자연스럽게 할 수 있다.

What is wrong? 무슨 일이에요?
What is good here? 여기서 뭐가 맛있어요?
What is the weather like today? 오늘 날씨 어때요?

Where 장소나 위치를 물을 때 쓴다.

Where to? 어디로 가죠?
Where now? 이제 어디로 가요?
Where is the bus? 버스는 어디에 있나요?

이런 간단한 질문들에 익숙해지면 "Where did you go? 어디 갔다 왔어?" 같은 표현도 자신 있게 할 수 있다.

Where are you from? 어디에서 왔어요?
Where is the nearest bus stop? 가장 가까운 버스 정류장은 어디죠?
Where do you live? 어디서 살아요?

When 시간이나 시점을 묻는 의문사이다. 주로 사건이나 활동이 발생하는 시간을 물을 때 사용한다.

When is lunch? 점심은 언제예요?
When is good? 언제 괜찮아요?
When is it? 그게 언제예요?

이와 같은 표현에 익숙해지면 "When can we meet? 언제 만날 수 있어?" 같이 좀더 복잡한 질문도 할 수 있게 된다.

When is the next train? 다음 기차는 언제 오죠?
When is your birthday? 너의 생일이 언제야?
When are you leaving? 언제 떠나요?

Why '왜'라고 묻는 질문이다. 주로 어떤 사건이나 행동의 배경이나 이유를 물을 때 쓴다.

Why not? 왜 안 되죠?

Why here? 왜 여기서요?

Why now? 왜 지금요?

이와 같은 표현으로 일상의 의문을 던져보자. "Why are you late? 왜 늦었어?" 같은 질문들도 자연스레 할 수 있게 된다

Why do you like it? 왜 좋아해요?

Why is she upset? 그녀는 왜 화났죠?

Why are you studying English? 왜 영어공부 해요?

How '어떻게'에 대한 질문이다. 방법, 상태, 정도 등을 물어보는 의문사이다.

How is work? 일은 어때요?

How much? 얼마예요?

How come? 왜요?

이렇게 짧은 질문에 익숙해지면 "How do you know? 어떻게 알았어?" 같은 표현들도 자연스럽게 연결된다.

How tall are you? 키가 얼마나 돼요?

How many books do you have? 너는 책이 몇 권 있어?

How much money do you have? 너 돈 얼마 있니?

Simple words open hearts.
Two sentences create connections.

간단한 말 한마디가 마음을 열고,
두 문장이면 관계가 피어납니다.

3

'한 단어'에서
'두 문장'까지 완성하는
3단계 학습

하루 5단어를 1년간 암기하면
〈뉴욕 타임스〉를 읽는다

지난 20년간 수많은 영어 학습자들의 고민을 들어왔습니다. 특히 단어 학습과 암기에 관련해서는, "하루에 단어를 몇 개 외우면 좋을까요?", "외운 단어를 어떻게 하면 잊지 않을까요?"와 같은 질문이 많았습니다.

하루에 몇 개의 단어를 외우면 좋을까요? 예일대학교의 인지심리학 연구결과에 따르면, 새로운 정보를 장기 기억으로 전환하기에 가장 적합한 학습량은 하루 4~5개의 새로운 항목이라고 합니다. 우리의 뇌가 효율적으로 정보를 소화하고 저장할 수 있는 최적의 수치라는 것이죠. 이러한 과학적 근거를 바탕으로 설계한 프로그램이 바로 '하루 5단어 도전'입니다. 이는 가장 효과적인 학습방식으로 구성된 '기억력 향상 퀘스트'라 할 수 있습니다. 마치 게임에서 레벨을 올리듯이, 작은 성취를 쌓아가는 여정인 셈입니다.

하루 5개면 너무 적지 않냐고 반문할 수도 있습니다. 하지만 하루 5개를 익힌다면, 한 달이면 150개, 1년이면 1,825개의 단어를 마스터하게 됩니다. 언어학자들은 어떤 외국어든지 1,000개 단어를 알면 해당 언어의 신문을 읽을 수 있다고 말합니다. 영어 단어 1,000개면 〈뉴욕 타임스〉를, 프랑스어 1,000단어를 알면 〈르몽드〉를 읽을 수 있는 것이지요. 또 캠브리지 대학교에서도 일상에서 가장 많이 사용하는 영어 단어는 약 300개라고 밝힌 바 있습니다. 이 기본 단어들만으로도 일상적인 대화의 80퍼센트를 커버할 수 있다는 거예요. 우리나라 교육부에서도 '초등 영어 800단어'를 발표했죠. 예를 들어 'want', 'need', 'like', 'go', 'come'과 같은 기본 동사, 'good', 'bad', 'happy', 'sad' 같은 기본 형용사, 그리고 'today', 'now', 'here' 같은 시간과 장소를 나타내는 단어들만으로도 일상적인 대화에 큰 어려움이 없다는 겁니다.

'하루 5개 단어 암기'에서 중요한 건 꾸준하게 반복하기! 뇌는 새로운 정보를 처음 접했을 때 단기 기억으로 저장합니다. 단기 기억은 시간이 지나면서 쉽게 잊히는데, 반복적인 암기와 학습을 통해 장기 기억으로 전환할 수 있어요. 에빙하우스^{Ebbinghaus}의 망각 곡선 이론은 시간이 지남에 따라 기억이 얼마나 빠르게 사라지는지 보여줍니다. 처음 학습한 내용은 20분 후에 약 40퍼센트가 사라지고, 하루가 지나면 70퍼센트 이상 사라집니다. 기억이 사라지기 전 반복 학습을 하면 장기 기억으로 전환됩니다. 바로 '간격 반복 학습^{Spaced Repetition}'이죠. 이를테면 처음 단어를 암기한 후 하루가 지난 뒤 복습, 다시 3일 후 복습, 일주일 후 복습, 한 달 후 복습하는 방식입니다.

우리는 어떤 단어를 어떻게 외워야 빠른 시간 안에 영어력을 높일 수 있을까요? 내가 모르는 단어부터? 관심 분야의 단어부터? 나만의 '하루 5단어'를 찾아봅시다.

30년 전 배운 단어가
영어의 기본이다

처음 미국에 갔을 때, 한국에서 배운 영어를 사용하니까 잘 통하지 않았습니다. 원인은 제가 어려운 단어들을 썼던 겁니다. 예를 들어, 'purchase구매하다', 'reside거주하다', 'discover발견하다', 'inquire문의하다', 'request요청하다' 같은 단어를 쓰니까 원어민들은 당황하는 표정을 지었어요. 제 말을 잘 이해하지 못한 겁니다. 물론 제 발음이 어설픈 탓도 있었겠지요. 그러자 한 미국인 친구가 이런 조언을 해줬어요.

"Just say 'I want to buy this'. 그냥 '이거 사고 싶어요'라고 말해!"

실제로 미국에서는 쉬운 단어들을 쓰더군요. 'buy사다', 'live살다', 'find찾다', 'ask묻다', 'want원하다', 'eat먹다', 'drink마시다', 'walk걷다', 'like좋아하다', 'need필요하다' 같은 것들이죠. 매장에서 쇼핑할 때도 "Where can I find this? 이건 어디 있나요?"처럼 간단하게 물어보면 바로 답을 들을 수 있었어요. 'restaurant레스토랑' 대신 그냥 'place장소'나 'spot곳'이라고 해도 다들 알아듣더라고요.

영어로 말하는 데 두려움을 느끼는 것은 단어를 잘 모른다는 생각 때문이기도 합니다. 그러나 우리는 이미 중학교 때 기본적인 명사, 동사, 형용사를 배웠습니다. 사실 이것만으로도 일상 대화는 가능합니다. 그러니까 지금 우리에게 필요한 것은, 어려운 단어를 더 익히는 게 아니라, 기본 단어를 되살려 많이 사용하는 거예요. 그러면 단어 활용에 자신감이 생기고, 좀더 긴 문장을 표현할 수 있게 되는 거죠. 이 기본 단어들을 다른 말로 회화의 '핵심 단어'라고 할 수 있습니다.

"언어 학습에서 핵심 단어를 반복적으로 학습하는 것이 중요하다"라고 여러 연구들이 강조하고 있습니다. 이러한 반복 학습이 특히 중장년 학습자에게 효과적이라고 밝혀졌습니다. "50대 이상의 학습자가 하루에 5개의 핵심 단어를 선택하여 문장으로 확장하고 이를 반복적으로 학습했을 때, 그 언어 습득 속도는 20대 학습자와 비교했을 때와도 큰 차이가 없다"는 점이 주목할 만합니다.

매일 아침, 그날 사용할 5개의 단어를 정해보세요. 처음에는 익숙한 단어들로 시작하는 게 좋습니다. 예를 들어, 'coffee, book, walk, happy, talk' 같은 일상적인 단어를 선택하면, 하루 종일 그 단어들을 여러 방법으로 활용해볼 수 있죠. 특히, 실제 상황, 행동과 연결하여 문장으로 만들어 외우면 단어가 더 오래 기억에 남습니다. 자주 사용하는 물건에 포스트잇으로 단어를 적어 붙이고, 볼 때마다 떠오르는 문장을 반복해서 발음해보는 것이 가장 효과적입니다.

오늘의 단어1 : water, drink, morning, healthy, glass

예시 1 **아침에**

물을 마시며 : I drink water in the morning. 아침에 물을 마셔.

건강을 생각하며 : Water is healthy. 물은 건강에 좋아.

컵을 들며 : This is my glass. 이건 내 컵이야.

오늘의 단어2 : clean, plate, spoon, cup, empty

예시 2 **주방에서**

plate를 보며 : I need a clean plate. 깨끗한 접시가 필요해.

spoon을 찾으며 : Where's my spoon? 내 숟가락 어디 있지?

cup을 쓰며 : My cup is empty. 내 컵이 비었어.

오늘의 단어3 : sofa, comfortable, watching, open, window

예시 3 **거실에서**

sofa에 앉아 : The sofa is comfortable. 소파가 편안해.

TV를 보며 : I'm watching TV. 나 TV 보고 있어.

window를 열며 : Let's open the window. 창문 열자.

우리가 학창시절 배운 단어들은 여전히 영어의 기본입니다. 언어는 시대에 따라 변화하지만, 이 기본 단어는 여전히 의사소통의 중심으로 대화 속에 살아 숨 쉬고 있죠. 영어공부에서 가장 중요한 것은 이 기본 단어들을 적절한 문맥에서 자연스럽게 사용하는 것이죠. 그 출발은 내가 이미 갖고 있고, 알고 있는 단어에서 시작합니다!

내가 아는 5개의 단어로
문장 만들기

아기들은 태어나서 주변의 소리에 반응하며 집중합니다. 그러다 옹알이를 하면서 부모의 말과 리듬을 흉내 내고, 돌 무렵에 첫 단어를 말하죠. 이를 시작으로 "엄마 밥!" "엄마 가!"와 같은 단어 중심의 말을 하게 됩니다. 점점 일상에서 접하는 새로운 단어들이 추가되면서, 길고 다양한 문장을 말하게 되죠.

심리학자 라이언 니믹$^{Ryan\ M.\ Niemiec}$도 "학습은 실생활과 연결될 때 의미를 만든다"라고 강조합니다. 가령 우리가 무작정 머릿속에 집어넣으려고 단어를 외운다면, 그것은 한순간의 수고에 그칠지 모릅니다. 그러나 그 단어가 우리의 일상 속 특정 순간이나 장면과 연결되면, 그것은 더이상 쉽게 잊히지 않습니다.

예를 들어, 아침에 커피를 마시며 'cup'이라는 단어를 떠올리거나, 창문 밖으로 보이는 나무를 보며 'tree'라는 단어를 되뇌는 순간, 영어는 추상적인 외국어에서 우리 삶을 구성하는 일부로 자리 잡게 됩니다.

하버드 대학교 인지심리학자 스티븐 코슬린^{Stephen Kosslyn}은 "우리의 기억은 구체적인 이미지와 연결될 때 가장 강력해진다"라고 말한 바 있습니다. 이는 우리의 뇌가 추상적인 정보보다 구체적인 경험과 연결된 정보를 더 선명하고 오래 기억하도록 설계되어 있어서죠. 마치 사진첩 속 오래된 사진 한 장이 그날의 냄새와 소리, 그리고 감정마저 불러오듯이 말입니다.

일상에서 만나는 모든 것들, 즉 매일 손에 닿는 물건들, 눈앞에 펼쳐진 장면들, 우리가 사용하는 소소한 도구들 모두가 우리에게 익숙한 이미지이자 영어 학습의 재료입니다. 이를테면, 의자에 앉으며, 'chair'라는 단어를 떠올리며 발음하고, 서랍을 열면서 'drawer'라는 표현을 반복하는 거죠. 거실, 주방, 침실, 심지어 욕실까지, 우리 집이라는 공간은 훌륭한 영어 학습장입니다. 지금 눈앞의 사물 하나하나를 찬찬히 바라보고, 거기에서 단어를 발견해보세요.

동사, 명사, 형용사로 문장 만들기

우리의 하루는 참 많은 단어들로 채워져 있습니다. 아침에 마시는 커피coffee 한 잔, 출근길 귓가에 울리는 음악music, 점심시간의 즐거운 대화talk, 퇴근 후의 상쾌한 산책walk, 그리고 저녁의 평화로운peaceful 순간까지. 이렇게 하루를 이루는 단어들을 모아, 우리만의 이야기를 만들 수 있습니다. 특히 단어를 선택할 때 동사, 명사, 형용사로 균형 있게 고르면, 문장을 만들 수 있습니다. 예를 들어, cook(동사), dinner(명사), delicious(형용사), enjoy(동사), family(명사)를 조합하면, 저녁 식사와 관련된 문장으로 풀어낼 수 있죠.

또한 5개 단어의 순서를 바꾸고 연결 방식만 달리해도, 매번 새롭고 흥미로운 이야기가 탄생합니다.

● 5단어로 2가지 이야기 만들기

: coffee, read, book, walk, happy

이야기 1

I had some coffee, read a book, 커피를 마시고 책을 읽고

and went for a walk. 산책을 했어요.

It made me so happy! 정말 기분이 좋았어요!

이야기 2

I went for a walk and talked to a friend. 산책을 하며 친구와 이야기를 나눴어요.

Then we grabbed coffee and read books. 그리고 우리는 커피를 마시고 책을 읽었죠.

It was such a happy day. 정말 행복한 하루였어요.

팁을 드리면, 스마트폰 메모장에 자주 쓰는 단어들을 카테고리별로 정리해두면 도움이 됩니다. 예를 들어, '감정 표현', '일상 활동', '장소', '음식' 등으로 분류해 단어장을 만드는 거죠. 그러면 매일 아침 새로운 단어를 조합하는 일이 훨씬 수월해지고, 이야기 구성력도 향상됩니다. 또 단어의 다양한 활용법을 익힐 수 있어요. 예시로, 'walk'라는 단어를 생각

해봅시다.

> I walk to work every day. **매일 직장까지 걸어가요.** (동사로 사용)
>
> I went out for a walk after dinner. **저녁 먹고 산책하러 나갔어요.** (명사로 사용)

'walk'가 동사로도, 명사로도 쓰였죠. 이처럼 한 단어의 다양한 쓰임새를 연습하다 보면, 점차 단어 구사력이 좋아집니다. **"Small habits change life.** 작은 습관이 인생을 바꾼다"는 작가 제임스 클리어의 말처럼, 하루 5단어라는 작고 단순한 시작이 여러분의 영어 여정에 디딤돌을 놓아줄 겁니다. 그러나 처음부터 너무 많은 것을 욕심내는 것은 금물! 가장 마음에 드는 한 가지 방법을 선택해서 꾸준히 실천해보세요.

더 알아보기

'오늘의 5단어'로 문장 만들기

예시 coffee, book, exercise, time, spring

단어 1 coffee

I love my morning coffee. 아침 커피를 좋아해요.

Coffee makes me happy. 커피는 나를 행복하게 만들죠.

Let's get coffee. 커피 마시러 가자!

단어 2 book

I am reading a book. 지금 책을 읽고 있어요.

This book is really interesting. 이 책이 정말 흥미로워요.

Books teach me many things. 책은 많은 것을 가르쳐줘요.

단어 3 exercise

I exercise every day. 나는 매일 운동을 해요.

Exercise is good for health. 운동은 건강에 좋아요.

Let's go exercise on the weekend! 주말에 운동하러 가자!

단어 4 time

What time is it now? 지금 시간이 몇 시예요?

Time flies so quickly. 시간이 참 빠르게 지나가요.

I am having a good time. 좋은 시간을 보내고 있어요.

단어 5 spring

It's a beautiful spring day. 오늘은 아름다운 봄날이에요.

Spring is my favorite season. 봄은 내가 가장 좋아하는 계절이에요.

I feel energized in spring. 봄에는 에너지가 넘쳐요.

절대 잊지 못하는 완벽한 암기법

미국 유학 시절 저널리즘^Journalism(신문학) 공부를 시작할 때 관련 단어를 외우는 게 정말 힘들었습니다. 미디어 용어 등을 제대로 익히지 못해 뉴스기사 작성 과제를 제출하는 것조차 큰 도전이었죠. 매일 밤 기숙사 책상 앞에 앉아 단어장을 펼쳐 들고 씨름했지만, 다음 날이면 그 단어들은 손가락 사이로 흩어지듯 사라져버렸습니다. 그러던 어느 날 학교 도서관 구석에서 혼자 단어장을 들여다보며 한숨을 내쉬고 있을 때, 클래스메이트 헥터가 다가와 아주 중요한 조언을 해주었습니다.

"Don't just learn words. 단어를 그냥 외우지 말고,

Make pictures in your head. 네 머릿속에서 그림으로 그려봐.

Think about when you would use them. 그 단어가 사용되는 상황을 상상해보는 거야."

114

헥터는 스페인어 학습 경험을 들려주었습니다. 그는 새로운 단어를 배울 때마다 그와 관련된 장면을 머릿속에 그리고, 간단한 그림까지 그리며 단어를 익혔다고 했습니다. 그것은 미셸 오바마^{Michelle Obama} 전 미국 영부인의 학습방식과도 닮아있었습니다. 미셸은 자신의 회고록 《비커밍 ^{Becoming}》에서 시카고 공립학교에 다니던 어린 시절, 영어 단어를 단순히 외우는 대신 자신만의 이야기로 그림을 그려서 기억했다고 합니다.

미셸은 이렇게 말했습니다. "나는 단순히 단어를 암기하지 않았어요. 각각의 단어는 내 삶의 한 장면이 되었죠. 'perseverance인내'라는 단어를 배웠을 때, 나는 할머니가 추운 겨울 아침 일찍 일어나 버스를 타고 일하러 가시던 모습을 떠올렸어요. 그 장면 속에는 단어의 의미뿐만 아니라, 그 단어가 가진 힘과 가치까지 담겨 있었죠. 그렇게 이야기로 만든 단어들은 결코 잊히지 않았어요."

헥터의 조언은 제 공부방식에 큰 변화를 가져왔습니다. 'editorial사설'이라는 단어를 배울 때는 진지한 표정으로 사설을 쓰는 편집장의 모습을 상상했고, 'breaking news속보'라는 표현을 외울 때는 긴박하게 속보를 전하는 기자들의 모습을 떠올렸죠. 놀랍게도 이렇게 이미지로 기억한 단어들은 쉽게 잊히지 않았고, 작문을 할 때 자연스럽게 떠올랐습니다.

우리는 감정이 깃든 기억을 오래도록 간직합니다. 심리학자 다니엘 골먼^{Daniel Goleman}은 "감정적 연결이 있는 정보는 뇌에 더 깊이 각인된다"라고 했습니다. 우리의 기억이 단순히 정보를 저장하는 기능을 넘어, 감정이라는 매개를 통해 더 강렬해지고 지속된다는 말입니다. 여러분이 단어를 어떤 기쁨이나 따뜻한 순간과 연결시킨다면, 그것은 단순히 외워야 한 정부가 아니라 추억의 일부가 될 겁입니다. 예를 들어, 'sunshine'이라는 단어를 처음 배운 날, 따스한 햇살 아래 걸었던 산책을 떠올린다면, 그 단어는 그 순간의 따뜻한 공기와 잔잔한 행복까지 담게 되는 것이죠. 그 긍정적 감정으로 인해 학습도 행복한 과정이 됩니다. 단어를 배울 때 스스로를 칭찬하거나, 그 단어와 함께했던 작은 성취를 떠올려보세요. 기쁨과 자신감이 더해질 때, 그 단어는 더 깊이 뇌에 새겨지고, 오랜 시간이 지나도 따뜻한 기억으로 남을 겁니다.

교육심리학자 바바라 프레드릭슨Barbara Fredrickson의 '확장-구축 이론Broaden-and-Build Theory'에 따르면 "긍정적 감정은 학습 능력을 향상시킨다"라고 했습니다. 행복한 순간 속에서 우리는 더 쉽게 배우고, 더 오래 기억할 수 있다는 말입니다. 매일의 작은 행복을 영어로 표현해보세요.

This coffee tastes amazing. 이 커피 정말 맛있다.

The sky is so clear and blue today. 오늘 하늘이 진짜 맑고 파랗다.

That just made me smile. 그거 보고 나도 웃었어.

더 알아보기

'오늘의 감정 단어 5개'로 문장 만들기

예시 happy, smile, love, good, like

① 상황별 감정 표현

예시 1 아침에 일어나서

I'm happy today. 오늘 행복해요.

The sun feels so good. 햇살이 정말 좋아요.

예시 2 카페에서

I like this cafe. 이 카페가 좋아요.

The coffee tastes great. 커피가 정말 맛있어요.

예시 3 친구와 함께

I smile at you. 당신을 보며 웃어요.

We laugh and smile together. 우리는 함께 웃고 미소 지어요.

② 감정 표현 연습

예시 4 좋아하는 것들

I like ice cream. 아이스크림이 좋아요.

I like sunny days. 맑은 날이 좋아요.

I love this. 이걸 정말 좋아해요.

예시 5 행복한 순간들

Music makes me happy. 음악이 날 행복하게 해요.

I'm happy when I'm with you. 당신과 함께 있을 때 행복해요.

Walking makes me feel good. 산책하면 기분이 좋아요.

쓰기와 필사,
손으로 기억하기

우리는 디지털 시대에 살고 있습니다. 우리의 손끝은 키보드 위를 재빠르게 달리고, 스마트폰 화면을 스치며 정보를 쌓아갑니다. 그러나 아이러니하게도 손으로 직접 글씨를 쓰는 행위만큼 우리의 뇌를 깊이 자극하고 풍부한 학습 효과를 주는 방법은 드뭅니다.

신경과학 및 교육심리학 연구에 따르면 "손글씨는 단순한 기록이 아닌 뇌를 활성화하는 적극적인 학습 활동이다"라고 말합니다. 우리가 손으로 무언가를 쓰는 순간, 뇌는 단순히 정보를 저장하는 것을 넘어, 더 깊이 생각하고 오래도록 기억하려는 노력을 시작한다는 것이죠.

쓰기는 장기 기억뿐만 아니라 영어 학습에서 특히 문장 구조와 철자에 대한 감각을 키우는 데 가장 효율적인 방법입니다. 영어 문장을 필사하면서 'I enjoy reading books'(O)와 'I enjoy to read books'(X) 중 어느 것이 올바른 표현인지 자연스럽게 익힐 수 있습니다. 또 쓰는 행위는 집중력을 높이고 학습의 몰입도를 증가시킵니다. 디지털 환경에서는 여러 가지 방해 요소(알림, SNS, 유튜브 등) 때문에 학습 흐름이 깨지기 쉽지만, 필사는 손끝에 정신을 모으게 합니다. 요즘의 필사 열풍도 다 이유가 있는 거죠. 주위에도 영어 일기를 쓰거나 영시를 필사하며 영어 감각을 키우는 분들이 있을 겁니다.

그럼에도 많은 이들이 영어 학습에서 쓰기를 소홀히 하는 이유는 시간이 많이 걸리기 때문이라고 합니다. 또 영어는 의사소통이 목적인데 말하기와 듣기가 먼저여야 하지 않냐고도 합니다. 쓰기가 단어를 외우는 데는 도움이 되겠지만, 일상에서 회화 실력을 높이는 데는 한계가 있다는 것이죠. 물론 기계적으로 따라 쓴다면, 쓰기는 분명 단점이 많습니다. 단어장에 'apple'을 수십 번 써도 실제 대화에서 써먹지 못한다면 학습 효과는 미미한 것처럼요. 중요한 것은 일상에서 자주 사용하는 문장을 직접 써보고, 이를 반복적으로 읽고 활용하는 것입니다. 단순한 단어 나열이 아니라, 문맥 속에서 자연스럽게 쓰고 익히는 것이 핵심입니다.

손글씨와 디지털 학습의 콜라보

쓰기 학습법을 효과적으로 활용하려면, 손글씨와 디지털 학습을 병행하는 것이 좋습니다. 예를 들어, 하루 10분은 직접 문장을 적어보고, 이후에는 AI 기반 영어 학습 앱이나 음성 녹음을 활용해 말하기 연습을 하는 방식입니다. 이렇게 하면 '쓰기'를 통해 기억한 문장을 '말하기'로 활용하면서 반복 학습 효과와 표현능력 향상이라는 시너지 효과를 내는 거죠.

손글씨를 쓰는 것은 단순한 기억력 향상에 그치지 않고, 뇌의 여러 영역을 동시에 자극하여 언어 습득에 긍정적인 영향을 미칩니다. 손끝의 미세한 움직임, 눈으로 지켜보는 글자의 형상, 머릿속에서 떠오르는 생각들이 하나의 흐름으로 연결되며, 이는 단순한 정보 저장을 넘어 이해하고 내면화하는 과정으로 이어지기 때문입니다.

손으로 문장을 직접 쓰는 과정은 작은 성취감을 쌓아가는 경험이기도 합니다. 하루 한 페이지씩 필사를 하다 보면 자신이 만들어낸 결과물이 눈앞에 쌓이면서 '계속 할 수 있는 힘'을 얻게 되죠. 글자로 가득 채워진 노트 한장 한장은 학습의 흔적이자, 자신이 성장하고 있음을 확인할 수 있는 증거입니다.

쓰기는 AI 시대에도 여전히 강력한 학습 도구입니다. 노트에 손글씨로 단어와 문장을 써보세요. 빠르게 쓰려고 하지 말고, 쓰는 과정 자체를 즐기면서 고요와 집중을 경험해보세요. 종이 위에 새겨지는 글자는 단순한 학습의 과정이 아니라, 나와 글자, 언어 사이에 유기적인 관계를 형성하며 정서적 안정까지 주는 순간이 될 것입니다.

더 알아보기

반복의 힘 : 마이크로 복습 5분

짧지만 집중적인 복습이 장시간의 불규칙한 학습보다 효과적이다. 교육심리학자 존 브랜스포드[John D. Bransford]의 연구에 따르면, 반복적이고 집중적인 학습 방식은 장기적인 기억과 이해를 높이는 데 훨씬 더 효과적인 것으로 밝혀졌다. 특히 정보를 일정한 간격을 두고 반복하는 '간격 반복 학습' 방법에 따라 짧더라도 규칙적이고 집중된 복습 시간을 마련하는 것이 좋다. 예를 들어 단어 암기에서 반복 학습은 단순히 뜻을 외우는데 그치지 않고, 배운 단어를 반복적으로 사용해보며 일상에서 자연스럽게 익히도록 해야 한다.

단어 복습은 바쁜 생활에 따로 시간을 내서 할 필요 없이 자투리 시간을 활용해보자. 2023년 옥스퍼드 대학의 연구에 따르면, 하루 중 자투리 시간들을 모두 합치면 평균 2.8시간에 이른다. 그리고 핀란드 투르쿠 대학교의 영어학과 교수인 리카 메리키비[Riika Merikivi]와 파이비 피에틸레[Päivi Pietilä] 연구에 따르면, 이 시간을 효과적으로 활용한 학습자들은 그렇지 않은 이들보다 언어 습득 능력이 45퍼센트 더 높았다.

자투리 시간 5분! 출근길 지하철 안, 커피 한 잔을 기다리는 동안, 또는 잠자리에 들기 전, 오늘 배운 단어를 다시 떠올려보자.

▶ 효과적인 복습 간격

① 1일 차

아침 : 새로운 5단어 학습 → 점심 : 1차 복습 → 저녁 : 2차 복습 → 취침 전 : 3차 복습

② 2~7일 차

2일 후 : 2회 복습 → 4일 후 : 1회 복습 → 7일 후 : 최종 점검(한 주 총정리)

▶ 실전 복습 방법

① 아침 학습 : 새로운 5단어 정하고, 문장 만들기

예시 breakfast, coffee, morning, sunny, start

I eat breakfast at 7. 아침을 7시에 먹어.

This coffee is so good. 이 커피 정말 맛있다.

Good morning, everyone! 좋은 아침이야, 여러분!

It's sunny today. 오늘 화창해.

Let's get started. 이제 시작하자.

② 점심(1차 복습) : 문장 확장하기

I want hot coffee with breakfast. 아침 식사랑 뜨거운 커피 마시고 싶어.

Every morning feels great. 아침마다 기분이 좋아.

Sunny days are perfect for a walk. 화창한 날은 산책하기에 완벽해.

Let's start the meeting. 회의를 시작하자.

③ 저녁(2차 복습) : 상황별 대화 만들기

A : Good morning! Did you have breakfast? 좋은 아침! 아침 먹었어?

B : Yeah, I had coffee and toast. 응, 커피랑 토스트 먹었어.

A : Nice! Ready to start the meeting? 좋아! 회의 시작할까?

B : Sure, such a sunny day today! 좋아, 오늘 날씨 너무 좋다!

▶ 효과를 높이는 팁

① 장소별 상황 연습(카페에서)

One coffee, please. 커피 한 잔 주세요.

Perfect morning for coffee. 커피 마시기 딱 좋은 아침이에요.

② 감정 표현 추가하기

The sunny weather makes me smile. 화창한 날씨가 기분 좋게 하네.

Best breakfast ever! 역대 최고 아침식사야!

문장을 통째로 외우면
영어공부의 차원이 달라진다

"영어 문장을 보면 다 아는 단어인데 말하기는 왜 이리 어려울까요?"
많은 분들이 호소하는 고민입니다. 그 이유는 문장으로 나아가지 못하고
단어 학습에만 머물렀기 때문이에요. 단어만 익히는 것은 마치 재료를
사서 주방 한쪽에 놓아두기만 하는 것과 같습니다. 재료만으로는 요리가
되지 않듯이, 단어를 단순히 기억하는 것만으로는 우리가 원하는 의사소
통이라는 목표에 도달할 수 없습니다.

실제 대화는 단어가 아니라 문장이라는 덩어리로 이뤄져 있어요. 재
료가 한데 어우러져 요리로 완성할 때 비로소 음식의 풍미를 느끼듯이,
단어들이 서로 엮이며 하나의 의미를 가진 묶음으로 변할 때 문장이 살
아납니다. 그래서 하나의 문장을 덩어리째 익히는 것이 중요하죠. 단어
하나를 익혔다면, 그것을 다양한 문장에 넣어보는 연습을 해야 합니다.

초보자들에게 가장 추천할 만한 방법은 '하루 한 문장 익히기'입니다.
짧고 간결한 2단어, 3단어 문장부터 시작하세요. 이미 알고 있는 문장이

어도 좋습니다. 매일 아침, 커피 향이 방 안에 은은히 퍼질 때, '오늘의 한 문장'을 떠올려보세요. 하루에 단 한 문장만큼은 완벽하게 구사하겠다는 마음으로 '오늘의 목표 문장'을 학습하는 겁니다. 운동선수가 하나의 동작을 수백 번 반복하며 그 동작이 몸에 배게 하는 것처럼, 한 문장을 암기하고 또 여러 번 변형하고 활용하면서 '나의 문장'으로 만드세요. 최소 스무 번 이상 반복해야 합니다.

저도 이 방법을 꾸준히 실천하면서 문장 학습의 효과를 체험했습니다. 처음에는 솔직히 반신반의했어요. 단순한 문장 하나를 외우는 게 무슨 도움이 될까 싶었죠. 문장을 통째로 익히기보다는, 단어를 많이 알면 언젠가 저절로 말문이 트일 거라고 생각했거든요. 하지만 결과는 예상과 달랐습니다.

어느 날 영어로 말할 기회가 생겼는데, 머릿속이 하얘지면서 아무것도 떠오르지 않았어요. '아, 또 말문이 막히는구…' 그런데 그 순간, 그동안 매일 연습했던 문장 하나가 불쑥 떠오르는 거예요. 신기하게도 그 한 문장이 마치 퍼즐 조각 같은 역할을 하면서, 뒤이어 다른 문장들이 자연스럽게 연결되었습니다. 단어를 하나씩 떠올려서 문장을 만들어내는 게 아니라, 이미 익숙해진 문장들이 입에서 그대로 흘러나오는 느낌이었어요.

그때 깨달았죠. 단어를 따로 배우는 것과 문장을 통째로 익히는 것은 완전히 다른 차원의 경험이라는 것을요. 문장을 익히면 단순히 말하는 속도가 빨라지는 게 아니라, 생각하는 과정 자체가 달라진다는 것도 알게 됐습니다. 단어 하나하나를 조합해서 문장을 만들려면 머릿속에서 복잡한 계산을 하게 되죠. 하지만 미리 익힌 문장은 마치 자동으로 재생되듯 입 밖으로 나왔거든요. 이것이 바로 우리가 원하는 '자연스러운 대화'

입니다.

　매일 한 문장씩 자신의 것으로 만들어보세요. 어느 순긴 영어로 말하는 것이 낯설지 않게 될 겁니다. 단어를 넘어 문장으로, 그리고 문장에서 자연스러운 대화로! 오늘부터 '하루 한 문장'이라는 작은 시도로 영어의 새로운 차원을 경험해보세요.

호흡이 멈춘 곳에서
끊어 읽어라

우리가 한국어를 말할 때를 떠올려보세요. "나는∨지금∨밥을∨먹고
∨있다"처럼 단어 하나하나를 끊어서 말하는 일은 거의 없습니다. 대신
"나는 지금∨밥을 먹고 있다"처럼 덩어리로 표현합니다.

영어도 단어를 하나하나 나열하는 것이 아니라, 문장을 덩어리로 묶어
흐름을 만들어야 생동감이 더해집니다. 단어들이 하나의 흐름 안에서 연
결되고, 그 흐름이 곧 영어다운 리듬과 억양을 만들어냅니다. 문장을 덩
어리로 읽는 방법은 숨쉬기와도 같아요. 우리가 숨을 쉴 때 호흡의 리듬
이 있듯이, 영어도 호흡처럼 문장을 덩어리 단위로 묶어 읽을 때, 비로소
자신의 리듬을 드러냅니다.

언어학자들은 이러한 단위를 '청크chunk'라고 부릅니다. 한 문장 안에
서도 작은 의미의 묶음으로 이루어진 이 청크들은, 영어의 리듬과 억양
을 익히는 데 중요한 요소입니다. 숨을 들이쉬고 내쉬는 느낌을 떠올리
며 문장을 덩어리로 끊어서 말해보세요. 점차 자연스러운 호흡처럼 매끄

럽게 흘러갈 겁니다. 특히 긴 문장의 경우 나눠서 읽는 연습을 통해서 문장 구조를 익힐 수도 있습니다.

가장 기본적인 예문부터 끊어 읽어봅시다. 자연스러운 호흡 지점에서 끊어 읽습니다.

I'm going [∨]to the market. **나는 시장에 가고 있어요.**

조금 긴 문장은 세 번으로 끊어 읽습니다.

Last weekend [∨]I visited [∨]my grandmother. **지난주 할머니댁을 방문했어요.**

덩어리로 끊어 읽으니까, 확실히 흐름과 리듬이 느껴지죠? 실제 대화에서도 호흡 조절이 되고, 의미 단위로 이해하기도 쉬워집니다. 모든 문장을 같은 방식으로 연습해보세요.

예시 1 안부인사 할 때

How have you been [∨]these days? **요즘 어떻게 지냈어요?**

Long time [∨]no see! **오랜만이에요!**

예시 2 길 묻기

Could you tell me [∨]where the bus stop is? **버스정류장이 어디 있는지 말해
주실 수 있나요?**

How do I get to [∨]the train station? **기차역에 어떻게 가나요?**

예시 3 감정을 표현하는 문장

I'm so happy $^\vee$ to see you again. 다시 만나서 정말 기뻐요.

I was worried $^\vee$ about the test. 나는 시험 때문에 걱정했어요.

Thank you so much $^\vee$ for your help. 도와줘서 정말 고마워요.

예시 4 시간 표현이 있는 긴 문장

Let's meet $^\vee$ at three o'clock $^\vee$ in front of $^\vee$ the station. 역 앞에서 3시에 만나요.

Every morning $^\vee$ I take a walk $^\vee$ in the park. 나는 아침마다 공원에서 산책해요.

After dinner $^\vee$ I usually watch TV $^\vee$ with my family. 저녁 먹고 나서 나는 보통 가족과 함께 TV를 봐요.

한 문장 통으로 외우기

대화란 단순한 단어들의 나열이 아니라, 흐름 속에서 덩어리(청크)가 만들어지는 과정입니다. 자연스러운 영어 구사의 비밀은 바로 이 덩어리 읽기에 있습니다. 단어 하나하나를 조심스럽게 맞추며 완성된 문장을 만들어내는 것이 아니라, 이미 연결된 덩어리로 대화를 이어가는 거죠. 그 흐름을 이해하고 받아들일 때, 자연스러운 대화가 이뤄집니다.

처음에는 어디에서 끊어 읽어야 할지 몰라 혼란스러울 수 있습니다. 그 과정에서 몇 번이고 멈칫하면서, 단어와 문장 사이에서 길을 잃는 것 같은 기분이 들 수도 있어요. 그래서 가장 좋은 방법이 우선 문장을 통으로 외우는 겁니다. 문장을 단어별로 나누지 않고 통으로 외우다 보면 문장의 흐름이 익숙해집니다. '문장을 통으로 외우기'는 영어 학습법에서 가장 많이 쓰는 방법이지만, 기계적인 암기는 오래가지 못합니다. 맥락을 파악하고, 흐름을 머릿속에 기억하며 끊어 읽을 때 더 잘 기억할 수 있습니다.

● **하루 한 문장 외우는 방법**

① 매일 아침 한 문장을 선택한다.

② 구글 검색이나 ChatGPT로 원어민 발음을 듣는다.

③ 3번 이상 소리 내어 따라 한다.

④ 스마트폰 메모장에 적어두고, 하루 중 틈틈이 발음해본다.

문장 선택 가이드

일상에서 자주 쓸 수 있는 문장을 고른다.

처음에는 3~5단어로 된 짧은 문장부터 시작한다.

발음하기 편한 문장을 선택한다.

의미를 확실히 이해할 수 있는 문장을 고른다.

3단어 문장
3초 안에 말하기

"**You complete me.** 당신은 나를 완벽하게 만들어줘."

영화 〈제리 맥과이어〉에서 톰 크루즈^{Tom Cruise}가 한 말입니다. 사랑은 나를 더 나은 사람으로 만들어준다는, 깊은 울림이 깃들어 있죠. 이처럼 미국 드라마나 영화를 보다가 유독 귀에 또렷이 들리는 문장이 있지 않나요? 그런 문장의 특징은 대부분 3단어로 되어 있습니다. "**I love you.** 사랑해요." "**He is funny.** 그는 재미있어요." "**This is good.** 이거 좋네요." 등. 이러한 '3단어 문장'은 마치 음악의 기본 화음과 닮았습니다. 우리가 듣는 화려한 교향곡도 결국 몇 가지 단순한 화음에서 시작하듯, 영어도 기본적인 3단어 문장에서 시작됩니다. 단순하지만 탄탄한 기초와도 같아요. 여기에서 모든 문장이 탄생합니다.

'3단어 문장'은 3초 안에 말할 수 있다고 해서 '3초 문장'이라고도 합니다. 우리는 흔히 긴 문장을 만들기 위해 머뭇거리다 어느새 말할 타이밍을 놓치고 맙니다. 이럴 때 3단어 문장은 부담 없이 아주 쉽게 시작할 수 있어요. **"I like coffee.** 난 커피를 좋아해요", **"Can you help?** 도와주실 수 있나요?" 등. 3단어 문장은 마치 자전거를 처음 배울 때 보조바퀴를 달고 시작하는 것과 같아요. 긴 문장으로 말하고 쓰기 위한 기초가 됩니다.

실제로 미국인들은 3단어 문장을 많이 사용합니다. 실리콘밸리의 한 스타트업이 진행한 연구에 따르면, 일상 대화의 45퍼센트가 3단어 문장으로 이루어져 있다고 합니다. **"She seems nice.** 그녀는 친절해 보여요", **"Time goes fast.** 시간이 빨리 가네요", **"Life is beautiful.** 인생은 아름다워요"처럼 간단한 표현들이 실제 대화의 중심이 된다는 것이죠. 그래서 외국인 직원들의 영어 실력을 높이기 위해 '3단어 챌린지Three-Word Challenge'라는 재미있는 규칙을 도입했다고 합니다. 3단어로 이루어진 문장만 사용하는 방식이었는데, 놀랍게도 이 방법을 통해 외국인 직원들의 의사소통 능력이 크게 향상되었습니다. **"I hungry now.** 나 지금 배고파요"나 **"You look happy.** 너 행복해 보여" 같은 간단한 표현만으로도 대화가 원활해진 거죠. 긴 문장을 완벽히 구사하려다 머뭇거렸던 사람들이 짧고 간결한 표현으로 대화에 자신감을 얻은 겁니다.

여러분도 3단어 문장을 정해서 하루 종일 생각하고 말해보세요. '영어가 이렇게 쉬운 거였어?' 영어에 대한 두려움이 사라질 겁니다. 3단어 문장을 꾸준히 연습하면, 더 긴 문장도 자연스럽게 말할 수 있게 되고요.

여기서 한 가지! 긴 문장이라고 해서 항상 좋은 문장은 아니라는 겁니다. 때로는 **"I love you.** 사랑해요"라는 단 3단어가 백 마디의 말보다 훨씬 더 강렬한 힘을 발휘하기도 하니까요. 영어의 진정한 힘은 바로 이런 단순함에서 비롯됩니다. 간결하고도 명확한 표현이 사람의 마음을 움직이고, 뜻을 정확히 전달합니다.

더 알아보기

나의 하루 : 3단어로 한 문장 만들기

예시 1 아침에 일어나서

Wash my face. 세수를 해요.

Open the curtains. 커튼을 열어요.

Eat some breakfast. 아침을 먹어요.

예시 2 상점에서

This looks nice. 이거 좋아 보여요.

That fits perfectly. 딱 맞네요.

I need help. 도움이 필요해요.

예시 3 식당에서

Food tastes good. 음식이 맛있어요.

Bill is here. 계산서가 왔어요.

I am full. 배가 불러요.

예시 4 직장에서

Meeting starts now. 회의가 시작됩니다.

Work is done. 일이 끝났어요.

You did well. 잘했어요.

예시 5 나의 하루를 3단어로!

아침에, I wake up. 나는 일어난다.

출근길, Bus comes now. 버스가 지금 와요.

점심때, Let's eat lunch. 점심 먹어요.

퇴근길, Day is over. 하루가 끝났어요.

기본 문장 변형하기
: 3-4-5 단어 문장

영어를 배우면서 가장 답답한 순간은 단어도 알고, 문장도 익혔는데 막상 입이 떨어지지 않을 때입니다. 왜일까요? 그 이유는 문장을 변형하고 확장하는 훈련을 충분히 하지 않았기 때문입니다. 실제 대화에서는 단순히 암기한 문장을 그대로 사용하는 것이 아니라, 상황에 맞게 조금씩 변형하는 응용력이 필요하죠. 그 능력이 진짜 영어 실력의 시작입니다.

기본 문장 3단어를 충분히 연습했다면, 이제 4단어와 5단어 문장으로 확장해봅시다. 긴 문장을 말하기 위한 작은 계단을 하나 더 올라서는 겁니다. 언어학자 노암 촘스키는 "하나의 문장을 다양하게 변형할 수 있는 능력이 언어 습득의 핵심이다"라고 말했습니다. 즉, 한 문장을 자유롭게 변형할 수 있어야 실전에서 자연스럽게 대화할 수 있다는 뜻이죠.

이 방법이 얼마나 효과적인지 보여주는 좋은 사례가 있습니다. 한 학생이 처음 영어를 배울 때 "I like coffee" 같은 간단한 문장만 겨우 말할 수 있었습니다. 하지만 같은 문장을 아래 기본 원리처럼 조금씩 변형하는 연습을 하면서, 점점 더 길고 다양한 표현을 할 수 있게 되었죠.

이렇듯 문장을 다양한 상황에 맞게 활용하거나 단어를 추가해서 변형하다 보면, 그 문장들은 어느새 자연스러운 대화로 발전하게 됩니다. 마치 실을 한땀 한땀 엮어가다 보면, 마침내 눈앞에 아름다운 직물이 완성되는 것처럼요. 오늘 완성한 문장은 내일의 새로운 문장과 연결되어, 차곡차곡 언어의 벽돌로 쌓이고, 그 벽돌들이 모여 마침내 나만의 영어의 집이 완성되어가는 거죠. 우선, 일상에서 보이는 것, 익숙한 것들을 중심으로 문장을 확장하고, 변형하는 연습을 시작해보세요.

3-4-5단어 문장 만들기

> ▶ 3-4-5 문장 만들기의 기본 원리
>
> ① 3단어(기본 문장) : 'SVO' 문장 (주어+동사+목적어)
> I like coffee. 난 커피를 좋아해.
>
> ② 4단어(확장 문장) : 추가 정보 (부사, 형용사 등 추가)
> I really like coffee. 난 커피를 아주 좋아해.
>
> ③ 5단어(응용 문장) : 설명, 이유, 추가 문장 등을 연결
> I really like iced coffee. 난 아이스 커피를 아주 좋아해.
>
> ④ 5단어 이상(심화 문장) : 길고 자연스러운 문장
> I really like iced coffee in the morning. 나는 아침에 마시는 아이스 커피를 아주 좋아해.

예시 1 감정 표현

① 3단어 (기본) → I feel happy. 나는 행복해요

② 4단어 (확장) → I feel very happy. 나는 정말 행복해요.

③ 5단어 (응용) → I feel very happy today. 오늘은 정말 행복해요.

④ 5단어 이상 (심화) → I feel very happy today because of the good news. 나는 오늘 정말 행복해요, 좋은 소식을 들었거든요.

예시 2 날씨 말하기

① 3단어 → It is cold. 추워요.

② 4단어 → It is very cold. 정말 추워요.

③ 5단어 → It is very cold today. 오늘은 아주 추워요.

④ 5단어 이상 → It is very cold today in Seoul. 오늘 서울은 정말 추워요.

예시 3 직장에서 응용

① I'm busy. 바빠요.

② I'm really busy. 정말 바빠요.

③ I'm really busy today. 오늘 정말 바빠요.

④ I'm really busy today because of meetings. 회의 때문에 오늘 정말 바빠요.

기본 문장 확장하기

예시 인사 표현 확장하기

기본 : How are you? 어떻게 지내세요?

→ 확장1 : How are you today? 오늘 어떠세요? (시간 추가)

→ 확장2 : How are you feeling today? 오늘 기분이 어떠세요? (상태 추가)

→ 확장3 : How's everything going today? 오늘 모든 게 잘 되고 있나요?

예시 일상 대화 발전시키기

기본 : I like coffee. 커피를 좋아해요.

→ 확장 : I like hot coffee. 뜨거운 커피를 좋아해요.

→ 응용 : I like my coffee black. 블랙커피를 좋아해요.

기본 : I like coffee. 커피를 좋아해요.

→ 변형 1 : I love coffee. 커피를 정말 좋아해요.

→ 변형 2 : I enjoy drinking coffee. 커피 마시는 것을 즐겨요.

→ 변형 3 : I can't start my day without coffee. 커피 없이는 하루를 시작할

수 없어요.

● **단어의 의미를 확장하여 문장 변형하기**

① **형용사 바꾸기**

nice좋은 → wonderful놀라운 → amazing경이로운 → fantastic환상적인

② **동사 바꾸기**

like좋아하다 → love사랑하다 → adore매우 좋아하다 → worship추앙하다

③ **부사 추가하기**

now지금 → right now지금 바로 → at the moment현재 (다소 격식 있는 표현)

④ 정중함 더하기

want 원한다 → would like 하고 싶다 → would love to 하고 싶습니다.

'3-4단어'로 문장 만들기 : 명사 활용

예시 coffee

I need coffee. 난 커피 고파.

This coffee is hot. 이 커피 너무 뜨겁다.

I love morning coffee. 아침 커피를 좋아해요.

Let's have coffee together. 우리 커피 마시자.

Coffee makes me happy. 커피는 죽인다니까.

예시 coffee 대신 다른 단어로 바꾸기

I need water. 물이 필요해.

This tea is hot. 이 차 뜨거우니 조심해.

I love morning juice. 역시 아침엔 주스가 답이야.

'3-4-5단어'로 문장 만들기 : 동사 활용

예시 1 want

I want water. 물 마시고 싶어.

What do you want? 뭐 필요한 것 있어?

I want to sleep. 자고 싶다.

Do you want coffee? 커피 마실래?

I want to go home. 얼른 집에 가고 싶어.

예시 2 like

I like this. 나 이게 좋은데.

She likes cooking. 그녀는 요리하는 걸 좋아해.

Do you like pizza? 피자 좋아해?

I like your smile. 너의 미소는 죽인다니까.

What do you like most? 넌 뭘 가장 좋아하니?

● '3-4-5 문장 연습' 루틴 만들기

3-4-5 문장 만들기는 단어에서 문장으로 가는 매우 효율적인 단계별 학습법이다. 이 단계를 잘 넘기면 더 긴 문장을 자유롭게 만들 수 있다. 생활하는 틈틈이 눈에 보이는 것들을 영어 한 문장으로 떠올린 뒤, 머릿속에서 변형하고 확장하는 습관을 들이는 게 좋다.

다음 몇 가지 예시를 중심으로, 각자의 상황과 습관을 고려하여 자신만의 루틴으로 만들어보자.

◆ 아침마다 새로운 단어로 최소 5문장 만들기

◆ 같은 문장 패턴으로 다른 단어 넣어보기

◆ 자주 쓸 수 있는 간단한 문장 위주로 연습하기

◆ 반드시 소리 내어 말하면서 연습하기

◆ 상황별로 자주 쓰는 표현 모아두기

◆ 매일 조금씩 문장 길이 늘여보기

형용사를 잘 쓰면
영어가 풍부해진다

영국의 언어학자 데이비드 크리스털^{David Crystal}은 저서 《Words, Words, Words》에서 "언어의 진정한 아름다움은 형용사에 있다. 형용사는 단순한 사실을 감동적인 이야기로 변모시키는 마법의 지팡이와 같다"라고 설명했습니다.

미국 시인 마크 도티^{Mark Doty}도 저서 《묘사의 기술^{The Art of Description}》에서 "형용사는 언어의 조미료와 같다. 적절한 형용사 하나가 평범한 문장을 기억에 남는 문장으로 바꾼다"라고 표현했습니다. 또 "형용사와 같은 언어적 장식이 문장에 생명력을 불어넣는 중요한 역할을 한다"고 강조했습니다.

형용사는 말과 글에 마음을 담는 특별한 품사입니다. 언어에 색을 입히고, 감정을 담고, 섬세함을 더하죠. "하루가 지나갔다"라는 문장을 "하루가 평화롭게 지나갔다"라고 표현하면 느낌이 다르게 다가옵니다. 우리가 기억하는 따뜻한 말, 아픈 상처가 된 말도 따지고 보면 어떤 '형용사' 때문일지도 모릅니다.

러시아의 언어학자 알렉세이 트루트네프$^{Alexey\ Yu.\ Trutnev}$와 옥사나 루키나$^{Oksana\ A.\ Lukina}$는 "형용사가 의사소통에서 핵심적인 역할을 한다"라고 주장합니다. 그들의 연구에 따르면, 형용사는 인간의 세계관과 인식에 영향을 미치며 언어의 표현력을 높이고 의사소통의 정확성과 명확성을 강화한다고 합니다. 이는 형용사가 단순한 문법적 요소를 넘어, 우리의 현실 인식과 표현 방식에 깊이 관여한다는 것을 보여줍니다. 또한 형용사는 비즈니스 협상의 성공률을 높이는 데도 큰 역할을 합니다. 〈하버드 비즈니스 리뷰〉에서 발표된 연구결과에 따르면, 형용사를 적절하게 사용하는 그룹이 그렇지 않은 그룹보다 더 높은 성공률을 보였습니다. 이와 같은 연구들은 형용사가 단순한 장식이나 수식어가 아닌, 소통의 핵심 도구임을 보여줍니다.

형용사+명사, 묶어서 세련된 표현으로!

형용사는 사물이나 사람 등 명사를 꾸며주며, 구체적인 정보를 추가하여 더욱 세밀하게 표현하는 역할을 합니다. 영어 좀 한다는 이들을 보면 형용사를 적절하게 잘 활용하지요. 단순히 'house'라고 말하는 대신 'spacious house널찍한 집' 또는 'cozy house아늑한 집'라고 표현해서 그 집의 특징과 분위기를 자세하게 전달합니다. 'house'가 확 살아나죠?

형용사는 다양한 이미지를 그려내며 표현을 풍부하게 합니다. 'girl소녀'을 말할 때도 단박에 'pretty귀여운'만 떠오르지만, 상황에 따라

'cheerful girl명랑 소녀', 'determined girl당찬 소녀'로 표현할 수 있습니다. "The building is big, 그 건물은 크다"라고 하면 단순히 크기만 전달되지만, **"The building looks magnificent, 그 건물은 웅장해 보인다"**라고 표현하면 더 멋진 인상을 줄 수 있습니다.

형용사를 외울 때 팁! 무조건 암기하기보다 비슷한 뜻의 형용사를 묶어 외우거나, 반대어를 함께 익히는 것이 효과적입니다. 예를 들어 'good'은 비슷한 뜻을 가진 'wonderful놀라운' 'fantastic환상적인' 'marvelous경이로운' 'exceptional탁월한'과 묶어서 외우고, 크다는 뜻의 'big'은 'huge매우 큰' 'gigantic거대한'과 함께 익히는 것이죠. 또 'strong coffee진한 커피' 'heavy rain폭우' 'fast car빠른 차'와 같이 관용어처럼 쓰이는 '형용사+명사'의 조합을 외워두면 자연스럽게 말하는 데 큰 도움이 됩니다.

형용사, 감성이 톡톡 살아난다

흔히 쓰는 'very'는 형용사의 의미를 더욱 강조할 때 쓰입니다. 'very happy'나 'very fast'라는 표현은 직관적이지만, 너무 자주 쓰다 보면 지루하고 가볍게 느껴질 수 있습니다. 특히 어떤 감정이나 상태는 'very'만으로 고스란히 전할 수 없기도 하죠. 물의 깊이에 따라 물빛이 달라지는 것처럼, 우리의 감정도 그 스펙트럼이 다양합니다. 다양한 감정을 적절하게 표현한 형용사는 섬세하고 깊이 있게 서로를 더 잘 이해하고 공감할 수 있도록 돕습니다.

감정을 더욱 강조하고 싶다면 'very' 대신 강력한 형용사를 선택해봄시다. 예를 들어, 'very sad'는 'heartbroken비통한', 'sorrowful슬퍼하는' 'devastated큰 충격을 받은' 등으로 맥락에 맞게 표현할 수 있습니다. "I'm very tired. 많이 피곤해요" 대신 "I'm really exhausted. 진짜 기진맥진이에요"라고 하면 피로가 더욱 생생하게 전달되고요. 실제 원어민들은 일상에서 기쁨을 표현할 때 다음과 같은 표현을 자주 사용합니다. "I'm so happy for you! 정말 기뻐요", "The concert was amazing! 콘서트가 굉장했어요!"

감탄을 표현할 때도 단순히 "That's good. 좋네요"보다, "That's wonderful! 정말 멋져요!"이라고 하면 훨씬 강한 인상을 줄 수 있습니다. "This is great news! 정말 좋은 소식이네요!", "What a lovely day! 참 좋은 날이에요!", "Your garden is beautiful! 정원이 참 아름다워요!"도 많이 쓰는 표현입니다.

다재다능한 형용사

상황에 따라 형용사를 적절히 사용하면, 표현이 훨씬 자연스럽고 다채로워집니다. 예를 들어, "The movie was good, but long. 영화가 좋긴 했지만 길었어요"처럼 형용사를 필요한 부분에만 자연스럽게 덧붙이면, 표현에 담긴 감정이나 분위기가 더 생생하게 전달됩니다.

쇼핑할 때도 형용사를 활용하면 원하는 물건을 더 정확하게 설명할 수 있어요. "I need comfortable shoes. 편한 신발이 필요해요"처럼 본인이 원하는 것을 형용사로 표현하는 거죠. 날씨나 계절에 대해 이야기할 때도 형용사는 유용하게 쓰입니다. "It's a warm morning. 따뜻한 아침이네요"처럼 형용사로 대화를 보다 자연스럽고 풍부하게 만들 수 있습니다.

형용사는 참 다재다능한 품사죠? 문장에 윤기와 생기를 더하고, 실용성까지 갖추었으니까요. 처음에는 일상생활에서 자주 쓰이는 형용사, 예를 들어 'good, bad, happy, sad'와 같은 기본적인 형용사부터 시작해서 점차 'excellent훌륭한', 'terrible무서운', 'delighted매우 기쁜'과 같이 다양한 표현으로 발전해가면 됩니다.

더 알아보기

일상에서 쓰는 형용사 표현

형용사 : 평범한 문장이 생생한 문장으로 바뀌는 마법

It's a day. 오늘은 하루예요. (평범한 문장)

→ It's a perfect day! 오늘은 완벽한 날이에요! (형용사로 완성된 멋진 표현)

This coffee is bitter. 이 커피는 써요. (단순한 설명)

→ This coffee is rich and aromatic. 이 커피는 진하고 향긋해요. (형용사로 커피의 특성을 생생하게 표현)

The meeting was long. 회의가 길었어요. (기본 표현)

→ The meeting was productive and insightful. 회의는 생산적이고 유익했어요. (회의의 특성을 생생하게 전달)

예시 1 일상생활에서

The weather is pleasant today. 날씨가 정말 상쾌하네요.

This restaurant is cozy. 이 식당은 아늑해요. (안락한 분위기를 전달)

The coffee is delicious! 이 커피는 아주 맛있어요! (단순한 'good'보다 더 세련된 표현)

You look fantastic today! 오늘 정말 멋져 보여요! ('good'보다 훨씬 강력한 칭찬)

예시 2 감정을 더 풍부하게

I'm not just happy, I'm thrilled! 그냥 행복한 게 아니라 너무 신나요!

The view isn't just beautiful, it's breathtaking! 그냥 예쁜 게 아니라 숨이 멎을 정도로 아름다워요!

This place is stunning! 이곳이 너무 멋져요!

형용사 연습법

① 형용사 단어장 만들기 : 자주 쓰는 형용사 익히기

예시

happy 행복한 → cheerful 기분좋은, delighted 아주 기쁜, joyful 즐거운

sad 슬픈 → unhappy 불행한, depressed 우울한, gloomy 우울한

tired 피곤한 → exhausted 기진맥진한, sleepy 졸린, worn out 녹초가 된, drained 기운이 빠진

② 유사어와 반의어를 함께 익히기

예시 유사어

big 큰 → huge ⟨ enormous 거대한 ⟨ gigantic 엄청나게 큰

bright 밝은 → light 연하게 밝은 ⟨ bright 밝은 ⟨ brilliant 눈부시게 밝은

hot 뜨거운 → warm 따뜻한 ⟨ hot 뜨거운 ⟨ boiling 끓는

예시 반의어

bright 밝은 ↔ dark 어두운

tired 피곤한 ↔ energetic 활기찬

nervous 긴장한 ↔ relaxed 편안한

③ 일기나 SNS에 형용사를 활용하기

I had a nice day. 좋은 하루를 보냈어요.

→ I had an absolutely fantastic day! 정말 환상적인 하루를 보냈어요!

④ 영어 원서나 영화 등에서 형용사 찾아보기

It was a beautiful sunny day. 아름답고 화창한 날이었다.

The brave knight saved the village. 용감한 기사가 마을을 구했다.

She wore a simple dress. 그녀는 소박한 드레스를 입고 있었다.

워런 버핏도 쓰는 '두 문장' 비법

우리나라 대학 수능시험에 출제된 영어 지문을 보고 원어민들도 어려워했다는 기사를 봤습니다. 대학입학 시험을 위한 영어교육은 곧 '고급 영어 = 긴 문장'이라는 인식을 갖게 했지요. 하지만 원어민들의 말을 가만히 들어보세요. 긴 문장이 아니라 짧은 문장을 연속적으로 이어가며 말하는 것임을 알 수 있습니다.

한국어는 긴 문장으로 말하는 게 자연스럽지만, 영어는 짧은 문장을 여러 개 이어가는 것이 일반적입니다. 영어 초보자들은 한국어로 생각한 그대로를 한 문장에 담으려다 보니, 문법이 꼬이고, 시제가 섞이는 등 횡설수설이 됩니다. 중간에 단어가 떠오르지 않으면 말이 끊기게 되죠. "나는 어제 친구를 만나서 저녁을 먹고 영화도 봤어." 이 문장을 영어로 말하려고 할 때, 흔히 우리는 길고 복잡한 문장으로 만듭니다.

"Yesterday, I met my friend, had dinner, and watched a movie."

이 문장을 3개로 쪼개볼까요?

"I met my friend yesterday"/ "We had dinner"/ "Then we watched a movie."

이렇게 짧은 문장으로 나누어 말하면, 훨씬 더 자연스럽고 실수도 줄일 수 있습니다.

전설적인 투자가 워런 버핏은 젊은 시절 발표 공포증이 너무 심했습니다. 그의 자서전에 따르면, 대학 시절 발표를 생각만 해도 온몸에 땀이 흐르고 목소리가 떨려왔다는군요. 이 문제를 해결하게 된 것은 그의 스피치 코치가 제안한 '두 문장 법칙' 덕분이었습니다. 코치는 그에게 이렇게 말했습니다. "모든 것을 한 문장으로 설명하려 하면 생각이 복잡해지고, 말도 뒤섞이고 만다. 하지만 두 문장으로 나누어 말하면 사고가 정리되고 청중도 쉽게 이해할 수 있다." 그때부터 버핏은 두 문장으로 간결하게 핵심을 전하기 시작했습니다.

"Our company is strong. / We have great opportunities ahead. 우리 회사는 견고합니다. / 앞으로 큰 기회들이 기다리고 있습니다."

그의 말하기 방식은 트레이드마크로 자리 잡았고, 지금도 이렇게 강조합니다.

"Two sentences are better than one long sentence. / It helps me express my thoughts clearly. 두 개의 짧은 문장이 긴 문장 하나보다 탁월합니다. / 그 방식이 제 생각을 명확하게 표현하는 데 도움이 됩니다."

두 문장 효과는 넷플릭스 드라마 〈버진 리버〉의 주인공 멜린다 먼로의 이야기에서도 확인할 수 있습니다. 멜린다는 마을 사람들과 처음 만났을 때 이렇게 말합니다.

"I am new here. / I do love to learn about this town. 저는 여기 새

로 왔어요. / 이 마을에 대해 알아가고 싶습니다."

이 간단한 두 문장이 그녀의 새 인생을 결정짓는 중요한 열쇠가 되었습니다. 멜린다는 그때를 회상하며 이렇게 설명합니다.

"장황하게 말하면 상대가 부담을 느끼고 대화가 자연스럽게 이어지지 않는 것 같았어요. 하지만 단순하게 말하니까 상대방도 편안해하고 자연스레 대화가 되더라고요."

"Simple words open hearts. / Two sentences create connections.
간단한 말은 마음을 엽니다. / 두 문장은 관계를 만듭니다." 바로 마더 테레사의 명언입니다. 멜린다의 이야기에 딱 들어맞는 말이죠.

우리말도 문장이 길면 귀에 잘 들어오지 않습니다. 수식어가 많고 복잡하면 맥락을 놓치고 무슨 말인지 이해하기 힘들죠. 워런 버핏의 경험처럼 복잡한 생각도 두 문장으로 나누면, 훨씬 명확하게 전달됩니다. 멜린다는 긴 문장 대신 단 두 문장으로 사람들의 마음을 얻어 새로운 관계의 문을 열었습니다. 바로 두 문장의 힘입니다.

우리는 앞서 단어 활용법과 한 문장으로 말하는 법을 익혔습니다. 이제 3단계에서는, '한 문장 + 한 문장 = 두 문장'을 만드는 패턴을 알아보겠습니다. 처음 영어를 배우고 말할 때, 첫 문장은 자신 있게 말하지만 그 다음은 보통 말문이 막힙니다. '어떻게 말을 시작하고 이어가야 하는지' 그 방법을 제대로 배우지 못했기 때문이죠. 지금부터 '두 문장'의 장점과 비법이 내 것이 되도록 시작해봅시다.

'두 문장'이어야 하는
6가지 이유

'두 문장 만들기'는 두 개의 문장을 나열하는 것이 아니라 두 문장 간의 연결성과 의미의 확장을 중시하는 학습법입니다. '문장A+문장B'는 맥락에 따라 의미 확장, 원인과 결과, 조건과 희망 등으로 연결됩니다.

이처럼 두 문장의 상관관계를 이해하고 구조를 익히다 보면, 두 문장을 자연스럽게 말할 수 있게 됩니다. '두 문장 말하기'는 영어 학습 여정에서 중요한 이정표입니다. 마치 한 음 한 음 연주하던 피아니스트가 두 음을 연결해 아름다운 멜로디를 만들어내는 순간과 같습니다. 혹은 한 가지 색으로만 그리던 화가가 두 가지 색을 섞어 더 풍부하고 깊이 있는 그림을 완성하는 것과도 같아요.

짧은 문장을 연결하는 능력은 단순한 문법이나 단어 암기를 넘어서, 자신의 감정과 생각을 더 생생하게 표현할 수 있게 해주는 '언어 예술'의 문을 엽니다. '두 문장'은 영어 말하기에 대한 자신감을 키우고, 더 자연스러운 대화를 여는 열쇠가 되는 것이죠.

세계적인 영화감독 스티븐 스필버그는 난독증을 극복하고 할리우드의 전설이 되었는데, 그는 대본을 두 문장으로 나누어 표현하는 '두 문장 법칙'을 시나리오 작업에 적용한 것으로도 잘 알려져 있습니다. 그는 이렇게 말했습니다. **"Every story starts small. / Two sentences open imagination.** 모든 이야기는 작게 시작합니다. / 두 문장은 상상력의 문을 엽니다.**"**

두 문장을 자유롭게 말할 수 있게 되면, 여기에 형용사와 부사 등을 활용하고, 부가 정보를 추가하면서 점차 긴 문장도 자연스레 구사하게 됩니다. 앞서 '두 문장 말하기'는 영어 학습에 중요한 이정표가 된다고 말했는데, '두 문장'이 왜 중요한지를 구체적으로 살펴볼게요.

긴 문장은 길을 잃게 만든다

"Hello, nice to meet you." 이 한마디는 했지만, 그다음 뭐라고 해야 할지 머릿속이 하얘진 적이 있을 것입니다. 순간 머릿속에서 영어와 한국어가 뒤섞이며 엉키고, 입 밖으로 내뱉는 말이 부자연스러워 당황하게 되죠. 긴 문장을 만들려고 하면 주어, 동사, 접속사 등을 조합하는 과정에서 실수하기 쉽습니다. 또 한 문장에 너무 많은 정보를 담으려다 보면, 듣는 사람도 바로 이해하기 어려워요. 그래서 한 문장을 말한 후 1~2초 정도 쉬어도 됩니다. 이 짧은 쉼은 상대에게 내용을 이해하고 감정을 받아들일 시간을 주니까요. 실제로 커뮤니케이션에서 이해와 공감은 말과 말, 문장과 문장 사이 그 여백에서 일어납니다.

복잡한 영문법 없이 빠르게 말한다

영어를 유창하게 구사하는 사람들은 문법을 따로 의식하지 않습니다. 문법을 무시한다는 뜻이 아니라, 문장을 외우는 과정에서 문법이 자연스럽게 녹아들기 때문입니다. 아이들이 모국어를 배울 때 부모의 말을 반복해서 듣고 따라 하면서 익히는 원리와 같습니다. 두 문장 패턴 학습은, 자연스럽게 이어지는 두 개의 문장을 하나의 세트로 익히는 방식입니다. 예를 들어, **"I'm so hungry.** 나 너무 배고파"라고 할 때 거기서 끝나는 것이 아니라 바로 이어서 **"Let's grab something to eat.** 뭐라도 먹으러 가자"까지 함께 외우는 거죠. 그러면 단어 암기는 물론, 일상에서 사용하는 가벼운 대화까지 익히게 됩니다.

머릿속으로 번역하지 않게 된다

보통 영어로 말할 때 한국어로 생각한 뒤 영어로 번역하려고 합니다. 이런 방식은 대응 속도를 늦추고 자연스러운 말하기를 방해하죠. 문법을 따로 공부하려면 복잡한 규칙을 이해하고 암기해야 하지만, 두 문장 패턴 학습법은 문법적인 요소까지 무의식적으로 익힐 수 있습니다. 예를 들어, **"I don't like coffee.** 나는 커피를 좋아하지 않아"라는 문장을 배우고 **"I prefer tea.** 나는 차를 더 좋아해"를 함께 익히면, '~보다 좋아한다, 원한다'라는 의미의 동사 'prefer'의 사용법을 따로 공부하지 않아도 자연스럽게 체득할 수 있습니다. 이런 두 문장 패턴이 쌓이면, 머릿속에서 한국어로 생각한 뒤 영어로 번역하는 습관이 사라집니다. 당연히 대화에서 대응 속도가 빨라지겠죠?

둘로 쪼개면 유창한 표현도 가능하다

두 문장으로 나누어 말하면, 복잡한 분상 구소를 고민하지 않아도 지연스럽고 유창하게 표현할 수 있습니다.

"**My son likes games. / He plays every weekend.** 제 아들은 게임을 좋아합니다. / (그래서) 매주 주말마다 게임을 해요." 군이 복잡한 문장 구조를 고민하지 않아도, 간단하게 자신의 일상을 표현할 수 있죠. 감정이나 뉘앙스를 전할 때에도 유리합니다.

"**I was incredibly nervous. / I wanted to do my best.** 너무 긴장했나 봐요. / 잘하고 싶었거든요." 각 문장이 독립적으로 감정을 전달하면서, 내 상태와 감정의 강도를 잘 표현할 수 있습니다.

의미 전달이 명확해진다

두 문장으로 나누면, 정보를 보다 명확하게 전달할 수 있습니다. 예를 들어, "**I enjoy reading books. / They provide me with new perspectives.** 나는 독서를 즐깁니다. / 새로운 관점을 보여주거든요"라는 문장을 보죠. 첫 번째 문장에서 독서의 즐거움을 이야기하고, 두 번째 문장에서 그로 인해 얻는 이점을 설명합니다. 나의 감정, 상태가 두 문장에서 선명하게 드러나죠. 복잡한 문장은 바로 이해하기가 어려워요. 예를 들어 "**Although it was raining heavily, we decided to go for a walk because we needed some fresh air.** 비가 많이 내렸지만 신선한 공기가 필요해서 산책을 하기로 결정했습니다"를 다음과 같이 두 문장으로 나누면, 메시지가 명확해지면서 의미가 바로 전달됩니다.

"It was raining heavily. / We decided to go for a walk. 비가 많이 내렸습니다. / 우리는 산책하기로 했습니다." 표현하기도 쉽고, 이해하기도 쉽죠?

진짜 대화는 두 문장에서 시작한다

두 문장은 단순히 단어를 조합해서 문장을 만드는 것이 아닙니다. 대화의 흐름을 익히는 것이죠. 두 문장을 패턴으로 익히면, 우리의 뇌는 반복적인 학습을 통해 특정 패턴을 자동적으로 인식하고 기억합니다. 머릿속에서 문장을 하나하나 조합하지 않아도, 뇌에 기억된 두 문장 패턴이 저절로 떠오르는 것이죠.

"I'm really tired today. 오늘 정말 피곤해"라는 문장 하나만 익히면, 의미는 전달되지만 대화는 거기서 멈춥니다. 하지만 "I should go to bed early. 일찍 자야겠어"까지 익혀두면, 대화의 흐름이 자연스럽게 이어지게 됩니다. 진짜 대화가 시작되는 거죠.

입에서 바로 튀어나오는 '두 문장' 비법

영어로 처음 대화를 시도할 때 가장 큰 걱정은 "내가 과연 긴 대화를 잘 이어갈 수 있을까?"라고 합니다. 그런 불안이 대화를 더 막히게 하죠. 사실 영어만이 아니라 모든 언어의 일상 대화는 마라톤이 아니에요. 짧은 달리기를 여러 번 하는 것과 비슷하죠. 짧게 달리는 방법을 알아볼까요?

영어의 기본적인 문장 구조는 정말 단순합니다. '주어＋동사' 패턴을 중심으로, 필요할 때만 조금씩 정보를 추가하면 되니까요. 즉 '주어＋동사' 문장을 뼈대로 삼고, 여기에 목적, 시간, 장소, 이유 등을 필요에 따라 덧붙이는 겁니다. 그러나 우리는 하나의 문장 안에 여러 개의 정보를 담아 마지막에 결론을 이야기하는 방식에 익숙하죠. 그래서 흔히 "한국 말은 끝까지 들어야 돼"라고 합니다. 반면 영어는 핵심을 먼저 말하고, 설명이나 추가 정보를 덧붙여 나갑니다.

두 문장 패턴 영어는 바로 영어식 사고와 표현방식을 몸에 익히는 학습법입니다. 다음은 두 문장을 만드는 기본 원리와 예시입니다.

▶ '두 문장' 만드는 기본 원리

① '핵심 문장'과 '추가 문장'으로 나눈다.
간단한 핵심 문장을 만들고, 그에 대한 설명이나 추가 정보를
담은 두 번째 문장을 덧붙인다.

② 한 문장에 하나의 의미만 담는다.
각 문장이 독립적으로도 의미가 통하고, 전체 문맥 속에서도 부
드럽게 이어지도록 한다.

③ 문장의 기본 구조는 크게 3가지로 나눌 수 있다.
*정보 → 추가 정보 (예: 소개 → 설명)
*원인 → 결과
*대비 (예: ~이지만, ~반면에 등)

④ 문장을 단순히 나열하지 않고, 의미 있는 연결을 만든다.
문장 간에 논리적으로 연결되도록 해야, 글의 맥락이 자연스
럽다.

⑤ 접속사가 없어도 자연스럽게 이어지도록 한다.
문장 간 연결은 꼭 접속사에 의존하지 않고도, 문맥과 흐름으로
자연스럽게 연결되도록 한다.

예시 1 I'm hungry, let's get something to eat. 배고픈데 뭐든 먹으러 가자.

핵심 : I'm hungry. 배고파.

추가 : Let's get something to eat. 뭣 좀 먹자.

예시 2 I love traveling to experience new cultures. 나는 새로운 문화를 경험할 수 있는 여행을 좋아합니다.

핵심 : I love traveling. 나는 여행을 좋아합니다.

추가 : I want to experience new cultures. 새로운 문화를 경험할 수 있거든요.

예시 3 I'm really tired today because I stayed up late last night finishing my project, and now I don't have any energy to do anything. 어젯밤 늦게까지 프로젝트를 마무리하느라 오늘은 정말 피곤해서 아무것도 할 기운이 없어요.

핵심 : I stayed up late last night finishing my project 어젯밤 늦게까지 프로젝트를 마무리했어요.

추가 : Now I'm really tired. 지금 정말 피곤해요.

예시 4 I appreciate art to understand different perspectives. 나는 다양한 관점을 이해하기 위해 예술을 감상하는 것을 좋아합니다.

핵심 : I appreciate art. 저는 예술을 감상하는 것을 좋아합니다.

추가 : I want to understand different perspectives. 다양한 관점을 이해하고 싶거든요.

영어에서 가장 많이 쓰는
'두 문장' 패턴 7가지

두 문장, 즉 문장과 문장은 마치 퍼즐 조각들이 맞물려 하나의 그림을 이루듯, 상황에 따라 적절히 조합해 사용하면 자연스럽고 의미 있는 연결을 만들 수 있어요. 문장을 연결해서 두 문장을 만드는 방법으로, 영어에서 가장 많이 쓰는 패턴이 있습니다. 다음 7가지를 익히면, 각 상황에 맞게 문장과 문장을 자연스럽게 연결할 수 있게 됩니다.

① **정보 + 추가** : I like~ / It makes~ ~를 좋아해. ~하거든.

② **상태 + 대응** : I feel~ / Let me ~ ~느낌이 들어. ~할래.

③ **원인 + 결과** : I totally forgot~ / That's why~ ~깜빡했어.

④ **질문 + 답변** : What's~? / It looks~ 뭐지? ~처럼 보이네.

⑤ **가정 + 결과** : If~ / I will~ 만약에 ~ ~할 거야.

⑥ **선택 + 이유** : I went with~ / The reason is~ ~했어. ~때문이야.

⑦ **과거 + 현재** : I used to~ Now, I always~ ~하곤 했어, 지금은 항상~.

'내가 좋아하는 것'과 '그것이 나에게 주는 영향'을 표현하는 기본적인 문장 구조입니다. 첫 번째 패턴인 'I like~'는 내가 좋아하는 음식, 활동, 취미, 사람 등을 말할 때 쓰고, 두 번째 패턴 'It makes~'는 그게 나에게 어떤 감정이나 변화를 주는지를 설명하는 역할을 합니다.

이 패턴은 일상 대화에서 상대의 관심과 공감을 얻고 싶을 때 많이 쓰입니다.

I like movies. / It makes me excited!

나는 영화를 좋아해. 보면 신나!

I like running. / It makes me strong.

나는 달리기를 좋아해. 몸이 튼튼해져.

I like ice cream. / It makes me smile.

나는 아이스크림을 좋아해. 먹으면 웃음이 나와.

I like my friend. / She makes me laugh.

나는 내 친구를 좋아해. 그녀는 날 웃게 해.

I like summer. / It makes me feel free.

나는 여름을 좋아해. 자유로운 기분이 들어.

② 상태 + 대응 : I feel~ / Let me ~. ~느낌이 들어. ~할래

현재 자신의 상태나 감정을 표현한 뒤, 그에 대한 대응을 설명할 때 쓰이는 문장 구조입니다. 먼저 'I feel~'을 사용해 감정이나 몸 상태를 표현하고, 이어서 "Let me~"로 그로 인한 행동이나 의지를 말하면, 자연스럽고 논리적인 흐름을 만들 수 있어요. 즉, '지금 내 상태가 이러하니, 그래서 이렇게 하고 싶다'는 식으로 상대에게 상황을 이해시키고, 양해를 구할 때 사용합니다.

I feel tired. / Let me rest.

나는 피곤해. 쉬게 해줘. (쉴게)

I feel cold. / Let me wear a jacket.

나는 추워. 재킷을 입게 해줘. (재킷 입을게)

I feel hungry. / Let me eat something.

나는 배고파. 뭔가 먹게 해줘. (뭘 좀 먹을게)

I feel bored. / Let me watch TV.

나는 지루해. TV를 보게 해줘. (TV 볼게)

I feel sick. / Let me lie down.

나는 아파. 누워있게 해줘. (좀 누울게)

이 패턴은 실수하거나 깜빡한 일을 말할 때 자주 씁니다. 단순히 "잊어버렸어"라고 말하는 데 그치지 않고, 그 결과까지 자연스럽게 이어 말합니다. 이 구조는 마치 퍼즐의 앞조각(이유)과 뒷조각(결과)을 딱 맞춰 듣는 이의 머릿속에 상황이 명확하게 그려지도록 하는 말하기 방식입니다. 또한 자신의 실수를 진솔하게 설명하면서도 상대에게 설득력 있고 부드럽게 다가가 공감을 끌어내는 효과도 있습니다.

I totally forgot my umbrella. / That's why I'm wet.

나는 우산을 깜빡했어. 그래서 젖었어.

I totally forgot to set my alarm. / That's why I'm late.

나는 알람을 안 맞췄어. 그래서 늦었어.

I totally forgot my wallet. / That's why I have no money.

나는 지갑을 깜빡했어. 그래서 돈이 없어.

I totally forgot today's test. / That's why I didn't study.

나는 오늘 시험이 있는 걸 잊었어. 그래서 공부를 안 했어.

I totally forgot to charge my phone. / That's why it's dead.

나는 핸드폰 충전을 안 했어. 그래서 꺼졌어.

④ 질문 + 답변 : What's~? / It looks~. 뭐지? ~처럼 보이네

질문과 의견을 표현할 때 사용하는 문장 구조입니다. 먼저 "What's~?"로 궁금한 대상에 대해 묻고, 이어서 "It looks~."로 느낌이나 인상 등 자신의 생각을 말하면 됩니다. 이 구조는 일상 대화에서 호기심을 표현하고 자연스럽게 의견을 주고받는 데 유용합니다. 마치 두 사람이 대화를 이어가며 서로의 생각을 공유하는 과정처럼, 커뮤니케이션을 자연스럽고 원활하게 만들어줍니다.

What's that? / It looks delicious.

저게 뭐야? 맛있어 보이네.

What's this book? / It looks interesting.

이 책은 뭐야? 재미있어 보여.

What's your plan? / It looks fun.

너의 계획이 뭐야? 재미있어 보여.

What's this place? / It looks amazing.

이곳이 어디야? 멋져 보여.

What's that sound? / It looks scary.

저 소리가 뭐야? 무섭게 들려.

특정 조건이 주어졌을 때, 그에 따른 결과나 행동을 이어주는 문장 구조입니다. 먼저 "If~"로 가정된 상황을 설정한 후, "I will~"을 사용해 그에 따른 반응이나 미래의 계획을 설명하면 됩니다. 이 말하기 방식은 미래의 가능성을 미리 예측하고, 그에 맞춰 어떤 행동을 취할지 표현할 때 매우 유용합니다.

If it rains, / I will stay home.

비가 오면, 난 집에 있을 거야.

If I study, / I will pass.

내가 공부를 하면, 난 합격할 거야.

If I fall, / I will rise.

넘어지면, 난 다시 일어설 거야.

If I sleep early, / I will feel better.

내가 일찍 자면, 기분이 나아질 거야.

If I practice, / I will improve.

내가 연습을 하면, (당근) 향상될 거야.

⑥ 선택 + 이유 : I went with~ / The reason is~ ~챘어. ~때문이야

이 문장 구조는 선택과 이유를 명확하게 연결하는 데 유용합니다. "I went with~"는 자신이 선택한 것, 즉 결정한 사항을 말하는 부분이고, 이어서 "The reason is~"로 그 선택의 이유를 설명합니다. 이 방식은 선택의 배경을 잘 전달하면서, 왜 그런 결정을 내렸는지 상대방을 잘 이해시킬 수 있습니다. 이 패턴은 일상적인 상황에서 '왜 그걸 선택했는지' 또는 '왜 그런 결정을 내렸는지' 설명할 때 매우 유용합니다.

I went with pizza. / The reason is I love cheese.

난 피자를 선택했어. 이유는 치즈를 좋아하거든.

I went with blue. / The reason is it's my favorite color.

난 파란색을 선택했어. 이유는 그게 내가 가장 좋아하는 색이거든.

I went with a book. / The reason is I like reading.

난 책을 선택했어. 이유는 내가 독서를 좋아하기 때문이야.

I went with a train. / The reason is it's faster.

난 기차를 타기로 선택했어. 이유는 더 빠르기 때문이지.

I went with tea. / The reason is it's healthier.

난 차를 선택했어. 이유는 더 건강에 좋기 때문이야.

⑦ 과거 + 현재 : I used to~. Now, I always~ ~하곤 했어, 지금은 항상~

과거의 습관과 현재의 변화를 비교하는 문장 구조입니다. 시간의 흐름에 따라 나의 습관이나 상태가 어떻게 달라졌는지를 보여주는 데 유용합니다. "I used to~"는 예전의 행동이나 상태, 주로 반복적이거나 지속적이었던 활동을 표현합니다. 그런 다음 "Now, I always~"로 현재의 상황을 설명하면서, 변화를 강조합니다. 이 방식은 과거와 현재를 대비시키면서, 변화된 점을 상대에게 잘 전달할 수 있습니다.

I used to skip breakfast. / Now, I always eat healthy food.

나는 예전에 아침을 거르곤 했어. 지금은 항상 건강한 음식을 먹어.

I used to play games. / Now, I always study after school.

예전엔 게임을 하곤 했는데. 이제는 방과 후에 항상 공부해.

I used to be lazy. / Now, I always exercise.

예전엔 게을렀는데. 이제는 항상 운동해.

I used to be shy. / Now, I always talk to new people.

나는 예전에 수줍음이 많았어. 지금은 항상 새로운 사람들과 대화해.

I used to sleep late. / Now, I always wake up early.

나는 예전에 늦게 잤어. 지금은 항상 일찍 일어나.

**He dreamed.
He rowed.
He waited.**

그는 꿈을 꾸었습니다.
그는 노를 저었습니다.
그는 기다렸습니다.

4

최소한의 영문법
: 핵심 규칙 3가지로 시작하자

'주어+동사'는 세상에서 가장 완벽한 문장이다

처음 자전거를 배우던 때를 기억하시나요? 핸들을 꽉 쥐고 페달 위에 두 발을 올려놨다 내려놓기를 반복하며 중심 잡는 것부터 시작합니다. 수백 번 비틀거리고 넘어지다 조금씩 균형을 잡은 끝에 드디어 속도를 즐기는 날에 이릅니다. 그렇게 몸으로 익히고 나면 자전거 타는 법을 절대 잊어버리지 않죠. 자전거와 내가 하나가 되었기 때문입니다. 그런데 누군가 자전거를 타기 위해서는 작동 원리부터 알아야 한다고 하면 어떨까요? 페달을 밟기 전에 물리 공식 'F=ma(질량×가속도)'를 이해해야 한다면서요. 아마도 그 방법으로는 자전거를 타기 어려울 겁니다. 가볍게 시작할 엄두를 내기 어렵고, 일단 도전했다 해도 복잡한 작동 원리를 익히느라 자전거만 봐도 머리가 아프겠죠.

영어도 마찬가지입니다. 초보자에게 "현재완료진행형을 쓸 줄 알아야 해!"라는 말은, 자전거를 배우는 사람에게 "각운동량 보존법칙을 적용해!"라고 외치는 것과 같습니다. 용어만 들어도 머리가 아프죠? 물론, 문법은 언어의 중요한 뼈대와 같습니다. 자전거의 체인과 기어처럼 문법은 언어를 원활하게 구사하는 데 꼭 필요하죠. 하지만 조보사에게 문법은 목적이 아니라 수단이 되어야 합니다.

영어 학습을 시작하는 분들에게 "무엇이 가장 어렵게 느껴지나요?" 물으면 대부분 "문법"이라고 대답합니다. 학창 시절 복잡한 영문법을 배우면서 너무 많은 규칙과 공식을 암기하느라 힘들었던 기억 때문입니다. 오랫동안 우리나라 영어 교육은 일본식 영문법의 영향을 받아왔습니다. 일본이 세계적으로 영어 실력이 낮은 국가 중 하나라는 점을 떠올려보면 아이러니합니다. 특히 우리가 중·고등학교에서 배우는 복잡한 문법은 실제 대화에서는 거의 쓰이지 않는 것들이죠. 이런 교육 방식은 많은 이들이 영어로 소통하는 데 어려움을 겪게 만들었습니다.

"그럼, 문법을 얼마나 알아야 영어로 대화할 수 있나요?" 이 질문을 많이 합니다. 여전히 '문법 학습량=대화 가능량'을 떠올리는 거죠. 일단 '문법'에 대한 생각은 접어두고, 자전거를 타면서 감각부터 익히듯 영어로 말해봅시다. 영어는 우리가 상상하는 것보다 쉽고 간단합니다. 영문법을 완벽히 이해하지 못해도, 핵심적인 몇 가지 규칙만 익히면 일상적인 대화의 90퍼센트가 가능하니까요.

핵심 규칙1 : 문장의 기둥 '주어 + 동사'부터 세워라

첫번째 핵심 규칙은, 문장의 기둥인 '주어 + 동사' 세우기입니다. 영어와 우리말의 가장 큰 차이는 '주어'에 있습니다. 우리는 문장에서건 입말에서건 주어를 잘 쓰지 않죠. 글쓰기에서도 주어를 최소한으로 쓰라고 합니다. 우리말에서 보통 "커피 마실래?"라고 하지 "너 커피 한 잔 마시길 원하니? Do you want a coffee?"라고 잘 묻지 않잖아요. 그러나 영어에서는 '주어+동사'를 분명히 해야 합니다. 자전거에 비교하면 양쪽 페달과 같아서, 이것이 짝을 이루지 않으면 달릴 수가 없어요.

말하자면, '주어+동사'는 집의 구조를 지탱하는 기둥입니다. 나머지 문장 성분들은 기둥을 둘러싼 장식물이에요. 문장의 의미를 더욱 풍부하고 아름답게 만들어주는 역할을 합니다. 한자에서 '주(主)'는 주인을, '동(動)'은 움직임을 뜻합니다. 주어는 문장의 주인공이고, 동사는 그 주인공의 움직임이나 상태를 나타내죠. 즉 주어란 '누가' 또는 '무엇이'라는 질문에 답하는 문장의 주인공이고, 동사는 그 주인공이 '무엇을 하고 있는지' 나타내는 행동을 말합니다. 예를 들어보죠. 다음 문장에서 주인공은 'I' '나'이고, 행동은 'eat' '먹는다'입니다. 'Birds'가 주어(주인공)이고, 'fly'가 주인공의 행동입니다.

I   +   eat.   나는 먹는다.
나(누가/주어) + 먹는다(행위/동사)

Birds   +   fly.   새들이 날아간다.
새(누가/주어) + 날아간다(행위/동사)

여기서 재미있는 점은, 주어와 동사만으로도 완벽한 문장을 만들 수 있다는 사실입니다. "She smiles. 그녀가 웃는다", 이 문장은 그 자체로 완전한 의미를 전달합니다. 그러나 'quickly smiles 빨리 미소 짓는다'처럼 주어가 없는 문장은 온전한 문장으로 간주되지 않죠. 주어와 동사는 문장의 뼈대이고, 문장의 의미를 지탱하는 근간이 됩니다. 가장 단순한 영어 문장을 살펴보면, 쉽게 이해됩니다.

I study. **나는 공부한다.**

She works. **그녀는 일한다.**

They play. **그들은 논다.**

영어 문장의 70퍼센트 이상이 이처럼 간단한 '주어+동사' 구조로 이루어져 있습니다. 고대 그리스의 철학자 아리스토텔레스는 "모든 문장은 주어와 술어로 이루어진다"라고 말했습니다. 이 고전적 진리는 2천 년이 지난 지금도 여전히 유효합니다. 기억하세요. 영어를 말할 때 가장 먼저 '주어+동사'라는 두 개의 기둥부터 세워야 한다는 것을요!

'주어+동사'만으로도 깊은 메시지를 전한다

미국의 저명한 작가 어니스트 헤밍웨이는 미니멀리즘 스타일로 잘 알려져 있습니다. 불필요한 꾸밈 없이, 간결하고 직설적인 문장으로 깊은 의미를 전달하는 글쓰기를 즐겼어요. 그래서 그는 작품에서, 주어+동사의 간단하고 명확한 문장을 즐겨 사용했습니다. **"The sun rises. The sun sets.** 해가 뜨고, 해가 진다", 이 두 문장으로 사람들에게 삶의 변화를 받아들이고, 매일의 시작과 끝을 소중히 여기라는 메시지를 전했죠.《노인과 바다》에서는 **"He dreamed.** 그는 꿈을 꾸었다", **"He rowed.** 그는 노를 저었다", **"He waited.** 그는 기다렸다" 등, 단 두 단어의 문장을 통해 고

독과 투쟁으로 물든 노인의 내면을 암시했습니다.

음악에서도 '수어+동사'의 산뜻한 문장만으로 깊은 울림을 주는 노래들이 있습니다. 여러 가수의 버전이 있는 〈Love hurts 사랑은 아프다〉는 사랑의 고통을 정직하게 말하죠. 사랑이란 기쁨만 주는 게 아니라, 이별, 그리움, 아픔도 함께 가져온다고요.

그룹 비틀즈는 〈She Loves You〉에서 에둘러 말하지 않고, **"You know** 당신은 알아요", **"She loves** 그녀가 사랑해"라며 사랑을 의심하지 말고 기쁘게 받아들이라는 메시지를 전합니다. 이처럼 짧지만 강렬한 가사로, 깊은 감정을 전달한 노래들은 시대를 초월해 사랑받고 있습니다.

일상에서 접할 수 있는 '주어+동사' 문장을 몇 가지 더 찾아볼까요?

She runs. 그녀는 달린다.
Birds sing. 새들이 노래한다.
Coffee smells. 커피 향이 난다.

여기에 조금씩 살을 붙여보세요.

She runs slowly. 그녀는 천천히 달린다.
Birds sing beautifully. 새들이 아름답게 노래한다.
Coffee smells wonderful. 커피 향이 좋다.

이처럼 단순한 '주어+동사' 구조에서 시작해, 점차 수식어를 덧붙이면 됩니다. 레고 블록을 쌓아가듯이 말이죠.

I read. 나는 읽는다.

I read books. 나는 책을 읽는다.

I read books every day. 나는 매일 책을 읽는다.

I read interesting books every day. 나는 매일 재미있는 책을 읽는다.

'주어＋동사', 이 기초에서 시작해 문장을 확장해갈 수 있습니다. 영어로 말할 때 가장 큰 장애물은 우리말로 먼저 문장을 만들려는 것입니다. 거기에 영어 문법까지 생각하다 보니 뒤죽박죽이 돼버리죠. 복잡한 문장을 머릿속에서 만들려는 집착을 버리고, 먼저 '주어＋동사' 문장을 가볍게 말해봅시다. 어린아이가 말하듯 문장을 최대한 단순화해서 표현하는 것, 바로 영어 스피킹의 핵심입니다.

사진작가처럼 관찰하고 표현하기
: 3인칭 주어+동사

삶은 마치 한 편의 영화처럼, 크고 작은 장면들로 가득합니다. 그 순간들을 세심하게 관찰하고 영어로 생생하게 표현할수록, 영어는 우리 일상 속에 자연스레 스며듭니다. 앞에서 '나'를 주어로 한 'I am'을 연습했으니, 이 장에서는 3인칭(그, 그녀, 그들 등)을 주어로 하는 문장을 알아봅시다. '나'와 '너'를 제외한 대상, 즉 '3인칭'을 익히는 가장 효과적인 방법은 사람들의 행동을 세심하게 관찰하고 이를 표현하는 것입니다. 양복 입은 회사원을 보면 "He is wearing a suit. 그가 양복을 입고 있어요", 조깅하는 사람을 보면 "She is running. 그녀가 달리고 있어요"처럼 말이죠.

매일 아침 창밖으로 보이는 사람들, 거리에서, 직장에서 만나는 사람들을 '주어+동사' 구조로 표현해보세요. 뇌는 실제 상황과 연결된 경험이나 눈에 보이는 장면을 관찰하여 표현할 때 더 잘 기억합니다. 처음에는 걷기, 앉기, 서 있기 같은 단순한 동작이나 표정, 옷차림을 표현하는 것부터 시작해서 점차 더 복잡한 표현으로 확장해 나가면 됩니다.

그와 그녀를 설명하기 : He is~ / She is~

먼저 'He is~ / She is~'라는 창을 통해 표현해보세요. 'He is / She is'
는 '그는 / 그녀는 ~이다' 또는 '그는 / 그녀는 ~하고 있다'라는 의미로,
사람의 상태나 행동을 설명할 때 가장 기본이 되는 문장입니다. 출근길
의 바쁜 직장인, 공원 벤치에서 책을 읽는 노인, 자전거를 타고 지나가는
학생까지, 'He is'와 'She is'로 그들의 모든 순간을 사진 속 액자에 담아
봅니다.

예시 1 출근길 마주치는 사람들

He is checking his phone. 그가 핸드폰을 보고 있어요.

She is listening to music. 그녀가 음악을 듣고 있어요.

예시 2 직장 동료들의 다양한 모습

She is giving a presentation. 그녀가 발표하고 있어요.

He is on a conference call. 그가 회의 통화 중이에요.

예시 3 점심시간, 식당가에서

He is ordering food. 그가 음식을 주문하고 있어요.

She is serving customers. 그녀가 손님들을 서빙하고 있어요.

예시 4 카페에서 마주치는 사람들

She is making coffee. 그녀가 커피를 만들고 있어요.

He is working on his laptop. 그가 노트북으로 작업하고 있어요.

예시 5 **퇴근 후 TV나 유튜브 시청**

She is reporting the news. 그녀가 뉴스를 선하고 있어요.

He is making everyone laugh. 그가 모두를 웃게 만들고 있어요.

우리가 만나는 사람을 영어로 표현하면 영어가 더 이상 교과서 속의 언어가 아닌, 살아있는 언어로 느껴집니다. 처음에는 의식적으로 연습해야 하지만, 점차 주변 상황을 영어로 자연스럽게 표현할 수 있게 됩니다. 실천 팁 하나! 스마트폰 사진첩에 있는 가족이나 친구들의 사진을 보면서 'He is/She is' 문장을 만들어보는 것도 좋습니다. 마치 오래된 사진첩을 넘기듯, 장면 속 모습들을 표현하면서 즐겁게 문장을 익힐 수 있습니다.

He is smiling. 그가 웃고 있어요.

She is cooking. 그녀가 요리하고 있어요.

그들의 모습을 관찰하기 : They are~

그He, 그녀She 외에 나머지 사람들은 '그들They'입니다. 그리고 그들의 행동을 설명할 때 'They are~'를 씁니다. 오후의 거리를 걸으며 길모퉁이에서 마주치는 하굣길의 학생들, 카페에 모여 앉은 친구들, 공원 벤치에서 대화를 나누는 노부부까지. 그들이 무엇을 하고 있는지 설명할 때 'They are + 동작'의 형태로 표현하면 됩니다.

예시 6 학교에서

They are playing. 그들이 놀고 있어요.

They are studying. 그들은 공부하고 있어요.

예시 7 직장에서

They are in a meeting. 그들은 회의 중이에요.

They are eating. 그들은 식사 중이에요.

매일 관찰한 것을 스마트폰 메모장에 기록해보세요. 하루하루 내가 만난 순간들이 메모장에 기록으로 쌓여갑니다. 처음에는 하루에 3~4문장만 적어도 충분해요. 작은 화단에 서너 송이의 꽃을 심으면 자연스럽게 퍼져나가죠. 영어도 처음 씨앗을 심는 첫 출발이 중요합니다. 그리고 그것이 습관이 되도록 꾸준히! 반복해서! 이어가보세요.

문장 목걸이 만들기

'I am', 'He(She) is', 'This is', 'They are'를 사용해서 문장을 만들어 보자. 문장을 하나하나 이어가다 보면, 마치 구슬을 꿰어 목걸이를 만들 듯 하나의 짧은 스토리가 완성된다. 생각을 문장으로, 문장을 이야기로 이어가면서, 문장 구사력과 말하기 실력이 자연스럽게 향상된다.

예시 1 카페에서

I am at my favorite cafe. 나는 자주 가는 카페에 있어요.

This is a quiet corner. 여기는 조용한 구석자리예요.

He is working on his laptop. 그가 노트북으로 작업하고 있어요.

예시 2 회사에서

I am in the office. 나는 사무실에 있어요.

This is our meeting room. 여기가 우리 회의실이에요.

They are preparing for a presentation. 그들은 발표 준비를 하고 있어요.

예시 3 공원에서

I am at the park. 나는 공원에 있어요.

This is my favorite bench. 여기가 내가 제일 좋아하는 벤치예요.

They are walking their dog. 그들은 강아지를 산책시키고 있어요.

▶ 매일 1문장씩 만드는 습관 키우기

• 문장 기록하기 : 스마트폰 메모장 등에 문장 만들어 모으기

• 문장 녹음하기 : 반복해서 듣고 말하기

• 주말 복습 : 1주일 동안 모아놓은 문장 익히기

가리키며 말하기
: This is~ / That is~ / It is~

'나, 너, 그, 그녀, 우리, 그들' 이외에 주어의 자리에 특정하지 않은 '무 엇'이 올 때, 'This', 'That'을 씁니다. 'This'와 'That'은 '이것'과 '저것' 이란 뜻이지만, 일상에서는 매우 유연하게 쓰입니다. 그래서 '이것'과 '저것'으로만 한정 지으면, 생각이 경직되어 영어를 자연스럽게 구사하 기 어려워지죠. 'This'가 가리키는 '이것'에는 물건만이 아니라 상황, 사 건, 감정, 의견 등 다양한 것들이 포함될 수 있습니다. 내 가까이에 있 는 어떤 '것'에 대해 말하고 싶다면, 그냥 'This'부터 시작하면 됩니다. "이분은 교수님이에요"라고 소개한다면 '이분'에 집착하지 말고, 바로 'This'를 써서 "This is a professor"라고 하면 됩니다. 예를 들어볼게요.

This is a beautiful morning! (상황) 아름다운 아침이네요!

This is my workspace. (여기가) 내 작업 공간이에요.

This is my breakfast. (이게) 내 아침 식사예요.

This is my new bowl. (이건) 새로 산 그릇이에요

This is my colleague. (이분은) 내 동료에요.

　내가 말하고자 하는 대상이 멀리 있다면 'That'을 씁니다. 조금 더 거리감을 두고 어떤 상황이나 감정을 설명할 때도 **'That'**. 예를 들어, 누군가 감동적인 말을 했을 때 **"That is so touching.** 정말 감동적이네요" 이라고 표현하고, 예상치 못한 소식을 들었을 때 **"That is surprising.**정말 놀라워요"이라고 반응할 수 있습니다. 이렇게 'This is~'와 'That is~'는 사물만 가리키는 것이 아니라, 우리의 경험과 감정을 담아낼 수 있죠. 'This'와 'That'이 일상에서 어떻게 쓰이는지 찾아볼까요?

예시 1 스마트폰으로 사진을 보여주며

This is my family. 우리 가족이에요.

This is my dog/cat. 우리 강아지/고양이예요.

예시 2 쇼핑할 때

This is on sale. 이건 세일 중이네요.

This is perfect for my friend. 친구한테 딱 좋겠어요.

예시 3 식당에서

This is what I'll have. 이걸로 하겠습니다.

This is really good! 정말 맛있어요!

예시 4 먼 거리에서

That bike is easy to ride. 저 자전거는 타기 쉬워요.

That house looks beautiful. 저 집은 아름다워 보여요.

예시 5 특정하지 않은 것 / 일반적인 대상

That beach is very crowded. 그 해변은 몹시 혼잡해요.

That is a valuable lesson. 그건 가치 있는 교훈이에요.

예시 6 지나간 일

That was a great movie. 정말 훌륭한 영화였어요.

That vacation was relaxing. 편안한 휴가였어요.

다양한 얼굴을 가진 'It'

마치 주인공 없이 이야기만 흐르듯, 특정한 사람이나 사물 없이 일반적인 상황을 설명할 때 사용하는 것이 있습니다. 바로 'It'입니다. 그래서 이를 '비인칭 주어'라고 부릅니다. 영어를 배우다 보면 가장 자주 접하는 단어 중 하나가 'It'입니다. "It is seven o'clock. 지금은 7시입니다", "It is cold today. 오늘은 춥네요" 등. 'It'은 단순히 '그것'을 가리키는 데만 쓰이는 것이 아니라, 문장의 구조를 만들거나 의미를 강조하는 등 다양한 역할을 하죠. 또 시간, 날씨, 거리, 요일, 날짜, 밝기 등을 표현할 때 사용됩니다.

시간

It is ten o'clock now. 지금 10시입니다.

It is time to go to bed. 잘 시간이에요.

날짜

It is March 3rd today. 오늘은 3월 3일입니다.

It is my birthday tomorrow. 내일은 내 생일이에요.

거리

It is a long way to the station. 역까지 거리가 멉니다.

It is close from here. 여기에서 가까워요.

우리말과 달리 영어에서는 주어가 반드시 필요하기 때문에, 주어가 모호할 때 'It'을 사용합니다. 주어 자리에서 주어 역할을 하는 것이죠. 한국어로는 "비 온다." 해도 말이 되지만, 영어에서는 반드시 주어가 있어야 하기 때문에 'It'을 넣어 "It is raining"이라고 해야 합니다. 아래 예시를 보면, 'It'은 의미가 없어 보이지만, 영어 문장에서는 빠질 수 없는 중요한 요소라는 게 눈에 보이죠. 해석되지 않고, 단지 문장을 완성하는 역할을 하는 겁니다.

It is important to study English. 영어를 공부하는 것이 중요합니다.

It is difficult to wake up early. 일찍 일어나는 것은 어렵습니다.

이처럼 'It'은 단순한 '그것'이 아니라, 문장을 형성하는 필수 요소로 기능합니다. 문법에서는 'It'을 형식상의 주어, 가주어, 가목적어, 강조구문 등 복잡하게 설명하지만, 실제로 많은 문장을 보고 만들고 접하다 보면 자연스럽게 이해할 수 있습니다. 알고 보면, 'It'은 영어로 말할 때 큰 자유를 줍니다. 'It'을 주어로 사용하면, 구체적인 사람이나 사물을 언급하지 않고도 문장을 구성할 수 있어, 다양한 상황에서 유연하게 활용할 수 있으니까요.

● **주어 + be동사 변화**

인칭	단수	복수
1인칭 (말하는 사람)	I(나)	We(우리)
2인칭 (듣는 사람)	You(너)	You(너희들)
3인칭 (제3자)	He(그) / She(그녀) This(이것) / That(저것) dog / cat / book 등 명사	They(그들) / These(이것들) Those(저것들) dogs / cats / books 등
*비인칭 주어	It	

존재감은 없지만,
그대로 존재하게 하는 'be동사'

영어를 처음 배울 때 가장 먼저 접하는 동사가 바로 'be동사'입니다. 처음에는 단순히 "I am", "You are"처럼 자기소개를 하며 등장하지만, 점차 더 많은 역할을 맡게 되죠. be동사는 다양한 역할을 하지만, '~이다' '~있다'의 형태로 가장 많이 쓰입니다.

I am a student.

She is happy.

They are my friends.

이 문장들에서 **be동사**는 **am, is, are**입니다. '~이다'는 '상태'를, '~있다'는 '존재'의 의미입니다. be동사는 무엇인가를 (존재)하게 만들고, 그것이 어떤 (상태)인지 설명하는 역할을 하죠.

I am here. 나는 여기 있다. (존재)

We are at the library. 우리는 도서관에 있다. (존재)

She is tired. 그녀는 피곤하다. (상태)

He is nervous. 그는 긴장하고 있다. (상태)

be동사는 마법사여서 상황에 따라 세 가지 다른 모습, 즉 'am', 'are', 'is'로 변신합니다. 하지만 이 변신에는 분명한 기준이 있어요. 바로 누가 (주어) 찾아오느냐에 따라 달라집니다.

I am a student. 나는 학생입니다.

You are early today! 당신은 오늘 일찍 왔다.

Look, she is wearing a new dress. 봐요, 그녀가 새 원피스를 입고 있어요.

We are all hungry. 우리 모두 배고파요.

They are in the kitchen. 그들은 부엌에 있어요.

눈치채셨나요? 이제 정말 흥미로운 마법의 규칙을 알려드릴게요.

● '나'만을 위한 마법의 말

'I'(나)가 등장하면 우리의 마법사는 'am'으로 변신합니다.

● '여러 사람'이 함께 쓰는 마법의 말

'you'(당신/너), 'we'(우리), 'they'(그들)가 오면 마법사는 'are'로 변신!

● '한 사람 또는 한 물건'을 위한 마법의 말

'he'(그), 'she'(그녀), 'it'(그것)이 오면 마법사는 'is'가 돼요.

예시 1 집에 있는 가족들을 소개할 때 My father is a doctor. **우리 아빠는 의사입니다.**

(여기서 'father'는 한 분(단수)이니까 'is' 사용!)

예시 2 친구들과 함께 있을 때 We are happy. **우리는 행복해요.**

(여러 명이(복수) 함께 있으니까 'are' 사용!)

예시 3 나 자신을 소개할 때 I am a student. **나는 학생이에요.**

('I'는 항상 'am'과 함께!)

'be'를 만나면 동사가 되다

be동사는 문장에서 명사와 형용사가 동사 역할을 할 수 있게 합니다. 예를 들어 'happy'는 '행복한'이란 형용사이지만, '행복하다'라는 상태를 표현할 때는 'be(하다)'를 만나야 합니다. 날개를 달아준 셈이죠. 다음 예문을 보면, be동사를 마법사라고 한 이유가 좀더 분명해집니다.

나는 행복하다 : I happy. (X) / I am happy. (O)

am + happy(형용사) = 행복한 상태 / 주어(I)와 보어(happy)의 연결

그녀는 선생님이다 : She a teacher. (X) / She is a teacher. (O)

is + teacher(명사) = 신분이나 직업 같은 특정한 상태

하늘이 파랗다 : The sky blue. (X) / The sky is blue. (O)

is + blue(형용사) = 하늘의 특징을 설명

존재감 약한 'be' vs 존재감 확실한 'Be'

be동사는 영화 속 조연 배우처럼 다른 핵심 단어들이 존재하도록 해주지만 정작 자신은 잘 눈에 띄지 않습니다. 영어 문장에 익숙해지면 거의 보이지 않을 정도죠. "I am happy"라고 했을 때 I와 happy만 보고도 뜻을 금방 짐작할 수 있습니다. 그래서 말할 때 be동사는 작게 혹은 앞의 주어와 연음으로 발음됩니다. 'I am'은 '아이 엠'에서 '아임'으로 'She is'는 '쉬즈', 'He is'는 '히즈'라고 말하는 것처럼요.

그런데 존재감 확실한 'Be'도 있습니다. 비틀즈의 명곡 〈Let It Be〉! 여기서 'be'는 be동사(is, am, are)가 아닙니다. 주어와 보어를 연결한 동사 역할이 아니라, '존재하다'의 원형적 의미를 그대로 살리고 있습니다. 'Let It Be'의 'be'는 '있는 그대로 두다', 즉 '존재하게 두다', 더 깊게는 '순리에 맡기라'라는 뜻입니다. 폴 매카트니가 이 노래를 만들 당시는 멤버들 간의 불화로 그룹이 위기에 처해 몹시 힘들 때였죠. 어느 날 꿈속에 나타난 그의 어머니가 "그대로 흘러가게 두라"라고 말했는데 그 말에 위로받은 뒤 이 노래를 만들었습니다. 〈Let It Be〉의 일부 가사입니다.

And when the broken hearted people living in the world agree.
상처받은 세상 사람들도 알고 있지.

There will be an answer, 'Let it be.'
상처를 치유할 대답은 '순리에 맡겨라.'

〈Let It Be〉는 전 세계 사람들이 즐겨 부르며 철학적 의미로 인용되어, 시대의 명언이 되고 있습니다. 이 노래에서 be는 명령문으로, '어떤 상태가 되라'는 의미로 쓰입니다. 존재의 의미를 담고 있음을 염두에 두고 다음 문장을 보면, 'Be'가 참 매력적인 단어임을 알 수 있습니다. 바람 부는 세상에 우뚝 선 존재가 되라고 힘을 불어넣어주는, 마법의 주문처럼 느껴지니까요.

Be strong. 강해져라.

Be yourself. 너 자신이 되어라.

Just be! 있는 그대로!

● 주어 + be동사 변화

시제	주어	동사	형태 예시
현재형	I	am	I am happy. 나는 행복하다.
현재형	He / She / It	is	She is kind. 그녀는 친절하다.
현재형	You / We / They	are	They are friends. 그들은 친구이다.
과거형	I / He / She / It	was	I was tired. 나는 피곤했다.
과거형	You / We / They	were	You were here. 너는 여기에 있었다.
미래형	I / You / He / She / It	will be	I will be there. 나는 거기에 있을 것이다.
미래형	We / They	will be	We will be ready. 우리는 준비가 될 것이다.

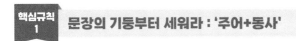

take, 영어에서 가장 많이 쓰는 동사의 비밀

만약 연인과 산에 올랐다가 위험에 처해 "내 손을 잡아!" 하고 영어로 외쳐야 하는 순간이 온다면, 어떻게 해야 할까요? '손'이라는 단어는 아는데, '잡는다'는 뭐지? 'Grab?' 'Hold?' 머릿속에서 단어를 찾느라 당황하는 사이, 순간은 지나가버릴 수도 있습니다. 이럴 때는 **"Take my hand!"**라고 하면 됩니다.

'Take'를 '가져가다'라고만 알고 있다면, 이 표현이 쉽게 떠오르지 않겠죠. 여기서 잠깐! 많은 사람들이 영어를 배우면서 문법의 복잡함이나 어휘량에 부담을 느끼지만, 사실 영어는 매우 효율적이고 직관적인 언어입니다. 그 이유 중 하나는 하나의 동사가 여러 의미로 확장되어 쓰인다는 점에서죠. 예를 들어, '잡다, 가져가다, 걸리다, 이용하다, (약을) 복용하다, (사진을) 찍다'와 같은 한국어 표현을 영어로 바꾸려면 각각 다른 단어가 떠오를 수 있습니다. 하지만 영어에서는 'take' 하나면 충분합니다. 어떤 맥락에서 'take'가 쓰이는지 좀더 살펴볼까요?

뜻 1 잡다/쥐다

Take my hand. 내 손을 잡아.

Can you take this bag for me? 이 가방 좀 들어줄래요?

뜻 2 가져가다 / 가지고 가다

Take this umbrella with you. 이 우산을 가지고 가세요.

I'll take my laptop to the meeting. 노트북을 회의에 가져갈 거예요.

뜻 3 (시간/노력 등)이 걸리다

It takes 10 minutes to get there. 거기까지 가는 데 10분 걸려요.

Learning English takes patience. 영어를 배우는 데는 인내심이 필요해요.

뜻 4 (교통수단을) 이용하다 / 타다

I take the bus to work. 저는 버스를 타고 출근해요.

Let's take a taxi. 택시를 타자.

뜻 5 복용하다 / 먹다

Don't forget to take your medicine. 약 먹는 것을 잊지 마세요.

I usually take a vitamin every morning. 저는 매일 아침 비타민을 먹어요.

뜻 6 (수업)을 듣다 / (사진)을 찍다

I'm taking a French class. 저는 프랑스어 수업을 듣고 있어요.

Can you take a photo of us? 우리 사진 좀 찍어줄래요?

뜻7 견디다 / 받아들이다

I can't take this pressure anymore. 이 압박을 더 이상 견딜 수 없어요.

She took the news very well. 그녀는 그 소식을 잘 받아들였어요.

뜻8 (길/방향을) 선택하다

Take the first left. 첫 번째 왼쪽 길로 가세요.

Let's take the scenic route. 경치 좋은 길로 가자.

뜻9 (기회를) 잡다 / (위험을) 감수하다

You should take this chance to travel. 이 기회를 잡아 여행을 가는 게 좋아요.

Don't be afraid to take risks. 위험을 감수하는 것을 두려워하지 마세요.

뜻10 (사람을) 데려가다 / 동반하다

I'll take you home. 내가 너를 집에 데려다줄게.

Can I take my friend to the party? 파티에 내 친구를 데려가도 돼?

어떤가요? 'Take'가 만능 단어처럼 보이지 않나요? 다양한 예시를 보면 'take'의 기본 의미인 '가져가다(이동시키다)'가 문맥에 따라 확장된다는 것을 알 수 있습니다. 예를 들어, 영화 〈탑건Top Gun〉의 주제곡 〈Take my breath away〉를 직역하면 '내 숨을 가져가다'이지만, 실제 의미는 '숨 막히게 하다'입니다. 이렇게 영어 동사는 문맥에 따라 유연하게 의미가 변할 수 있습니다.

핵심 '만능 동사' : Take, Have, Get, Make

이처럼 동사의 기본 의미를 이해하고 응용하면, 훨씬 자연스럽고 유창하게 영어를 구사할 수 있습니다. 'Take' 외에 영어에서 가장 많이 쓰이는 동사인 'Have', 'Get', 'Make'만 잘 활용해도 다양한 표현을 할 수 있습니다.

만능 동사 Have : 소유, 경험, 감정 표현까지!

I have a car. 나는 차를 가지고 있어요.

Let's have lunch together. 같이 점심 먹자.

I have a headache. 나는 두통이 있어요.

만능 동사 Get : '얻다', '이해하다', '변화'의 의미까지!

I got a new job! 새로운 직장을 얻었어요!

It's getting cold. 날씨가 추워지고 있어요.

Do you get it? 너 이해했어?

만능 동사 Make : '만들다'에서 '결정하다'까지 확장!

Make a decision. 결정을 내리다.

Make money. 돈을 벌다.

Make friends. 친구를 사귀다.

영어에서 동사는 트랜스포머처럼 변화합니다. 단순한 기본형에서 시제에 따라 형태가 바뀌고, 조동사와 함께 쓰이며 의미가 확장되죠. 하지만 무작정 외우려고 들면 시간만 낭비하기 쉬워요.

take, have, make, get과 같은 핵심 동사부터 익히세요. 그 의미를 이해하고, 일상에서 자주 활용하면 자연스럽게 영어를 구사할 수 있습니다. 영어는 단어 하나로도 여러 의미를 전달할 수 있는 매력적인 언어예요. 단어를 암기하는 데 그치지 말고, 다양한 문맥에서 어떻게 활용되는지 수없이 말하며 익힐 때 진짜 실력이 됩니다. 그러다 보면, 문법도 자연스럽게 따라오게 될 거예요!

품사에 따라 뜻이 달라지는 단어

　영어에는 형용사, 부사, 명사, 동사 등 품사에 따라 철자는 같아도 뜻이 완전히 달라지는 단어들이 많다. 문장에서 어떤 역할을 하는지 파악하는 연습이 중요하다. 몇 가지 예시이다.

예시 1 Pretty
She is a pretty girl. 그녀는 예쁜 소녀예요. (형용사/예쁜)
The test was pretty hard. 시험이 꽤 어려웠어요. (부사/꽤, 좀)

예시 2 Right
That's the right answer. 그건 정답이에요. (형용사/옳은)
Turn right at the corner. 다음 모퉁이에서 오른쪽으로 도세요. (형용사/오른쪽의)
Everyone has the right to speak. 누구나 말할 권리가 있죠. (명사/권리)

예시 3 Clear
The sky is clear today. 오늘 하늘이 맑아요. (형용사/분명한, 맑은)
He jumped clear over the fence. 그는 울타리를 훌쩍 뛰어넘었어요. (부사/완전히, 멀리)

예시 4 Back
Please step back. 뒤로 한발 물러나세요. (부사/뒤로)
I'll back your plan. 당신의 계획을 응원합니다. (동사/지지하다)

예시 5 Close
Please close the window. 창문을 닫아 주세요. (동사/닫다)
My house is close to the station. 우리 집은 역에서 가까워요. (형용사/가까운)

시제, 우리가 말할 수 있는 것은 어제와 지금뿐

영어 시제는 마치 시간을 여행하는 여행자처럼, 과거, 현재, 미래를 자유롭게 넘나듭니다. 주인공이 과거에 무엇을 했는지 말할 때는 과거 시제가 등장하고, 현재 일어나고 있는 일을 표현할 때는 현재 시제가 역할을 맡죠. 미래를 향해 나아가는 주인공은 미래 시제를 사용해 아직 오지 않은 이야기를 전합니다. 이처럼 영어 시제는 시간의 흐름에 따라 이야기를 펼쳐가는 중요한 역할을 합니다.

그런데 많은 분들이 영어의 시제를 복잡하고 어렵게 느낍니다. 거기에는 그럴만한 이유가 있습니다. 영문법에서는 현재, 과거, 미래 3가지 기본 시제에 각각 단순, 진행, 완료, 완료진행을 조합해 모두 12개의 시제로 나눕니다. 용어들만 봐도 복잡하죠. '~하다' '~했다.' '~했었다.' '~했었었다.' 이런 해석들을 좇다보면 머리가 지끈거립니다. 그런데 여기서 중요한 포인트! 영어 원어민들조차도 평소 대화에서는 현재완료나 미래완료 같은 시제를 엄격하게 따지지 않는다는 겁니다.

시제, 3가지 기본만 알자

앞에서 핵심 동사를 알면 많은 단어를 외우지 않아도 된다고 했습니다. 시제 역시 마찬가지입니다. 12가지 시제 가운데 현재, 과거 그리고 미래, 이 3가지 기본만 알고 가면 됩니다. 시제는 결국 '때'를 나타내는 것입니다. 지금 하고 있는 일, 어제 했던 일, 그리고 내일 할 일을 표현하는 간단한 개념일 뿐이에요. 시제를 복잡하게 고민하기보다는, 바로 눈앞에 있는 시간의 흐름에 집중하면 됩니다. '나는 아침을 먹다'를 3가지 시제로 옮겨볼게요.

I eat breakfast. 나는 아침을 먹는다. (현재)

I ate lunch. 나는 점심을 먹었다. (과거)

I will eat dinner. 나는 저녁을 먹을 거다. (미래)

'현재, 과거, 미래' 시제를 더 익혀봅시다.

예시 1 wake up

I wake up. 일어나요. (현재)

I woke up. 일어났어요. (과거)

I will wake up tomorrow. 내일 일어날 거예요. (미래)

예시 2 go

I go. 가요. (현재)

I went. 갔어요. (과거)

I will go. 갈 거예요. (미래)

실생활에서 현재, 과거, 미래 시제를 활용해서 표현해보세요.

예시 3 아침에 거울을 보며

I feel good. 기분이 좋아요. (현재)

I felt tired. 피곤했어요. (과거)

I will feel better. 기분이 나아질 거예요. (미래)

예시 4 카페에서

I want coffee. 커피 마시고 싶어요. (현재)

I wanted coffee. 커피 마시고 싶었어요. (과거)

I will want coffee. 커피 마시고 싶을 거예요. (미래)

예시 5 직장에서

I need help. 도움이 필요해요. (현재)

I needed help. 도움이 필요했어요. (과거)

I will need help. 도움이 필요할 거예요. (미래)

예시 6 식당에서

I like this. 이게 좋아요. (현재)

I liked this. 이게 좋았어요. (과거)

I will like this. 이게 좋을 거예요. (미래)

영어 시제, 생각보다 어렵지 않죠? 미국의 초등학교에서도 시제를 배울 때, 바로 이런 단순한 예문부터 시작해서 단계적으로 확장해 나갑니다.

시제는 복잡한 문법 공식이 아니라, 우리가 살아가는 시간의 흐름(현재, 과거, 미래)을 자연스럽게 표현하는 도구일 뿐이에요. 처음부터 모든 시제를 억지로 외우려 하지 말고, 먼저 '현재', '과거', '미래' 이 3가지 기본 시제에 집중해보세요. 기본 시제에 익숙해지면, 나머지 시제들도 자연스럽게 연결이 됩니다.

지금을 말할 때는
기본 동사

매일 아침, 태양은 동쪽 하늘을 밝히고, 새들은 나뭇가지 위에서 노래를 부릅니다. 동네 빵집에서는 갓 구운 빵 냄새가 퍼지고, 아이들은 학교로 향합니다. 이렇게 변함없이 반복되는 일상처럼, 현재형은 우리가 늘 겪는 사실과 습관적인 행동을 표현할 때 사용됩니다. 주어가 'I(나)'일 때는 지금 하고 있는 일을 기본 동사로 표현하면 됩니다.

I drink coffee. 나는 커피를 마셔요.

I work hard. 나는 열심히 일해요.

I study English. 나는 영어를 공부해요.

I walk home. 나는 집으로 걸어가요.

자, 다음 문장들에는 어떤 특징이 있는지 자세히 살펴봅시다.

Hey, look! Tom plays basketball every day. 안녕, 봐봐! 톰은 매일 농구를 해.

Yes, and Carah works at the hospital. 응, 그리고 사라는 병원에서 일해

The sun shines so brightly today. 오늘은 햇살이 아주 밝게 비추네.

잠깐만요! 발견했나요? 'plays', 'works', 'shines', 이 세 단어의 끝에 모두 's'가 붙어 있습니다. 지금 영어의 중요한 비밀 하나를 알아낸 셈입니다! 영어에서 '그는', '그녀는', '그것은'에 해당하는 'He', 'She', 'It' 'sun' 뒤에 오는 동사들은 경찰이 입는 제복처럼 's'를 꼭 입어야 합니다.

He plays soccer every weekend. 그는 매주 주말마다 축구를 한다.

She reads a book in the evening. 그녀는 저녁에 책을 읽는다.

It rains a lot in spring. 봄에는 비가 많이 온다.

My mother cooks dinner. 우리 엄마는 저녁을 요리하세요.

The dog barks at night. 개는 밤에 짖어요.

The phone rings loudly. 전화가 크게 울려요.

여기서의 's'는 단순한 꾸밈이 아니라, '동사'가 모습을 나타내지 않고, 바로 'He', 'She', 'It'과 함께 일하고 있음을 보여주는 신분증이라고 생각하면 됩니다. 이 규칙을 꼭 기억하고, 'He', 'She', 'It' '주어 명사' 뒤에 오는 동사에는 특별히 's'를 달아주세요. 그런데 여기에 예외적인 규칙이 있습니다. 's' 대신 'es'를 붙이는 경우입니다.

s, x, z, ch, sh로 끝나는 동사

He watch<u>es</u> TV. 그는 TV를 본다. (watch → watches)

She fix<u>es</u> the car. 그녀는 차를 수리한다. (fix → fixes)

The bus buzz<u>es</u>. 버스가 부릉거린다. (buzz → buzzes)

The teacher teach<u>es</u>. 선생님이 가르친다. (teach → teaches)

자음 + y로 끝나는 동사 : 'y'로 끝날 때 'i'로 바꾸고 'es' 붙이기

He carri<u>es</u> the bag. 그는 가방을 들고 있다. (carry → carries)

She studi<u>es</u> hard. 그녀는 열심히 공부한다. (study → studies)

갑자기 복잡한 생각이 드나요? 규칙은 처음엔 조금 낯설게 느껴질 수 있어요. 하지만 반복해서 연습하다 보면 점점 익숙해집니다. 영어 규칙은 단순히 외우는 것이 아니라, 자주 사용하면서 몸에 익히는 것이 중요해요. 마치 매일 아침 세수하고 양치하는 것처럼요.

다양한 예문을 직접 만들어보고, 소리 내어 자주 말해보세요. 어느 순간, 그 표현들이 자연스럽게 입에 착 달라붙을 겁니다.

'지금 이 순간'을 붙잡는 마법 지팡이 '-ing'

정말 특별한 마법을 배워볼 차례입니다. 바로 마법 지팡이 '-ing' 사용법입니다. 이 마법 지팡이를 휘두르면, 지금 이 순간 우리 눈앞에서 일어나는 일을 생생하게 담을 수 있습니다. 마치 셔터를 누르며 현재의 순간을 사진으로 포착하듯이 말입니다. 찰나의 장면들은 너무도 빠르게 지

나가지만, 이 작은 마법으로 그 순간의 생동감을 단어 속에 머물게 할 수 있어요. 주변을 천천히 둘러보고, 지금 이 순간 어떤 일이 일어나고 있는지 '-ing'를 사용해 표현해봅시다. 어쩌면 우리가 눈치채지 못했던, 특별한 순간들을 발견하게 될지도 모릅니다.

Look at everyone! 모두를 보세요!
Tom is reading a book. 톰이 책을 읽고 있어요.

지금 이 순간 톰이 책을 읽고 있는 모습이 보이나요? 바로 이런 현재의 순간을 '-ing'로 표현하는 거예요.

Mary is drinking coffee. 메리가 커피를 마시고 있어요.
They are chatting with friends. 그들은 친구들과 대화하고 있어요.

메리가 커피잔을 들고 있고, 여러 청년들이 대화를 나누는 풍경이 그려지나요? 마치 셔터를 누르듯, 문장 속에서 이런 순간을 포착하는 방법이 바로 '-ing'의 마법입니다.

'I am writing in my journal. 나는 일기를 쓰고 있어요'라는 문장은 지금이 순간 내가 일기 쓰는 모습을 그대로 담아냅니다. 손끝의 움직임, 글씨가 종이에 새겨지는 소리까지 어렴풋이 느껴지지 않나요? '-ing' 마법을 사용할 땐, 요리하듯이 한 가지씩 순서대로 재료를 넣으면 됩니다. 필요한 다음 두 가지를 기억하면서요.

● '-ing' 마법의 순서

① 주어에 맞는 be동사(am/ is/ are) 고르기

I → am

he/ she/ it → is

you/ we/ they → are

② 그 다음 동사 뒤에 '~ing'를 붙이면 완성!

read → reading   cook → cooking

write → writing   walk → walking

study → studying   drive → driving

예시 일상에서 현재분사 표현하기

I am studying English. 나는 영어를 공부하고 있어요.

It is raining outside. 밖에 비가 오고 있어요.

She is driving to work. 그녀는 출근 중이에요.

He is cleaning the room. 그는 방을 청소하고 있어요.

The baby is sleeping. 아기가 자고 있어요.

We are having dinner. 우리는 저녁을 먹고 있어요.

The sun is setting. 해가 지고 있어요.

우리 주변에는 수많은 순간들이 존재하지만, 존재하지 않기도 합니다. 오직 '-ing'의 마법을 통해 우리가 바라보고 인식할 때만 존재하게 되죠. 삶의 모든 순간, 그 아름다움을 '-ing'로 만나보세요.

"Don't watch the clock; do what it does. Keep going. 시계를 보지 마라. 시계가 하는 일을 해라. 계속 가라."

영어 학습에서 자주 인용되는 시인 샘 레벤슨[Sam Levenson]의 말입니다. 여기서의 'going'은 주어+동사 형식은 아니지만, '가는 것을 유지하라, 계속 가라, 매 순간 움직여라'는 의미로 쓰입니다. 시간을 의식하지 말고, 빨리 도달하려 하지 말고, 꾸준히 시계처럼 가라는 것이겠지요. 우리에게는 매 순간만이 주어질 뿐이니까요.

과거로 가는
타임머신 '-ed'

미국 국무부 산하 외국어 교육기관인 FSI^{Foreign Service Institute}는 영어 원어민이 가장 배우기 어려운 언어로 한국어를 꼽았습니다. 한국어는 난이도 5단계, 즉 '극히 배우기 어려운 언어', '슈퍼 하드 랭귀지^{Super Hard Language}'라는 것입니다.

오랫동안 영어 교육을 해온 저로서도, 외국인이 한국어를 배우는 것보다 한국인인 우리가 영어를 배우는 것이 더 수월하다는 생각이 듭니다. 그 이유 중 하나는 문법 구조의 차이입니다. 예를 들어, 한국어에서 과거를 표현하는 방식은 상당히 복잡합니다. '-았/었-', '-였-', '-던' 등 형태가 다양하죠. '사랑하다'의 경우 문맥에 따라 '사랑했다', '사랑하고 있었다', '사랑했었다', '사랑했던' 등으로 변형됩니다. 반면, 영어에서는 딱 2가지예요. 첫째, 동사에 '-ed'를 붙이거나 둘째, 동사의 과거형을 사용하면 됩니다.

먼저 '-ed'의 사용법입니다. '-ed'는 마치 과거로 떠나는 타임머신과 같아요. 단어 끝에 '-ed'가 붙는 순간, 우리는 시간을 거슬러 어떤 순간으로 돌아가게 됩니다. 누군가의 웃음소리가 가득했던 어느 공간, 따스한 햇살이 비치던 오후, 여전히 생생한 한마디의 말까지 '-ed'는 그 모든 기억을 불러냅니다. 실제로 '-ed'가 대화 속에서 어떻게 쓰이는지 살펴볼까요?

A : What did you do last weekend? 지난 주말에 뭐 했어?
B : I visited my grandparents. We cooked dinner together and talked about old times. 할머니 할아버지를 뵈었어. 우리는 함께 저녁을 만들고 옛날이야기를 했지.

이 대화에서 'visited', 'cooked', 'talked' 모두 과거의 추억을 이야기하기 위해 '-ed'를 사용했어요. 마치 사진첩을 넘기듯이, '-ed'를 사용하면 지난 일들을 차근차근 이야기할 수 있습니다. 일상에서 쓰는 과거표현들을 더 알아봅시다.

This morning, she cleaned her room. 오늘 아침에 그녀는 방을 청소했어요.
We enjoyed the party. 우리는 파티를 즐겼어요.

I walked in the park. 나는 공원을 산책했어요.
We watched a movie. 우리는 영화를 봤어요.

She called her mom. 그녀는 엄마에게 전화했어요.

He finished the homework. 그는 숙제를 다 했어요.

두 번째, 동사의 과거형을 사용하는 방법입니다. 어떤 동사들은 과거를 말할 때 '-ed'를 붙이지 않고, 완전히 다른 모습으로 바뀝니다. 과거형 동사를 쓰는 거죠. 예를 들어 'eat먹다'는 'ate먹었다'로 바뀝니다. 몇 가지 예시입니다.

eat → ate (먹다 → 먹었다)

I ate breakfast at 8 a.m. 나는 아침 8시에 아침을 먹었어요.

drink → drank (마시다 → 마셨다)

She drank a cup of coffee. 그녀는 커피 한 잔을 마셨어요.

go → went (가다 → 갔다)

We went to the beach last weekend. 우리는 지난 주말에 해변에 갔어요.

see → saw (보다 → 보았다)

He saw a rainbow after the rain. 그는 비가 온 후 무지개를 봤어요.

학창시절에 이런 과거형 동사를 달달 외웠던 걸 기억하나요? 'eat, ate, eaten!', 'go, went, gone!' 하면서 리듬을 타며 외웠지요. 그토록 열심히 암기했지만, 우리는 여전히 동사의 변화를 어려워합니다. 그 이유는 암기만 하고 써먹지 않았기 때문이에요. 사실 우리가 중고등학생 시절에 외웠던 동사들은 영어 원어민들이 가장 많이 쓰는 것들입니다. 그러니까 새로운 단어를 외울 게 아니라, 그 기억들을 천천히 불러와서 활용하기만 하면 되는 거죠.

● **과거의 일을 말하는 3가지 방법**

① 과거형이 없는 일반 동사는 끝에 '-ed' 붙이기

work → worked 일했어요.

clean → cleaned 청소했어요.

cook → cooked 요리했어요.

② 'be동사'는 과거를 말할 때 변신!

am / is → was (하나일 때)

are → were (여럿일 때)

I am tired. → I was tired. 나는 피곤했어요.

You are funny. → You were funny. 당신 웃겼어요.

Yesterday was amazing! 어제는 정말 좋았어요!

③ 과거형 동사 사용

I said goodbye. 나는 작별인사를 했어요. ('say말하다'의 과거형 'said말했다')

I saw a rainbow after the rain. 비 온 뒤 무지개를 봤어요. (see → saw)

더 알아보기

원어민이 가장 많이 쓰는 불규칙 동사 27

현재형(원형)	과거형	과거분사	뜻
sing	sang	sung	노래하다
begin	began	begun	시작하다
swim	swam	swum	수영하다
drink	drank	drunk	마시다
ring	rang	rung	울리다
sink	sank	sunk	가라앉다
buy	bought	bought	사다
think	thought	thought	생각하다
teach	taught	taught	가르치다
say	said	said	말하다
meet	met	met	만나다
feel	felt	felt	느끼다
have	had	had	가지다
find	found	found	찾다
hear	heard	heard	듣다
lose	lost	lost	잃다
leave	left	left	떠나다
make	made	made	만들다
speak	spoke	spoken	말하다
eat	ate	eaten	먹다
give	gave	given	주다
do	did	done	하다
grow	grew	grown	자라다
fall	fell	fallen	떨어지다
get	got	gotten	얻다
fly	flew	flown	날다
know	knew	known	알다

내일을 예측하고 계획할 때는 'will'

우리가 말할 수 있는 것은 과거와 현재입니다. 과거는 이미 그려진 그림처럼, 우리의 발자취가 되죠. 현재는 지금 이 순간을 살아가며 이야기를 펼쳐나갑니다. 그러나 미래는 아직 그려지지 않은 캔버스와 같아요. 그 그림이 어떻게 그려질지 알 수 없습니다. 그래서 미래에 대해 말한다는 것은 단지 추측하거나, 어떤 일을 하겠다는 의지를 표현하는 것일 뿐입니다. '추측과 계획', 이 2가지를 염두에 두고 '미래 시제'에 대해 알아봅시다. 가장 기본적인 형태는 동사 앞에 'will'을 써주는 겁니다. 'will + 동사 원형'을 기억하세요.

I will eat breakfast. 나는 아침을 먹을 거예요.

I will drink coffee. 나는 커피를 마실 거예요.

I will work hard. 나는 열심히 일할 거예요.

I will study English. 나는 영어를 공부할 거예요.

I will walk home. 나는 집으로 걸어갈 거예요.

간단하죠? 'will'은 '~할 것이다'라는 뜻입니다. 'will'의 어원은 고대 영어 'willan의지하다, 원하다'에서 비롯되었으며, 의지나 결심과 관련된 강력한 의미를 담고 있습니다. 가수 케이윌^K.Will^은 가수로 성공하겠다는 뜻을 담아 예명을 지었다고도 하죠. 미국과 영국의 대표적인 남자 이름이기도 한 '윌will'은 전통적으로 'William'을 줄인 약칭인데, 여기에는 '결심한 보호자'라는 뜻이 있다고 합니다. 역사적으로도 왕이나 지도자들의 이름으로 자주 사용되었으며, 힘과 결단력을 상징하는 이름으로 널리 알려져 있습니다. (윌리엄 셰익스피어도 있네요!) 예문을 더 들어보죠.

예시 1 예상하거나 추측할 때

I think it will rain tomorrow. 내일 비가 올 것 같아.

She will be a great teacher someday. 그녀는 언젠가 훌륭한 선생님이 될 거야.

예시 2 계획되지 않은, 순간적인 결정을 표현할 때

It's cold. I will close the window. 춥다. 내가 창문을 닫을게.

I'm hungry. I will order some food. 배고파. 음식을 주문할게.

예시 3 의지를 보여줄 때

I will always support you. 나는 항상 너를 응원할 거야.

Don't worry, I will keep your secret. 걱정하지 마, 내가 너의 비밀을 지킬게.

You will do your homework right now! 당장 숙제를 해라!

The sun will rise at 6:30 tomorrow. 내일 해가 6시 30분에 뜰 것이다.

이처럼 'will'은 미래에 일어날 일을 예상하거나 추측할 때, '즉흥적으로 결정한 일'을 말할 때 쓰입니다. 친구가 도움을 요청했을 때 "I will help you!"라고 즉시 대답하는 것처럼요.

'be going to+동사' : 계획되거나 예정된 일

그런데 '미리 계획된 일이거나 예정된 일'을 말할 때는 특별한 형식을 사용합니다. 바로 'be going to+동사'입니다. 예를 들어볼까요?

I am going to have a productive day. 오늘은 생산적인 하루를 보낼 거예요.

I am going to exercise after work. 퇴근 후에 운동할 거예요.

I am going to learn three new words. 새로운 단어 3개를 배울 거예요.

다시 말하면, 'will'은 말하는 시점에서 결정된 일을, 'be going to+동사'는 계획된 일이라고 생각하면 됩니다. 그 미묘한 차이를 아래 문장에서 확인해봅시다.

예시 1 will + 동사원형 : 말하는 시점에서 즉흥적인 결정

It is raining outside. I will take an umbrella with me. 밖에 비오네. 우산

212

가지고 갈게.

I forgot to send the email. I will send it right away. 이메일 보내는 걸 잊었네. 지금 보낼게.

예시 2 be going to + 동사 원형 : 계획된 미래

I am going to travel to Paris next month. 나는 다음 달에 파리로 여행갈 거야.

We are going to watch a movie tonight. 우리는 저녁에 영화 볼 거야.

차이가 보이죠? 간단하게 'will'이라는 단어 하나만 있으면 미래의 순간으로 점핑할 수 있습니다. 마치 미래를 아는 사람처럼 'will'을 사용해 영어의 세계를 확장해봅시다. **"Where there's a will, there's a way. 의지가 있는 곳에 길이 있습니다."**

영어의 심장은 'SVO'다

양치기 소년이 처음 영어를 배웠을 때를 상상해봅니다. 늑대가 양을 노리고 다가오는 순간, 소년은 다급하게 외쳤습니다.

"Coming wolf is! 오고 있는 늑대 다!"

하지만 마을 사람들은 그 말을 전혀 이해하지 못했습니다. 당황한 소년은 다시 외쳤습니다.

"Wolf eat sheep! 늑대 먹다 양!"

안타깝게도 그가 말하는 동안 늑대는 이미 배를 두둑이 채우고 떠난 후였습니다. 무엇이 문제였을까요? 단어 하나하나는 의미를 가지고 있지만, 어순이 잘못되었기에 소년의 말을 아무도 이해할 수 없었던 것입니다. 영어를 배우는 과정에서도 이런 실수를 자주 합니다.

Coffee I want hot. 커피 나 원해 뜨거운

Dinner you what eat? 저녁 너 무엇 먹어?

Happy very am I! 행복한 매우 이다 나!

이처럼 영어를 말하는 데 가장 큰 장애물 중 하나가 바로 어순입니다. 단어를 많이 외워도, 문법 규칙을 모두 알아도, 어순이 틀리면 말이 통하지 않습니다. 어순을 지키는 것은 마치 요리 레시피의 순서를 따르는 것과 같아요. 예를 들어, 오믈렛을 만들 때 "계란을 깨고 → 휘젓고 → 팬에 붓고 → 익힌다"라는 순서를 지켜야 제대로 된 요리가 완성됩니다. 하지만 만약 순서를 바꿔서 "팬에 붓고 → 계란을 깨고 → 익히고 → 휘젓는다"라고 하면? 무슨 요리인지 알 수 없게 되어버리겠죠. 이처럼 영어 문장도 그 순서가 정확해야 문장의 의미가 제대로 전달됩니다.

영어의 심장 'SVO'

앞에서 우리는 문장의 기둥이 되는 '주어+동사'에 대해 배웠습니다. 여기에 목적어를 더하면, 영어의 가장 기본적인 어순이 완성됩니다.

주어(Subject) + 동사(Verb) + 목적어(Object)

이 순서만 정확히 알고 활용하면, 복잡한 문법도 자연스럽게 따라옵니다. 피카소가 "It took me four years to paint like Raphael, but a lifetime to paint like a child. 라파엘처럼 그리는 데는 4년이 걸렸지만, 아이처럼 그리는 데는 평생이 걸렸다"라고 했던 것처럼, 영어를 단순하고 본질적인 형태로 이해할 때 비로소 진정한 능숙함에 도달할 수 있습니다.

자, 이제 영어 어순의 비밀 속으로 들어가볼까요? 복잡한 영문법과 수많은 규칙들은 접어두고, 단순하지만 강력한 '주어+동사+목적어'라는 황금 삼각형만 기억하세요. 영어 실력을 끌어올릴 마법의 공식입니다.

실생활에서 사용하는 영어의 약 80퍼센트는 '주어+동사+목적어'의 기본 구조로 이루어져 있습니다. 마치 한식의 기본양념, 간장, 고추장, 된장 같은 역할을 하죠. 우리가 3가지 양념으로 무수히 맛있는 요리를 만들어내듯, 영어에서도 이 3요소만 활용하면 훌륭한 대화가 이뤄집니다.

여기에서 중요한 것은 '순서를 지키자!', 한 지인은 이 과정을 김밥 말기에 비유하더군요. 김밥도 순서가 있잖아요? 김을 깔고(주어), 밥을 얹고(동사), 재료를 올리고(목적어)… 이 김밥의 순서를 떠올리며, SVO로 문장을 만들어봅시다.

I(S) + eat(V) + breakfast(O). 난 아침을 먹어요.

We + order + lunch. 우리는 점심을 주문해요.

They + cook + dinner. 그들은 저녁을 요리해요.

I + watch + TV. 난 TV를 봐요.

그런데 순서를 바꾸면 어떻게 될까요?

Coffee drink I. 커피가 저를 마시나요?

Book read you. 책이 당신을 읽는다고요?

Pizza eat they. 피자가 그들을 먹는다니!

Homework do cat. 숙제가 고양이를 한다고요?

마치 외계인이 말하는 것처럼 뒤엉킨 문장이 되어버렸습니다. 영어는 논리적인 언어입니다. 주어, 동사, 목적어가 차례대로 줄을 서야만 문장이 완성되죠. 새치기를 하면 문장의 질서가 깨지고, 의미도 알 수 없게 엉켜버려요. '주어+동사+목적어', 이 순서만 기억하세요.

첫 해외여행을 떠난 어떤 분이 레스토랑에서 "I want pizza"라고 세 마디로 주문했더니, 웨이터가 미소 지으며 고개를 끄덕이더랍니다. '주어+동사+목적어', 이 순서를 잘 지켜서, 대화가 통한 거죠. 길을 잃었을 때는 주위 사람에게 "I need help"라고 해서 도움을 받았고, 호텔에 도착해서는 리셉션 직원에게 "I have reservation"이라고 표현해 예약을 확인받았죠. 짧은 문장만으로도 정확히 의사를 전달하고 소통한 겁니다. 바로 '주어+동사+목적어'만 갖추면, 어디서든 충분히 소통할 수 있다는 영어의 마법 같은 힘을 느낀 순간이었죠.

영어의 심장이라고 할 수 있는 SVO 구조, 즉 '주어+동사+목적어'의 삼박자는 영어의 리듬이자 본질입니다. 이 구조를 기억하면, 영어 문장을 쉽게 이해하고 만들 수 있습니다.

'주어+동사+목적어' 연습하기

예시 1 아침에 거울 보며

I see myself. 나는 나를 봐요.

I brush my teeth. 나는 양치해요.

I wear clothes. 나는 옷을 입어요.

예시 2 출근길에

I take bus. 나는 버스를 타요.

I read the news. 나는 뉴스를 읽어요.

I drink coffee. 나는 커피를 마셔요.

예시 3 직장에서

I write email. 나는 이메일을 써요.

We have meeting. 우리는 회의를 해요.

They finish work. 그들은 일을 마쳐요.

예시 4 퇴근 후에

I prepare dinner. 나는 저녁식사를 준비해요.

I water the plants. 나는 식물에 물을 줘요.

I feed the cat. 나는 고양이에게 밥을 줘요.

예시 5 자기 전에

I charge phone. 나는 휴대폰을 충전해요.

I set the alarm. 나는 알람을 맞춰요.

I say a prayer. 나는 기도를 해요.

영어 문장의 숨은 조력자, 'Do' 시스템

회사 대표에게 가장 중요한 사람은 누구일까요? 바로 비서실장입니다. 일정 관리, 업무 조율, 중요한 결정을 보조하는 등 대표가 할 일들을 체계적으로 정리하고 도와주니까요. 영어 문장에도 비서실장 같은 존재가 있습니다. 바로 'Do, Does, Did'입니다. 이들은 동사를 도와 문장의 뜻을 강조하고, 맨 앞에서 질문을 만드는 등 문장을 명확하게 만드는 역할을 합니다.

do는 보통 '하다'는 의미로 쓰입니다.

I do my homework. 나는 숙제를 해요.

We do our best. 우리는 최선을 다해요.

'동사' 옆에서 확신을 더해줍니다.

I do love you. 나는 당신을 정말 사랑해요.

I did love you. 나는 당신을 정말 사랑했어요.

She does love to dance! 그녀는 춤추는 걸 정말 좋아해요.

질문할 때는 언제나 문장 맨 앞에 당당히 섭니다.

Do you Love Me? 당신은 날 사랑하나요?

Did you Love Me? 당신은 날 사랑했나요?

Does she work here? 그녀는 여기서 일하나요?

특히, 'Do, Does, Did'는 질문할 때 늘 데리고 다녀야 하는 '절대 비서'입니다. 얼마 전 한 지인이 해외에서 영어로 질문하다가 겪은 일화가 떠오릅니다. 한 카페에서 직원에게 "You like coffee?"라고 물었는데, 점원이 잠시 어색한 표정을 짓더니 **"Do I like coffee?"**라고 되묻더랍니다. 그제야 그는 자신의 말에 뭔가 빠져 있음을 깨달았습니다. 정확한 문법대로라면 **"Do you like coffee?"**, 질문 비서를 깜박 잊고 데려가지 않은 거죠. 이 일을 계기로 그는 모든 질문에 반드시 'Do'를 맨 앞에 붙이는 습관을 들였다고 합니다.

Do는 만능 도우미

'Do'는 문장에서 가장 기본적인 조력자입니다. 'Do'는 현재 시제에서 'I, you, we, they'와 함께 쓰이며 질문을 만드는 중요한 역할을 합니다.

Do you like coffee? 커피 좋아하세요?

Do they go to school? 그들이 학교에 가나요?

Do I look tired? 제가 피곤해 보이나요?

Does는 특별 도우미

'Does'는 조금 더 특별한 역할을 합니다. 주어가 'He, She, It'일 때 등장하는 VIP 조력자입니다.

Does he speak English? 그가 영어를 해요?

Does she live here? 그녀가 여기 사나요?

Does it work? 이게 작동하나요?

Did는 타임머신 도우미

'Did'는 과거로 이동할 때 등장하는 조력자입니다. 과거를 말할 때 꼭 필요한 존재죠. 과거 시제를 쓸 때 'Did'가 등장하면, 동사는 원형 그대로! 'Did'가 이미 과거를 표시하고 있기 때문이죠.

Did they watch the movie? 그들이 영화를 봤나요?

Did you eat lunch? 점심 먹었어요?

Did he call you? 그가 전화했나요?

재미있는 기억법

이제 'Do, Does, Did', 이 세 친구를 쉽게 기억할 수 있는 방법을 알려드릴게요.

Do는 **'두'**드리세요. (I, you, we, they와 함께)

Does는 **'들'**어보세요. (he, she, it 전용)

Did는 **'딱'** 하고 끝! (과거로 이동)

이렇게 **'두들딱'**(Do, Does, Did)으로 외우면 절대 잊지 않을 겁니다.

'Do, Does, Did'는 교통경찰과도 같습니다. 항상 문장 맨 앞에서 어순을 정리하고, 모든 흐름이 매끄럽게 이어지도록 교통정리를 해주죠. 'Do, Does, Did', 이 셋을 기억하면, 영어로 궁금한 것을 물어보는 일이 정말 쉬워집니다.

실전 상황별 'Do' 도우미 사용법

예시 1 카페에서

Do you have iced Americano? 아이스 아메리카노 있나요?

Does this coffee have sugar? 이 커피에 설탕이 들어있나요?

Did you order already? 이미 주문하셨나요?

예시 2 회사에서

Do we have a meeting today? 오늘 회의 있나요?

Does the printer work? 프린터 작동하나요?

Did you finish the report? 보고서 끝냈어요?

예시 3 집에서

Do we have any bread? 우리 빵 있어?

Does she take out the trash? 그녀는 쓰레기를 내다 버리니?

Did you make the bed? 너 침대 정리했니?

예시 4 식당에서

Do you take reservations? 예약 받나요?

Does this dish come with rice? 이 요리는 밥이 포함되나요?

Did you enjoy your meal? 식사는 맛있었나요?

예시 5 길에서

Do you know the way? 길을 아시나요?

Does the bus come here? 버스가 여기 오나요?

Did you see that car? 저 차 봤어요?

예시 6 **여행 중에**

Do you speak English? 영어 할 줄 아세요?

Does this train go to Seoul? 이 기차 서울 가나요?

Did you bring your passport? 여권 챙겼어요?

예시 7 **병원에서**

Do you have my test results? 제 검사 결과 나왔나요?

Does the hospital provide parking? 병원에 주차할 수 있나요?

Did the nurse call my name? 간호사님이 제 이름 불렀나요?

▶ Do / Does / Did 부정문 만들기

여기서 꿀팁! 이렇게 외우면 잊히지 않는다!

do not = don't (도넛)

does not = doesn't (닭썬트)

did not = didn't (디딘트)

예시 8

Don't worry! 걱정하지 마세요!

She doesn't like coffee. 그녀는 커피를 좋아하지 않아요.

I didn't see the movie. 나는 그 영화를 보지 않았어요.

▶ Do / Does / Did '질문과 대답'

Do로 묻고 답하기

Do you play the piano? 피아노 칠 줄 아나요?

Yes, I do. 네, 쳐요. / No, I don't. 아니요, 못 쳐요.

Do you like kimchi? 김치 좋아하나요?

Yes, I do. 네. 좋아해요. / No, I don't. 아뇨. 안 좋아해요.

Do they have a dog? 그들은 개를 키우나요?

Yes, they do. 네, 키워요. / No, they don't. 아니요, 안 키워요.

Does로 묻고 답하기

Does she sing well? 그녀는 노래 잘하나요?

Yes, she does. 네, 잘해요. / No, she doesn't. 아니요, 못해요.

Does he speak Japanese? 그는 일본어 할 줄 알아요?

Yes, he does. 네, 해요. / No, he doesn't. 아니요, 못 해요.

Does it taste good? 그거 맛있어요?

Yes, it does. 네, 맛있어요. / No, it doesn't. 아니요, 맛없어요.

Did로 묻고 답하기

Did you watch the movie? 그 영화 봤어요?

Yes, I did. 네, 봤어요. / No, I didn't. 아니요, 안 봤어요.

Did they leave? 그들이 떠났나요?

Yes, they did. 네, 떠났어요. / No, they didn't. 아니요. 안 떠났어요.

Did she call you? 그녀가 전화했어요?

Yes, she did. 네, 했어요. / No, she didn't. 아니요, 안 했어요.

명령문,
떡볶이 주문처럼 간단하게!

"윙가르디움 레비오사!^{Wingardium Leviosa!}" 영화 〈해리포터〉에서 헤르미온느가 공중 부양 주문을 외치는 장면을 기억하나요? 영화에 등장하는 마법사 주문은 모두 조앤 롤링이 라틴어와 영어를 창의적으로 조합해서 만들었다고 합니다. 주문의 정확한 뜻은 모르지만, 아마도 분명히 동사로 시작할 겁니다. 영어의 명령문은 항상 동사로 시작하거든요. 독일어, 스페인어, 프랑스어 등 유럽어들도 명령이나 지시를 할 때 동사를 맨 먼저 말합니다. 우리말로는 "문을 열어라"이지만, 영어로는 "Open the door!"의 차이죠. 동사가 먼저 나오면 즉각적인 의사 전달이 가능하므로, 언어의 간결성을 중요시하는 영어의 경향이 반영된 것입니다.

Read this book! 책을 읽으렴.

Try again! 다시 해봐!

동사로 시작하는 이 짧은 문장은 마법사의 주문처럼 강력합니다. 단순하지만 확실하게 의사를 전달하는 힘이 느껴지죠. 영어에서 명령문은 우리가 분식집에서 떡볶이를 주문할 때, "떡볶이 하나요!"를 외치는 것과 같아요. 꼭 필요한 핵심 단어만 직관적으로 던지는 거죠.

단순하지만 강력한 명령어 주문!

지하철을 이용하는 직장인이라면 날마다 듣는 명령어가 있습니다. 바로 "Watch your step!" 발밑을 보라, 타고 내릴 때 조심하라는 말이죠. 〈풀꽃〉의 나태주 시인은 지하철을 이용할 때마다 그 말을 듣고 깜짝 놀란다고 합니다. "발밑에 중요한 것, 보석, 진실이 있다. 먼 데 보지 말고 발밑에서 소중한 무엇을 재발견하라"라는 소리로 들린다는 것입니다.

명령어는 우리의 일상에서 빈번하게 쓰입니다. 단순히 행동을 지시하는 것만이 아니라, 사람들의 심리와 행동에 깊은 영향을 미칩니다. 긍정적인 명령어는 자신감을 불어넣어주고, 부정적인 명령어는 불안과 갈등을 일으킵니다. 말은 우리 삶에 깊이 스며들어 다양한 형태로 영향을 미치는 만큼, 긍정적인 말을 자주 쓰는 것이 좋겠지요. 일상에서 마법 같은 명령어 주문을 찾아볼까요?

예시 1 **지하철에서**

Mind the gap! 틈을 조심하세요.

Stand clear of the doors. 문에 가까이 가지 마세요.

Please wait behind the yellow line. 노란 선 뒤에서 기다려주세요.

예시 2 카페에서

Order here. 여기서 주문하세요.

No outside food or drinks. 외부 음식 및 음료 반입 금지.

Pay at the counter. 카운터에서 결제하세요.

예시 3 식당에서

Enjoy your meal! 맛있게 드세요.

Try this! 이것 좀 드셔보세요!

Pass the salt! 소금 좀 건네주세요!

예시 4 상점에서

Please take a basket. 바구니를 가져가세요.

Do not touch the display. 진열품을 만지지 마세요.

No refunds. 환불 불가.

예시 5 회사에서

Take your time! 천천히 하세요.

Attend the meeting at 3 PM. 3시에 회의에 참석하세요.

Please follow the guidelines. 지침을 따르세요.

예시 6 교실에서

Open your books! 책을 펴세요!

Close your eyes! 눈을 감으세요!

Raise your hand! 손을 드세요!

예시 7 **길에서**

Cross here! 여기서 건너세요!

Turn right! 오른쪽으로 도세요!

Follow me! 따라오세요!

한 가지! 사실 이 명령문들 앞에는 주어 'You'가 숨어 있습니다. 대화의 맥락에서 상대방이 누구인지 명확하기 때문에 생략한 겁니다. 우리도 너무 급하고 바쁘면 "야! 이리 와!"라고 말하는 것처럼요.

더 알아보기

고급 단계의 명령문

① 긍정적인 명령
Be happy! 행복하세요!
Stay healthy! 건강하세요!
Have fun! 즐거운 시간 보내세요!

② 부정적인 명령 (Do not 사용)
Don't worry! 걱정하지 마세요!
Don't be late! 늦지 마세요!
Don't forget! 잊지 마세요!

③ 부드러운 명령 (Please 사용)
Please sit down. 앉아주세요.
Please be quiet. 조용히 해주세요.
Please wait here. 여기서 기다려주세요.

④ '꼭' 강조하고 싶을 때 (Do 사용)
Do finish your homework. 꼭 숙제를 끝내.
Do call me later. 꼭 나중에 전화해.
Do try your best. 꼭 최선을 다해 봐.

⑤ 상황에 따라 달라지는 명령문의 강도
부드럽게 : Please take a seat. 자리에 앉아주세요.
친근하게 : Come on in! 어서 들어와요!
긴급하게 : Stop! 멈추세요!

형용사와 부사로
인생의 깊이를 더하다

언어는 캔버스에 그려진 그림과 같습니다. 문장의 기본 구조가 연필로 그린 밑그림이라면, 형용사와 부사는 그 위에 색을 입히는 역할을 하죠. 영어에서 중요한 것은 완벽한 문법이나 발음보다 여러분의 감정을 진정성 있게 전달하는 것입니다. 형용사와 부사는 그 진정성을 한층 풍부하고 깊이 있게 만들어주는 중요한 도구입니다. 마치 요리에 맛을 더해주는 양념처럼, 문장을 더욱 풍부하고 생생하게 만들어줍니다.

형용사

blue sky 푸른 하늘

red apple 빨간 사과

부사

He runs very fast. 그는 매우 빠르게 달린다.

He speaks softly. 그는 부드럽게 말한다.

위 예시에서 형용사와 부사의 차이를 눈치채셨나요? 형용사는 명사 (sky, apple)를 꾸며주고, 부사는 동작(동사)을 설명해줍니다. 즉 형용사는 '명사'의 성질, 상태, 수량 등을, 부사는 명사를 제외한 나머지를 꾸며 주죠. 형용사와 부사는 문장에서 각자의 자리가 정해져 있어서 구분하기 쉬워요. 형용사는 명사 바로 앞에, 부사는 동사의 흐름 뒤에 놓입니다. 자리가 혼동되면, 우리말의 띄어쓰기처럼 의미가 달라지기도 합니다. '어머니가 방에 들어간다', '어머니 가방에 들어간다'처럼요.

She is a fast runner. 그녀는 빠른 달리기 선수이다. (형용사)

She runs fast. 그녀는 빠르게 달린다. (부사)

'fast'가 어느 자리에 있느냐에 따라 문장의 의미가 다르죠?

형용사는 명사와, 부사는 동사와 춤을 춘다

자, 그러면 형용사와 부사를 자유롭게 쓰는 간단한 방법을 몇 가지 알려드릴게요. 먼저 무도회장을 상상해보죠. 형용사는 항상 자신이 좋아하는 명사와 함께 춤을 추고, 부사는 동사와 파트너가 되어 움직입니다. 그들은 절대로 파트너를 바꾸지 않아요. 마치 무도회에서 눈이 맞아 춤추는 커플처럼, 형용사와 명사는 언제나 딱 붙어 있습니다. 반면 부사는 동사와 함께 리듬을 맞추며 흐릅니다.

예시 1 quick

That was a quick decision. 그것은 **빠른 결정이었다.** (형용사)

She finished the task quick**ly**. 그녀는 그 일을 **빠르게 끝냈다.** (부사)

예시 2 bright

He is a bright student. 그는 **똑똑한 학생이다.** (형용사)

The sun shines bright**ly**. 태양이 **밝게 빛난다.** (부사)

형용사와 부사의 기차놀이

형용사와 부사의 역할을 더 쉽게 이해하려면 기차놀이를 떠올려보세요. 형용사는 기차(명사) 앞에서 안내하는 승무원처럼 행동하고, 부사는 기차(동사)가 지나간 뒤 남는 흔적입니다.

먼저, 기차 승무원(형용사)이 안내합니다.

A beautiful flower. 예쁜 **기차가 온다!**

A hot coffee. 뜨거운 **기차가 온다!**

The happy children. 즐거운 **기차가 온다!**

The busy street 바쁜 **기차가 온다!**

그리고 기차(동사)가 지나간 뒤 부사의 흔적이 보입니다.

She sings beautifully. 기차가 지나간 자리에 아름답게!

He runs quickly. 기차가 지나간 자리에 빠르게!

They speak loudly. 기차가 지나간 자리에 크게!

I sleep well. 기차가 지나간 자리에 편안하게!

형용사와 부사를 기억하는 또 하나의 방법! 형용사는 듬직하게 앞에서 명사를 보호해주는 '형님'이고, 부사는 동사의 움직임을 자연스럽게 돕는 든든한 조력자! 그런데 가끔 부사가 문장 앞으로 와서 깜짝 놀라게 할 때도 있습니다. 이건 마치 기차선로를 바꾸는 것과 같아요. 특별한 효과를 내고 싶을 때만 사용하는 것입니다.

Suddenly, he stopped. 갑자기, 그가 멈췄다.

Usually, I wake up early. 보통, 나는 일찍 일어난다.

형용사와 부사가 없다면 문장은 단조롭고 밋밋해집니다. 일상에서 형용사와 부사는 단순한 정보 전달을 넘어, 감정을 표현하고, 상황을 생생하고 명확하게 전달합니다. 친구와의 대화에서 "오늘 날씨가 좋다"보다 "오늘 날씨가 정말 좋다"라고 말하면 긍정적인 감정이 고조됩니다. 일상에서 형용사와 부사를 적절하게 사용할수록 영어 표현은 더욱 다채롭고 깊어질 거예요.

더 알아보기

한 문장에서 형용사와 부사 익히기

부사는 동사를 꾸미기도 하고, 때로는 형용사를 꾸며서 그 의미를 더욱 세밀하게 만든다. 한 문장에서 부사와 형용사의 쓰임을 보자.

예시 1 The small dog walks slowly. 작은 개가 천천히 걸어요.
small은 강아지의 크기를 설명하는 형용사
slowly는 강아지가 어떻게 걷는지를 설명하는 부사

예시 2 He is a nice person and very kind. 그는 좋은 사람이고, 매우 친절해요.
nice와 kind는 사람의 성격이나 특성을 설명하는 형용사
very는 kind를 꾸미는 부사로, 친절함의 정도를 강조

▶ 미니 퀴즈
Q 1. He runs _____ in the morning. 그는 아침에 빨리 달립니다.
   A. quick   B. quickly

Q 2. The soup tastes _____. 이 수프는 맛있어요.
   A. delicious   B. deliciously

Q 3. She is a _____ teacher. 그녀는 친절한 선생님이에요.
   A. nice   B. nicely

Q 4. This movie is _____ exciting. 이 영화는 정말로 흥미로워요.
   A. real   B. really

(정답 BAAB)

내비게이션의 원리,
장소 → 시간

우리는 보통 "나 내일 학교에 가"라고 말하죠? 그런데 영어에서는 마치 내비게이션처럼 장소를 먼저 찍고 시간을 설정합니다.

I go to school tomorrow.

이렇게 말하는 게 영어식 내비게이션의 안내 방식이에요. 영어는 마치 GPS와 같다고 기억하면 됩니다. 목적지(장소)를 먼저 입력하고, 도착 시간(언제)을 나중에 설정하는 방식이죠. 이렇게 이해하면 영어 문장에서 시간과 장소의 순서를 절대 헷갈릴 일이 없습니다.

이걸 쉽게 비유하자면, 영어의 구조는 지하철 노선도와 비슷해요. 장소는 우리가 곧 도착할 역처럼 먼저 나오고, 시간은 종착역처럼 나중에 등장하죠. 예를 들어, "강남역에서 8시에 만나요"라고 말하는 것처럼요. 영어도 똑같은 원리랍니다!

이 방법을 더 잘 기억하려면 여행 계획표를 생각해보세요. 영어는 우리가 실제로 여행 계획을 세우는 과정과 같아요. 먼저 '어디로 갈지'를 정하고, 그다음에 '언제 갈지'를 정하잖아요? 영어 문장을 만들 때도 이 원리를 적용하면 됩니다.

1단계 : 목적지 정하기 (장소)
2단계 : 방문 날짜 정하기 (시간)

우리가 일상에서 흔히 사용하는 영어 문장에서 장소/시간의 쓰임을 살펴보세요.

I study at the library **in the morning.** 나는 도서관에서 **아침에 공부해요.**

She works in Seoul **on Monday.** 그녀는 서울에서 **월요일에 일해요.**

They play in the park **at night.** 그들은 공원에서 **밤에 놀아요.**

He exercises at the gym **every day.** 그는 체육관에서 **매일 운동해요.**

I read books in my room at night. 나는 **밤에** 내 방에서 **책을 읽어요.**

My parents relax in the garden on holidays. **우리 부모님은 휴일에** 정원에서 쉬세요.

이처럼 장소가 먼저 나오고, 시간이 나중에 배치됩니다. 영어 어순은 철도와 같아요. 기차(단어)가 철길을 따라 움직이듯이, 각 단어는 정해진 순서에 따라 배열되어야 의미가 명확하게 전달됩니다. '정해진 순서와 명확한 의미 전달', 이것이 영어식 사고라고 할 수 있어요.

더 알아보기

영어 시간 표현! 특별한 팁 3가지

① 시간은 보통 문장 말미에 둔다. 마치 여행 가방에 큰 물건을 먼저 넣어 자리를 잡고 작은 물건을 나중에 넣는 것처럼, 영어에서는 '장소'라는 큰 목적을 먼저 정하고, '시간'을 나중에 정한다.

예시

I go to the cafe in the morning. 나는 아침에 카페에 가요.

She studies at the library in the evening. 그녀는 저녁에 도서관에서 공부해요.

② 문장에 시간 표현이 여러 개일 때

빈도(얼마나 자주) → 시각 → 요일 → 월 → 연도 순

예시

I go to the gym twice a week at 7 AM on Mondays in March. 나는 3월에 매주 월요일 아침 7시, 일주일에 두 번 체육관에 가요.

She takes a walk twice a week at 8 AM on Sundays in May. 그녀는 5월 일요일 오전 8시에 일주일에 두 번 산책해요.

③ 아주 중요한 시간 표현은 문장 앞으로 올 수 있다.

예시

Tomorrow, I will go to school. 내일, 나는 학교에 갈 거예요.

Next week, we will visit Paris. 다음 주에, 우리는 파리를 방문할 거예요.

Next month, my sister is getting married. 다음 달에, 내 여동생이 결혼해요.

접속사,
문장을 우아하게 이어주는 다리

서울에 있는 한강 다리들을 떠올려보세요. 마포대교, 반포대교, 동작대교… 이 다리들이 없다면 강남과 강북을 오가는 것이 얼마나 불편할까요? 영어에서도 문장과 문장을 이어주는 다리가 필요합니다. 그 역할을 하는 것이 바로 접속사예요.

접속사 'and', 'but', 'because'는 문장을 매끄럽게 연결해서 생각을 자연스럽게 흐르게 합니다. 'and'는 비슷한 내용을 연결해주고, 'but'은 대비되는 생각을 이어주며, 'because'는 이유와 결과를 자연스럽게 연결합니다.

접속사는 김밥 자르는 것과 비슷해요. 김밥을 먹기 좋게 나누어 썰듯, 긴 문장도 접속사로 나누면 듣기 좋고 이해하기 쉬워집니다. 접속사가 없다면, 문장이 길고 지루하게 느껴질 수 있어요. 예를 들어, "I like pizza I like chicken"이라고 말하면, 문장이 딱딱하고 어색하죠. 하지만 'and'를 사용해 "I like pizza, and I like chicken"이라고 하면 훨씬 자연스럽고 부드러워집니다.

접속사는 문장의 흐름을 원활하게 만들 뿐 아니라, 논리적인 구조를 잡아주는 역할도 합니다. 접속사 없이 문장을 나열하면, 마치 한강 다리가 없어서 강북과 강남을 오가지 못하는 것처럼 의미가 단절될 수 있습니다. 특히 긴 문장을 구성할 때, 접속사의 역할은 더욱 빛을 발하죠. 다음은 자주 쓰이는 접속사들입니다.

and : 문장을 나란히 연결

I like pizza, and I like chicken. 피자도 좋아하고, 치킨도 좋아해요.

She sings, and she dances. 그녀는 노래하고, 춤도 춰요.

but : 반대되는 생각을 연결

I love coffee, but I hate tea. 커피는 좋지만, 차는 싫어요.

The movie is long, but it's interesting. 영화는 길지만, 재미있어요.

because : 이유와 결과를 연결

I'm happy because it's Friday. 금요일이어서 행복해요.

I study English because I want to travel. 여행하고 싶어서 영어를 공부해요.

so : 결과로 이어지는 동작을 연결

I am tired, so I will sleep. 피곤해서 잘 거예요.

It's raining, so I take an umbrella. 비가 오니 우산을 가져가요.

or : 선택이나 가능성을 제시하여 연결

Do you want coffee, or tea? 커피 드실래요, 아니면 차 드실래요?

Hurry up, or you will be late. 서두르세요, 아니면 늦을 거예요.

특히 'and'는 마치 매직테이프처럼, 여러 문장을 하나로 연결할 수 있습니다. "I wake up, and I brush my teeth, and I eat breakfast, and I go to work"라는 문장을 보면, 하루의 흐름이 자연스럽게 이어집니다. 접속사가 없다면, 이처럼 매끄럽게 연결되기 어렵겠죠.

한 가지 팁! 접속사 앞에는 쉼표를 찍어주세요. 마치 다리를 건너기 전에 잠깐 숨을 고르듯이요. 쉼표는 문장 속에서 자연스러운 호흡과 흐름을 만들어줍니다. 이 간단한 규칙만으로도, 말할 때 숨을 조절할 수 있어서 문장이 훨씬 더 부드럽게 전달됩니다.

이 쉼표와 접속사를 생각할 때, 신호등을 떠올려보세요. 쉼표는 노란불과 같아요. 잠시 멈추어 다음을 준비할 수 있는 기회죠. 반면, 접속사는 파란불입니다. 새로운 문장으로 매끄럽게 나아가도록 돕는 신호죠. 노란불에서 잠깐 멈추고, 파란불이 켜지면 다리 위를 걸어가듯 문장을 이어가세요.

접속사를 다리로 상상하며 연습하다 보면, 긴 문장도 자신 있게 말할 수 있게 됩니다. 혹시 영어로 말하다가 막히는 순간이 찾아오면, 'and', 'but', 'because', 'so' 같은 접속사를 떠올려보세요. 그 단어들은 잠시 호흡을 고르며 부드럽게 다음 문장으로 이어지도록 자연스러운 흐름을 만들어줄 거예요.

더 알아보기

영어의 접착제 '전치사'

전치사는 마치 지도에서 방향을 안내하는 화살표처럼, 명사나 대명사 앞에서 시간, 장소, 방향, 방법 등을 나타낸다. 그 가운데 in, on, at 이 3가지만 알아도 장소와 시간을 표현하는 데 큰 어려움이 없다.

"I'm in the office. 나, 사무실에 있어."
"The book is on the table. 책은 테이블 위에 있어."
"Let's meet at three. 3시에 만나자."

상황	전치사	예시
장소	in	in the room / in my pocket
	on	on the desk / on the wall
	at	at school / at the door
시간	at (시각, 특정한 순간)	at 6:30 / at night
	on (요일, 날짜)	on Sunday / on New Year's Day
	in (월, 연도, 계절, 오전·오후·저녁)	in April / in the morning
방향	to	to the station / to my house

The cat is in the box. 고양이는 상자 안에 있다.
Coffee is on the table. 커피가 테이블 위에 놓여 있다.
He is watching TV at home. 그는 집에서 텔레비전을 본다.
Summer vacation starts in June. 여름휴가는 6월에 시작한다.
He worked late at night. 그는 밤에 일했다.
The birthday party is on May 1st. 생일 파티는 5월 1일에 한다.
I go to the market every evening. 매일 저녁 시장에 간다.

영어의
빨강 신호등 'Not'

'Not'은 마치 교통 신호등의 빨간불과 같습니다. 'Stop!' 하고 멈추게 만드는 역할을 하죠. 하지만 이 빨간불은 아무 데나 설치할 수는 없어요. 반드시 정해진 자리에 있어야 의미가 전달됩니다.

예전에 어떤 청년이 영어로 "I not like spicy food"라고 말하는 것을 들었습니다. 같이 있던 외국인이 '무슨 말이지?' 하는 표정을 짓더군요. 매운 음식을 좋아하지 않는다는 의미는 눈치로 알 수 있을 테지만, '나 싫 매운 음식'으로 들렸으니까요. 정확하게는 "I do not like spicy food"입니다. 나중에 그 청년에게 말해주었습니다. "'do not'을 쉽게 기억하려면, '도넛'으로 외워보세요"라고. 동그란 도넛처럼 입을 모아 자연스럽게 'do not'을 발음하는 거죠.

부정문을 만들기 위해서는 주로 조동사(do)와 'not'을 결합하여 사용합니다. 'Do'가 'Not'을 만나면, 마치 문장의 스위치가 바뀌듯 긍정적인 문장이 부정으로 바뀝니다. 'Do'는 문장에서 행동을 시작하게 하는 열쇠 역할을 하지만, 'Not'이 들어가면 문장이 부정으로 바뀌면서 더 이상 ㄱ 행동이 일어나지 않습니다. 그러니까 'Do'는 행동 시작 버튼, 'Not'은 부정의 방향으로 돌리는 반전 버튼과 같아요. 현재 시점에서 부정할 때는 'do+not', 'dose+not'을, 과거를 말할 때는 'did+not'입니다. 이 패턴만 익히면 대부분의 부정문을 만들 수 있습니다.

방법 1 빨간 신호등 설치하는 법

She likes ice cream 그녀는 아이스크림을 좋아해요.

→ She does not like ice cream. 그녀는 아이스크림을 좋아하지 않아요.

방법 2 과거 시제의 경우

They went to the party. 그들은 파티에 갔어요.

→ They did not go to the party. 그들은 파티에 가지 않았어요.

I like vegetables. 난 채소를 좋아해요.

→ I do not like vegetables. 난 채소를 좋아하지 않아요.

She eats meat. 그녀는 고기를 먹어요.

→ She does not eat meat. 그녀는 고기를 먹지 않아요.

They go to school. 그들은 학교에 가요.

→ They did not go to school. 그들은 학교에 가지 않았어요.

'not'은 'can', 'will' 등의 동사와도 부정문을 만들 수 있습니다.

▌방법 3▐ Can : '할 수 있다'는 초록 신호등

I can swim. 나는 수영할 수 있어요.

I cannot swim. 나는 수영할 수 없어요.

('can'은 할 수 있다는 초록불이었는데, 'Not'이 빨간불을 켜서 못 하게 만듭니다.)

▌방법 4▐ Will : 앞으로 할 일을 약속

He will come to the meeting. 그는 회의에 올 거예요.

He will not come to the meeting. 그는 회의에 오지 않을 거예요.

('Will'이 미래를 약속하면, 'Not'은 그 약속을 취소하는 손짓을 합니다.)

　부정의 의미를 갖는 것으로, 'no'도 있습니다. 'not'과는 어떤 차이가 있을까요? 쉽게 말하면, 'no'는 주로 명사 앞에서 '없음'을 나타냅니다. '아무것도 없다'는 의미이죠. 반면에 'not'은 동사, 형용사, 부사와 함께 사용되어 어떤 행동이나 상태가 아니라는 것을 나타냅니다.

▌방법 5▐ no : 명사 앞에서

There are no apples. 사과가 없다.

I have no money. 나는 돈이 없다.

She has no idea. 그녀는 전혀 모른다.

We saw no people in the park. 우리는 공원에서 사람을 보지 못했다.

문법 6 not : 동사, 형용사, 부사와 함께

He does not understand. 그는 이해하지 못한다.

She is not happy. 그녀는 행복하지 않다.

I am not ready. 나는 준비되지 않았다.

He is not here now. 그는 지금 여기 없다.

더 알아보기

복습 : 이야기 속에서 마법의 규칙 찾기

다음 이야기에서 지금까지 배운 마법의 규칙들을 찾아보자.

Hi! My name is Sarah. I am learning English now. Every day, my teacher helps me. She speaks English very well. Today, we are studying grammar together. Yesterday, I watched an English movie and learned many new words. I love studying English! 안녕하세요! 제 이름은 사라예요. 저는 지금 영어를 배우고 있습니다. 매일 선생님께서 저를 도와주십니다. 선생님은 영어를 아주 잘하세요. 오늘 우리는 함께 문법을 공부하고 있습니다. 어제는 영어영화를 보고 새로운 단어들을 많이 배웠어요. 저는 영어공부를 좋아합니다!

① be동사의 마법
I am learning : 'I'와 짝꿍인 'am' 사용
we are studying : 여러 명이니까 'are' 사용

② 3인칭 단수의 's' 마법
my teacher helps : 선생님은 한 분이니까 동사에 's' 추가
She speaks : 'she' 뒤에 동사 'speak'에 's' 추가

③ 현재진행형 '-ing' 마법
am learning : 지금 배우고 있는 상황
are studying : 지금 공부하고 있는 모습

④ 과거 시제 '-ed' 마법
watched : (영화를) 봤던 과거의 순간
learned : (새 단어를) 배웠던 때

What am I immersed in?
When am I most excited and thrilled?
What do I find joy in?

나는 무엇에 시간 가는 줄 모르고 몰입하나요?
언제 가장 설레고 가슴이 뛰나요?
무엇을 할 때 기쁨을 느끼나요?

5

패턴 학습의 기적
: 문법에서 길을 잃은 이에게

패턴
: 우리는 늘 비슷한 말을 반복하며 살아간다

22년 전 제가 처음 '패턴pattern'이라는 단어를 영어 학습법에 도입했을 때가 생생합니다. 이 방법을 떠올리게 된 것은 처음 미국에 가서 맞닥뜨렸던 경험 덕분입니다. 그 시절 미국에서 영어로만 말해야 하는 긴장과 부담감은 이루 말할 수 없었습니다. 하지만 시간이 지나면서 자주 듣는 말들이 점점 귀에 익기 시작했어요. 그 표현들을 의식적으로 따라 하다 보니, 점점 말할 타이밍도 잡히고 자신감도 생겼습니다.

여기서 제가 주목한 것이 바로 '자주 듣는 말', 즉 '패턴'입니다.

'패턴'이란 특정 상황과 맥락에서 반복적으로 사용되는 실용적인 표현입니다. 예컨대, 우리가 "식사 맛있게 하세요"라고 말할 때처럼 자연스럽고 익숙한 표현이 영어에도 존재합니다. **"Enjoy your meal.** 맛있게 드세요"가 바로 그 좋은 예죠. **"How's your day going?** 오늘 하루 어때요?"라는 문장을 생각해보세요. 이 문장은 단순히 '너의＋하루＋가다＋진행형'이라는 문법적 구조로 분석되지 않습니다. 안부를 물을 때 그냥 그 문장을 통째로 사용하죠.

즉 패턴은 단어를 조합하거나 문법을 해석해서 만들어지는 것이 아니라, 특정한 상황에서 완성된 하나의 의미 단위입니다. 그래서 필요한 상황에 무의식적으로 떠오르고, 반사적으로 튀어나오죠. 제가 경험한 패턴 학습법의 장점은 다음과 같습니다.

복잡한 문법 규칙을 외우지 않아도 된다.

실제 대화에서 바로 사용할 수 있는 표현을 배운다.

빠른 시간 안에 영어 자신감을 느낄 수 있다.

지금, 바로, 누구나 쉽게 따라 할 수 있다.

복잡한 문법을 외우지 않아도 된다는 것에 특히 반가워하는 분들이 많습니다. 문법 때문에 미로를 헤매다 패턴 덕분에 자신감이 생겼다고도 합니다. 단순한 패턴만으로도 다양한 상황에서 곧바로 활용할 수 있으니까요. 대표적인 두 가지 패턴으로 살펴볼까요?

패턴1 I want to + (동사).

I want to rest. 쉬고 싶어요.

I want to learn English. 영어를 배우고 싶어요.

I want to travel abroad. 해외여행을 가고 싶어요.

패턴2 Can I have (명사)?

Can I have water? 물 좀 주시겠어요?

Can I have a pen? 펜 좀 주시겠어요?

Can I have the menu? 메뉴 좀 주시겠어요?

패턴은 블록 쌓기의 기본 틀과도 같아요. 가장 기본적인 패턴에 다른 어휘를 조합하면서 쉽게 확장해갈 수 있습니다. 패턴 학습법의 핵심은 '반복'입니다. 뇌는 반복되는 패턴을 더욱 잘 기억하기 때문에, 하나의 패턴을 익히면 비슷한 상황에서 자동적으로 활용할 수 있게 됩니다.

■ **패턴 학습 1단계 :** 하나의 패턴에 다양한 단어 넣기

패턴 하나로 수백 개 문장을 만들 수 있습니다. 옷걸이 하나에 다양한 옷을 걸 수 있는 것처럼, 기본 패턴에 여러 단어를 넣어 활용해보세요.

① **기본 패턴에 다양한 단어 넣기**

패턴 3 I like ~. (~을 좋아해)

I like coffee. 커피가 좋아요.

I like movies. 영화가 좋아요.

I like reading 독서가 좋아요.

I like summer. 여름이 좋아요.

I like traveling. 여행이 좋아요.

패턴 4 I need ~. (~가 필요해)

I need time. 시간이 필요해요.

I need help. 도움이 필요해요.

I need money. 돈이 필요해요.

I need rest. 휴식이 필요해요.

I need food. 음식이 필요해요.

② 상황별로 다양한 단어 활용하기

패턴 5 카페에서 : I want ~.

I want coffee. 커피 주세요.

I want water. 물 주세요.

I want cake. 케이크 주세요.

I want sugar. 설탕 주세요.

I want milk. 우유 주세요.

패턴 6 직장에서 : Can you ~?

Can you help? 도와주실 수 있나요?

Can you wait? 기다려주실 수 있나요?

Can you explain? 설명해주실 수 있나요?

Can you check? 확인해주실 수 있나요?

Can you show? 보여주실 수 있나요?

패턴 7 쇼핑할 때 : Do you have ~?

Do you have this? 이거 있나요?

Do you have small? 스몰 사이즈 있나요?

Do you have black? 검정색 있나요?

Do you have more? 더 있나요?

Do you have shoes? 신발 있나요?

패턴 8 여행 중에 : I have ~.

I have a reservation. 예약했어요.

I have a request. 요청 사항이 있어요.

I have two bags. 짐이 두 개 있어요.

I have a late check-out. 늦은 체크아웃 예약했어요.

I have a schedule. 일정이 있어요.

패턴 9 감정 표현할 때 : I feel ~.

I feel happy. 행복해요.

I feel tired. 피곤해요.

I feel good. 기분 좋아요.

I feel sick. 아파요.

I feel hungry. 배고파요.

패턴 10 날씨 얘기할 때 : It's ~.

It's cold. 추워요.

It's hot. 더워요.

It's nice. 좋네요.

It's cloudy. 흐려요.

It's raining. 비가 와요.

■ 패턴 학습 2단계 : 동사 패턴 익히기

우리가 문을 열 때마다 다른 열쇠를 써야 한다면 무척 번거로울 겁니다. 하지만 만능 열쇠가 있다면 다양한 문을 열쇠 하나로 쉽게 열 수 있겠죠. 마찬가지로, 영어에는 마법과도 같이 활용되는 동사 패턴들이 있습니다. 만능 열쇠처럼 여러 상황에서 활용할 수 있는데, 다음과 같은 패턴들이 많이 쓰입니다.

대화의 시작이 고민될 때, 자신의 생각을 간단히 전달하고 싶을 때, 이 패턴들을 활용해보세요.

---

① I want to ~. 나는 ~하고 싶어요.

(선택은 자유! 누가 뭐라든 내 마음이 원하는 행동이에요.)

② I need to ~. 나는 ~해야 해요.

(물이 없을 때 생수를 사야 하는 상황처럼, 필요에 의해 결정되는 행동이에요.)

③ I have to ~. 나는 ~해야만 해요.

(직장인의 아침을 깨우는 알람과도 같아요. 출근을 하려면 알람에 깨어 일어나야만 하죠.)

위에 세 패턴은 모두 동작에 대한 목적이나 필요성을 표현하는 동사 패턴입니다. 하지만 의미와 강도는 조금씩 다릅니다.

패턴 11 I want to ~. : 희망이나 욕구를 표현할 때

(선택할 수 있고, 반드시 해야 하는 건 아닙니다.)

I want to sleep. 자고 싶어요.

I want to eat. 먹고 싶어요.

I want to travel. 여행 가고 싶어요.

I want to go to the park. 공원에 가고 싶어요.

패턴 12 I need to ~. : 필요나 의무를 나타낼 때

(상황에 따라 우선순위를 조정할 수 있어요.)

I need to work. 일해야 해요.

I need to go. 가야 해요.

I need to hurry. 서둘러야 해요.

I need to study for my test. 시험공부를 해야 해요.

패턴 13 I have to ~. : 꼭 해야 하는 일을 표현할 때

(보통 규칙이나 의무 때문에 해야 하는 상황에서 사용됩니다.)

I have to leave. 떠나야만 해요.

I have to study. 공부해야만 해요.

I have to help. 도와야만 해요.

I have to finish this report today. 오늘 이 보고서를 꼭 끝내야 해요.

■ 패턴 학습 3단계 : 매일 '5분 반복 학습'으로 '자동 반사' 만들기

운동선수들은 같은 동작을 수천 번 반복해서 연습합니다. 그렇게 해야만 실제 경기에서 생각할 겨를 없이 자동으로 몸이 반응하기 때문입니다. 영어도 이와 다르지 않아요. 하루에 5분씩 틈새시간마다 반복해서 기본 패턴을 익혀보세요. 어느새 고민하지 않고도 자연스럽게 말할 수 있게 됩니다. 같은 패턴을 꾸준히 연습하면, 문장을 고민하지 않아도 마

치 자동 반사처럼 반응하는 회화 감각이 생기는 것이죠.

실제로 '5분 반복 학습법'을 도입한 LA의 한 영어학교에서는 3개월 후 학생들의 말하기 실력, 반응 속도, 어휘 활용 능력이 눈에 띄게 향상 되었다고 합니다.

결국 영어 학습은 매일 꾸준히 실천하는 데 있습니다. '5분 반복 학습법'은 마치 한 방울씩 떨어지는 물이 결국 돌을 뚫는 것과 같아요. 처음에는 변화가 느껴지지 않을 수 있지만, 매일 한 방울씩 떨어지는 물처럼 꾸준히 노력하면 어느 순간 단단한 돌에 구멍이 날 만큼 영어 실력이 드러납니다.

가장 많이 쓰는 기본 패턴들을 꾸준히 연습해봅시다.

패턴 14 예의 있는 표현 : Excuse me~ 실례합니다.

지하철에서 : Excuse me, this is my stop. 실례합니다, 여기서 내려야 해요.

식당에서 : Excuse me, can I order? 실례합니다, 주문할 수 있을까요?

길에서 : Excuse me, how do I get to the bank? 실례합니다, 은행에 어떻게 가나요?

패턴 15 길을 찾을 때 : How do I get to ~?

How do I get to the station? 역으로 어떻게 가나요?

How do I get to the restroom? 화장실이 어디인가요?

How do I get to the airport? 공항으로 어떻게 가나요?

패턴 16 이해가 안 될 때 : I don't understand.

I don't understand. Can you repeat? 이해가 안 돼요. 다시 말씀해 주시겠어요?

I don't understand what you mean. 무슨 뜻인지 이해가 안 돼요.

Sorry, I don't understand English well. 죄송해요, 영어를 잘하지 못해서요.

상황별로 더 자세히 살펴볼까요?

패턴 17 카페에서 : Can I get ~?

Can I get a coffee? 커피 한잔 주세요.

Can I get an iced Americano? 아이스 아메리카노 주세요.

Can I get a hot latte? 따뜻한 라떼 주세요.

Can I get a medium size? 중간 사이즈로 주세요.

Can I get extra shot? 샷 추가해 주세요.

패턴 18 식당에서 : Is this ~?

Is this spicy? 이거 매운가요?

Is this popular? 이게 인기 메뉴인가요?

Is this available? 이거 주문 가능한가요?

Is this sweet? 이거 단가요?

Is this for two? 이거 2인분인가요?

패턴 19 쇼핑할 때 : Where is ~?

Where is the fitting room? 탈의실이 어디인가요?

Where is the cash register? 계산대가 어디인가요?

Where is the sale section? 세일 코너가 어디인가요?

Where is the elevator? 엘리베이터가 어디인가요?

Where is the customer service? 고객 서비스센터가 어디인가요?

패턴 20 직장에서 : I need more ~.

I need more time. 시간이 더 필요해요.

I need more details. 세부사항이 더 필요해요.

I need more resources. 자료가 더 필요해요.

I need more space. 공간이 더 필요해요.

I need more support. 지원이 더 필요해요.

상황에 따라 문장을 반복해서 발음해보세요. 입에 붙게 됩니다.

예시 아침 출근길 (각 10회 반복)

Good morning. 좋은 아침이에요.

Have a nice day. 좋은 하루 보내세요.

Take care driving! 운전 조심하세요!

예시 카페에서 (각 10회 반복)

Can I order? 주문할 수 있을까요?

This is perfect. 이거 완벽해요.

See you tomorrow. 내일 봐요.

예시 **직장에서** (각 10회 반복)

Let me check 확인해볼게요.

I understand. 알겠습니다.

No problem. 문제없어요.

예시 **퇴근길에** (각 10회 반복)

I'm tired. 피곤해요.

It was busy. 바빴어요.

Time to go. 갈 시간이에요.

예시 **식사할 때** (각 10회 반복)

This is delicious. 맛있어요.

Do you want some? 좀 먹을래요?

Check, please. 계산서 주세요.

머리가 아니라 입이 기억하게 하라

"How are you?"

"I am fine, and you?"

"…"

영어 초보자를 희화화할 때 종종 이 대사를 씁니다. 자신 있게 인사를 건넸다가 상대의 질문에 막혀 당황하는 모습에서 웃음을 유발하는 것이죠. 저 또한 단순한 질문에도 대답을 못 해서 입을 다물었던 시절이 있었습니다. 머릿속에는 수많은 문법 규칙들이 떠올랐지만 말이 되어 나오질 않았어요. 그때 우연히 접한 것이 바로 '미니 스크립트^{Mini Script}', '짧은 문장 대화법'입니다.

인사하는 상황을 예로 들어볼게요.

A : Hi! How's it going? 안녕! 어떻게 지내?

B : Not bad. Just busy with work. 나쁘지 않아. 그냥 일 때문에 좀 바빠.

이런 대화 하나가 바로 미니 스크립트예요. 짧지만 실전에서 바로 쓸 수 있는 대화 표현이죠.

"말하기는 머리가 아니라, 입이 기억해야 한다!"라는 말처럼, 미니 스크립트는 머리로 이해하기보다 입으로 익히는 훈련 도구입니다. 그래서 부담 없이, 재미있게, 실제처럼 익히는 데 정말 효과적입니다. 그러나 처음에는 '이렇게 짧고 단순한 대화들을 반복한다고 회화에 도움이 될까?' 의심했습니다. 하지만 날마다 커피숍에서 같은 문장으로 주문하고, 마트에서 직원분들과 비슷한 인사를 나누다보니, 어느 순간 말이 자동으로 흘러나왔습니다. 그리고 점차 문장의 구조를 변형해서 말할 용기도 생겼죠. 대화의 특성상 억양, 리듬도 자연스레 익힐 수 있었고요.

"언어란 규칙을 배우는 것이 아니라 경험하는 것"이라고 했습니다. 미니 스크립트는 이 원리가 몸에 익도록 하는 데 초점을 맞추고 있습니다. 특정 상황에 예측되는 표현과 어휘 그리고 리듬까지 반복적으로 연습함으로써, 실제 대화에서 당황하지 않고 자신감 있게 영어를 사용할 수 있게 하는 것이죠. 여기서도 중요한 것은 반복의 힘입니다. 잘 알려진 대로, 스티브 잡스가 제품 발표를 자연스럽게 할 수 있었던 것도 지독할 만큼 철저하게 연습한 덕분이었으니까요.

■ 대화 속에 숨은 문법 찾기

미니 스크립트의 강점은 문법 규칙을 외우는 대신, 실생활에서 많이 쓰는 대화를 익힌다는 데 있습니다. 또 완벽한 문법을 요구하지 않아요. 대신, 실제 대화에 문법이 자연스럽게 스며들게 합니다. 카페에서 흔히 나누는 대화를 살펴볼까요?

A : Can I have a coffee? 커피 한 잔 주세요.

B : Hot or iced? 따뜻한 걸로 하실래요? 아이스로 하실래요?

A : Hot, please. 따뜻한 걸로 할게요.

B : Small or large? 작은 걸로 하실래요? 큰 걸로 하실래요?

A : Small, please. 작은 걸로 할게요.

여기서 잠깐! 이 간단한 대화 속에 숨은 문법 요소가 보이나요? 의문문에서는 '조동사 Can이 주어 앞에 온다'는 것, 공손한 부탁의 표현으로 'please'를 쓴다는 것이죠. 따로 문법 규칙을 외우지 않아도 실전 대화를 통해 자연스럽게 익힐 수 있어요. 이렇게 실제 대화를 익히면서 단어와 의미를 확장해갈 수 있습니다.

A : Are you free today? 오늘 시간 있으세요?

B : Yes, I am. 네, 있어요.

A : Let's have lunch. 우리 점심 먹어요.

B : Okay, good idea! 네, 좋아요!

A : Is there a good restaurant here? 이쪽에 뭐 좋은 식당 있나요?

B : Yes. I know a good one. 네. 좋은 곳을 알아요.

A : Where is it? 어디에 있어요?

B : It's next to the bank. 은행 바로 옆에 있어요.

여기서도 한 가지! 주어가 'there'일 때는 'is'를 쓰고, 의문문에서는

'is'가 주어 앞에 위치한다는 것을 알 수 있죠. 처음에는 "Is를 쓸까 Are를 쓸까?", "Do가 맞을까?" 고민하지만, 대화 연습을 반복하면서 적절한 표현이 입에 붙게 됩니다. 대화를 통한 반복 학습은 단순 암기가 아니라 실제 상황에서 자유롭게 응용할 수 있는 능력을 키워줍니다.

■ 질문과 답변, 가볍게 주고받기

테니스를 처음 배울 때 기술을 익히기 전에 하는 게 있습니다. 바로 공을 가볍게 주고받는 연습입니다. 영어 질문과 답변을 반복하는 방법도 이와 비슷해요. 질문 한 번, 대답 한 번. 이렇게 반복하면서 대화의 근력을 키웁니다. 한 학습자는 "Where are you going?"이라는 간단한 질문에도 대답을 바로 하지 못했습니다. 'going'의 발음이 어색하고, 대답할 때 'to the' 같은 연결 어구를 빼먹기 일쑤였죠. 하지만 매일 꾸준히 간단한 대화를 반복하며 연습해가자 발음도 익숙해지고, 대화에도 자신감이 붙었습니다.

이 학습자의 사례처럼 기본 대화를 익히고, 점차 문장을 확장하는 연습을 해봅시다.

1단계 **기본 대화**

A : Where are you going? 어디 가세요?

B : I am going to the store. 가게에 가요.

A : What store? 어떤 가게요?

B : The grocery store. 식료품점이요.

기본 대화를 연습하고, 점차 다양한 장소로 대답을 확장해갑니다.

I am going to the bank. 은행에 가요.

I am going to the park. 공원에 가요.

I am going to the library. 도서관에 가요.

여기서 더 나아가, 그 장소에 가는 목적, 시간, 동행 표현을 연습해봅시다.

2단계 목적 추가하기

A : Why are you going to the bank? 은행에 왜 가세요?

B : To get money. 돈 찾으려요.

A : Why are you going to the park? 공원에 왜 가세요?

B : To take a walk. 산책하려요.

A : Why are you going to the library? 도서관에 왜 가세요?

B : To read books. 책 읽으려요.

3단계 시간 추가하기

A : When are you going? 언제 가세요?

B-1 : I am going now. 지금 가요.

B-2 : I am going at 3. 3시에 가요.

R-3 : I am going after lunch. 점심 먹고 가요.

4단계 **동행 여부를 묻고 대답하기**

A : Can I go with you? 같이 가도 될까요?

B-1 : Sure, let's go together. 그래요, 같이 가요.

B-2 : Sorry, I'm in a hurry. 죄송해요, 제가 급해서요.

■ 시제 : 단계별로 연습하기

처음에는 현재형으로 대화를 하다가, 시제를 단계별로 연습하면 쉽게 익힐 수 있습니다. 현재형 → 현재진행형 → 미래형과 같이 점진적으로 확장하면서 문법과 표현을 익혀봅시다.

1단계 **현재형 동사 익히기**

A : What do you eat? 뭘 먹나요?

B : I eat eggs and toast. 달걀과 토스트를 먹어요.

A : What do you play? 뭘 하나요?

B : I play soccer. 축구를 해요.

2단계 **현재진행형 (be동사 am/ is/ are+동사~ing) 익히기**

A : Where are you going? 어디 가세요?

B : I am going to the market. 마켓에 가요.

A : Is she watching TV? 그녀는 TV를 보고 있나요?

B : Yes, she is. 네, 보고 있어요.

3단계 미래형(will + 동사 원형) 익히기

A : What will you buy? 뭘 살 거예요?

B : I will buy apples and bananas. 사과와 바나나를 살 거예요.

A : What will you do? 무엇을 할 거예요?

B : I will go for a walk. 산책할 거예요.

4단계 시제 바꾸어 연습하기

A : How was the weather yesterday? 어제 날씨는 어땠어요?

B : It was rainy. 비가 왔어요.

A : How about tomorrow? 내일은요?

B : It will be sunny. 맑을 거예요.

■ 대화를 이어가기 좋은 소재 : 기호 & 취미

영어는 단순히 문법 규칙에 갇힌 언어가 아니라, 마음을 나누는 대화 속에서 살아 숨쉬는 언어입니다. 그래서 여러분의 생각과 의도를 상황에 맞게 표현하고, 자연스럽게 대화를 이어가는 것이 영어 학습의 핵심 목표입니다. 영어는 일상에서, 익숙한 상황들을 통해 더욱 쉽게 익힐 수 있어요. 우리가 가장 좋아하는 것이야말로 가장 익숙한 일상의 소재죠. 이를 표현하는 기본 문장 패턴부터 시작해볼까요?

기호에 대한 기본 대화

A : Do you like coffee? 커피 좋아하세요?

B : Yes, I do. 네, 좋아해요.

A : Do you drink it every day? 매일 마시나요?

B : Yes, I drink coffee every morning. 네, 매일 아침 마셔요.

기호에 대한 대화를 다양하게 확장해갈 수 있습니다.

예시 1 **좋아하는 것 묻고 대답하기**

A : Do you like tea? 차 좋아하세요?

B : Yes, I do. 네, 좋아해요.

A : Do you like movies? 영화 좋아하세요?

B : Yes, I do. 네, 좋아해요.

A : Do you like sports? 운동 좋아하세요?

B : No, I don't. 아니요, 안 좋아해요.

예시 2 **기호에 따른 습관**

A : Do you watch TV? TV 보세요?

B : Yes, I watch TV every night. 네, 매일 밤 봐요.

A : Do you work out? 운동하세요?

B : Yes, I work out three times a week. 네, 일주일에 세 번 해요.

예시 3 기호에 대한 질문 : 의문문과 부정문

A : Do you smoke? 담배 피우세요?

B : No, I don't smoke. 아니요, 안 피워요.

A : Do you eat meat? 고기 드세요?

B : No, I don't eat meat. I'm vegetarian. 아니요, 고기는 안 먹어요. 채식주의자
예요.

예시 4 빈도 표현하기 : '얼마나'

A : How often do you drink coffee? 커피를 얼마나 자주 마시세요?

B-1 : I drink coffee every morning. 매일 아침 마셔요.

B-2 : I drink coffee twice a day. 하루에 두 번 마셔요.

B-3 : I drink coffee sometimes. 가끔 마셔요.

예시 5 시간 표현하기 : '언제'

A : When do you drink coffee? 커피를 언제 마시세요?

B-1 : I drink coffee in the morning. 아침에 마셔요.

B-2 : I drink coffee after lunch. 점심 먹고 마셔요.

예시 6 장소 표현하기 : '어디서'

A : Where do you drink coffee? 커피를 어디서 마시나요?

B-1 : I drink coffee at home. 집에서 마셔요.

B-2 : I drink coffee at work. 직장에서 마셔요.

이제 이 패턴들을 조합해서 스토리를 이루는 긴 대화를 만들어볼 수 있습니다.

예시 7 기호를 스토리로 완성하는 대화

A : Do you like coffee? 커피 좋아하세요?

B : Yes, I do. 네, 좋아해요.

A : How often do you drink it? 얼마나 자주 마시세요?

B : I drink coffee every morning. 매일 아침 마셔요.

A : Where do you usually drink it? 보통 어디서 마시세요?

B : I drink coffee at home. 집에서 마셔요.

이러한 패턴은 다른 주제로도 쉽게 확장할 수 있습니다.

예시 8 취미에 관한 주제 : 운동

A : Do you play sports? 운동하세요?

B : Yes, I play tennis. 네, 테니스 쳐요.

A : How often do you play? 얼마나 자주 하세요?

B : I play tennis every weekend. 매주 주말에 쳐요.

예시 9 취미에 관한 주제 : 요리

A : Do you cook? 요리하세요?

B : Yes, I cook every day. 네, 매일 해요.

A : What do you usually cook? 보통 뭘 요리하세요?

B : I usually cook pasta. 보통 파스타를 해요.

■ 이미지로 상상하며 다양한 답 만들기

미니 스크립트는 질문과 다양한 답을 만들고, 그 상황을 상상하며 연습할 수 있습니다. 마치 영화의 한 장면처럼 특정 상황을 머릿속에 떠올리며 연습하는 거죠. 그러면 시각적인 연상 작용이 이뤄지면서 학습 효과가 훨씬 커집니다. 그러면 실제로 비슷한 상황이 닥쳤을 때 자연스럽게 말할 수 있게 되죠. 하나의 질문에 여러 가지 답변을 준비하고, 미리 연습해봅시다.

A : What do you do on weekends? 주말에 뭐 해요?

B-1 : I go hiking. 등산하러 가요.

B-2 : I watch movies at home. 집에서 영화 봐요.

B-3 : I visit my parents. 부모님을 뵈러 가요.

B-4 : I study English. 영어공부를 해요.

날씨에 감성을 담아 표현하기

날씨 표현은 언어 학습에 가장 실용적이면서도 창의적인 소재입니다. 매일 새롭게 바뀌고, 반복적으로 접할 수 있어 대화 연습에 안성맞춤이죠. 맑은 날엔 햇살 가득한 단어를, 흐린 날엔 잿빛 감성을 담아보세요. 마치 마음속 풍경을 그림 그리듯, 다양한 날씨를 떠올리며 대화해 보세요.

A : How's the weather? 날씨가 어때요?

B-1 : It's sunny today. 오늘은 햇살이 좋아요.

B-2 : It's a gray day. 잿빛 하루예요.

B-3 : Very cold! 많이 춥네요!

예시 1 **날씨 대화_확장**

A : Nice weather today! 오늘 날씨 좋네요!

B : Perfect for a walk! 산책하기 좋은 날이에요!

A : Want to go together? 같이 갈까요?

B : Good idea! 좋은 생각이에요!

예시 2 **날씨 소재 대화_심화**

A : Will it rain today? 오늘 비 올까요?

B : Yes, bring an umbrella. 네, 우산 가져가세요.

A : Thank you for telling me. 알려줘서 고마워요.

B : You're welcome. 천만에요.

A : It's too hot today! 오늘 너무 덥네요!

B : Let's get ice cream. 우리 아이스크림 먹으러 가요.

A : Good idea! 좋은 생각이에요!

B : I know a good place. 좋은 곳을 알아요.

음식점에서 주문하기

음식점에서의 대화는 복잡한 문법이나 어려운 표현 없이, 간단하고 반복적인 표현들로 이루어져 있습니다. 그래서 가볍게 말하기 연습을 하기 좋은 소재입니다.

음식점에서 주문하는 연습을 해봅시다. 거울 앞에서 하면 효과적이에요. 실제로 누군가 앞에 있는 것처럼 표정과 제스처까지 확인하며 말해보세요. 실제 상황에서도 자연스럽게 말할 수 있게 됩니다.

A : What do you want? 뭐 드시겠어요?

B : I want a hamburger. 햄버거로 주세요.

A : Do you want fries? 감자튀김도 드시겠어요?

B : Yes, please. 네, 주세요.

A : What do you want to drink? 마실 것은 뭘로 하시겠어요?

B : Orange juice, please. 오렌지 주스 주세요.

A : With ice? 얼음 넣을까요?

B : No ice, please. 얼음은 빼주세요.

A : How would you like your eggs? 계란은 어떻게 해드릴까요?

B : Sunny side up, please. 써니 사이드 업(한쪽면만 익힘)으로 주세요.

A : Toast or rice? 토스트로 하실래요? 밥으로 하실래요?

B : Toast, please. 토스트로 주세요.

음식점에서의 상황을 구체적으로 응용해서 대화를 만들어볼까요?

예시 1 **기본 주문하기**

A : What would you like? 뭐로 하시겠어요?

B : I would like ~ 저는 ~로 할게요.

예시 2 **메뉴를 고를 때**

A : Are you ready to order? 주문하시겠어요?

B-1 : Yes, I'm ready. 네, 할게요.

B-2 : Not yet, please. 아직이요, 잠시만요.

예시 3 **추가 주문하기**

A : Anything else? 더 필요한 거 있으세요?

B : Yes, one more thing. 네, 한 가지 더요.

예시 4 **선호도 묻고 대답하기**

A : How do you like your coffee? 커피는 어떻게 드시겠어요?

B : Black, please. 블랙으로 주세요.

예시 5 **특별 요청하기 : 조리 정도**

A : How would you like that cooked? 어떻게 조리해드릴까요?

B-1 : Well done, please. 웰던으로 해주세요.

B-2 : Medium, please. 미디엄으로 해주세요.

예시 6 추가 요청하기

A : Would you like some more water? 물 더 드릴까요?

B-1 : Yes, please. 네, 감사합니다.

B-2 : No, thank you. 아니요, 괜찮습니다.

예시 7 계산하기

A : Will that be all? 이게 다인가요?

B : Yes, that's all. 네, 그게 다예요

A : Cash or card? 현금이세요, 카드세요?

B : Card, please. 카드로 할게요.

미니 스크립트 연습은 실제 상황에서 적용해보는 것이 가장 좋습니다. 카페에서 주문할 때, 마트에서 계산할 때 등 현장에서 혼잣말로라도 발음을 해보는 거죠. 혹은 주위에 외국 관광객이 있다면, "What do you think about this place? 이 장소에 대해 어떻게 생각하세요?" "Do you like Korean food? 한식 좋아하세요?" 가볍게 질문을 던져보세요.

영어를 배우는 건 운동을 배우는 것과 같습니다. 운동 관련 책을 백 번 읽어도, 몸을 직접 움직이지 않으면 실력이 늘지 않죠. 영어도 진짜 실력을 키우는 건 입으로 말해보는 연습, 바로 실전 경험이에요.

미니 스크립트는 짧고 간단하지만, 현실에서 바로 써먹을 수 있는 표현들입니다. 실제 상황에서 미니 스크립트를 활용하면서, '아, 이 표현 내가 말할 수 있어!'라는 작은 성공 경험을 쌓아보세요. 영어 자신감이 쑥쑥 자랍니다.

영어에서 가장 많이 쓰는 패턴 100

영어에서 가장 자주 쓰이는 핵심 패턴 100개를 모았습니다. 하루에 한 문장씩, 하루 10분 투자하면 100일 안에 영어 말하기의 뼈대가 자연스럽게 완성됩니다. 단기간에 외우고 잊는 공부가 아니라, 매일 조금씩 쌓아 올리는 실력 중심의 훈련입니다.

패턴 학습은 반복될수록 효과가 커집니다. 같은 구조를 다양한 문맥에 적용해보면서, 영어 문장이 틀 안에서 유연하게 만들어지는 감각을 익힐 수 있기 때문입니다. 여기서는 각 패턴마다 대표 예문 1개를 제시하지만, 단순히 읽고 지나치지 말고 비슷한 상황이나 표현으로 문장을 확장해보는 연습이 중요합니다. 지금까지 차근차근 따라오셨다면, 스스로 문장을 만드는 것도 충분히 가능할 것입니다.

또 '100일 패턴 학습 노트'를 함께 활용해보세요. 오늘 배운 패턴, 내가 만든 문장들, 떠오른 표현 아이디어나 느낀 점 등을 직접 정리해보는 과정은, 머리로 이해하고 입으로 말하고, 손으로 써보며 몸에 익히는 가장 효과적인 방법입니다. 기록하고 반복하며 내 것으로 만드는 이 학습법은 실제 말하기로 이어지는 최고의 준비가 되어줍니다.

■ **자기소개 & 기본 대화** : 상대방과 나의 상태를 자연스럽게 공유하기

01 I'm + 상태/기분. → 나는 ~한 상태야.
I'm happy. 나는 행복해.

02 I'm + 동사~ing. → 나는 ~하는 중이야.
I'm studying. 나는 공부하는 중이야.

03 I'm going to + 동사. → 나는 ~할 거야.
I'm going to sleep. 나는 잘 거야.

04 I'm from + 장소. → 나는 ~ 출신이야.
I'm from Korea. 나는 한국 출신이야.

05 I'm not + 형용사. → 나는 ~하지 않아.
I'm not tired. 나는 피곤하지 않아.

06 Are you + 형용사? → 너는 ~하니?
Are you okay? 너 괜찮아?

07 Are you + 동사~ing? → 너 ~하는 중이야?
Are you coming? 너 오고 있어?

08 You're + 형용사. → 너는 ~해.
You're smart. 너는 똑똑해.

09 You're + 동사~ing. → 너는 ~하고 있어.
You're doing great. 너 정말 잘하고 있어.

10 You're not + 형용사. → 너는 ~하지 않아.
You're not alone. 너는 혼자가 아니야.

■ **기본 동사 활용** : 원어민이 매일 쓰는 바로 그 동사들

11 I have + 명사. → 나는 ~을 가지고 있어.
I have a car. 나는 차가 있어.

12 I don't have + 명사. → 나는 ~이 없어.
I don't have time. 나는 시간이 없어.

13 I need + 명사. → 나는 ~이 필요해.
I need help. 나 도움 필요해.

14 I want + 명사. → 나는 ~을 원해.
I want coffee. 나는 커피를 원해.

15 I like + 명사. → 나는 ~을 좋아해.
I like music. 나는 음악을 좋아해.

16 I love + 명사. → 나는 ~을 사랑해.
I love chocolate. 나는 초콜릿을 사랑해.

17 I hate + 명사. → 나는 ~을 싫어해.
I hate spiders. 나는 거미를 싫어해.

18 I prefer + 명사. → 나는 ~을 더 좋아해.
I prefer tea. 나는 차를 더 좋아해.

19 I must + 동사. → 나는 반드시 ~해야 해.
I must go now. 나 지금 가야 해.

20 I should + 동사. → 나는 ~해야 해.
I should study. 나는 공부해야 해.

21 Can I + 동사? → 내가 ~해도 될까?

Can I sit here? 여기 앉아도 될까?

22 Can you + 동사? → 너 ~해줄 수 있어?

Can you help me? 나 도와줄 수 있어?

23 Could you + 동사? → ~해주실 수 있나요?

Could you repeat that? 다시 말해주실 수 있나요?

24 Would you like + 명사? → ~을 원하니?

Would you like coffee? 커피 마실래?

25 Would you like to + 동사? → ~하고 싶니?

Would you like to dance? 춤출래?

26 Do you want + 명사? → ~을 원해?

Do you want some water? 물 마실래?

27 Do you want to + 동사? → ~하고 싶어?

Do you want to go out? 나갈래?

28 Let's + 동사. → ~하자.

Let's eat! 밥 먹자!

29 Shall we + 동사? → 우리 ~할까?

Shall we dance? 우리 춤출까?

30 How about + 동사~ing? → ~하는 게 어때?

How about watching a movie? 영화 보는 게 어때?

■ **감정 & 의견** : 내 생각, 느낌, 확신, 바람을 표현할 때

31 I think + 문장. → 내 생각에 ~야.
I think it's good. 내 생각에 이건 좋아.

32 I don't think + 문장. → 내 생각엔 ~아닌 것 같아.
I don't think it's right. 그건 옳지 않은 것 같아.

33 I feel + 형용사. → 나는 ~한 기분이야.
I feel happy. 나는 행복해.

34 I don't feel + 형용사. → 나는 ~한 기분이 아니야.
I don't feel well. 몸이 안 좋아.

35 I'm afraid + 문장. → 유감이지만 ~야.
I'm afraid I can't. 유감이지만 못 해.

36 It looks + 형용사. → 그것은 ~처럼 보여.
It looks great. 그거 멋져 보여.

37 It sounds + 형용사. → 그거 ~하게 들려.
It sounds fun. 재밌을 것 같아.

38 I'm sure + 문장. → 나는 확신해.
I'm sure it's okay. 그거 괜찮을 거야.

39 I'm not sure + 문장. → 나는 확신이 없어.
I'm not sure about that. 그거 확실하지 않아.

40 I hope + 문장. → ~하길 바라.
I hope you like it. 네가 좋아하길 바라.

41 I can't believe + 문장. → 나는 ~를 믿을 수 없어.
I can't believe this is happening. 이게 일어나고 있다는 걸 믿을 수 없어.

42 I'm glad + 문장. → 나는 ~해서 좋아.
I'm glad you're here. 네가 여기 있어서 좋아.

43 I'm sorry to + 동사. → ~해서 미안해.
I'm sorry to hear that. 그 말을 들으니 안타까워.

44 I didn't mean to + 동사. → ~하려던 게 아니야.
I didn't mean to hurt you. 널 다치게 하려던 게 아니야.

45 It doesn't matter + 문장. → ~은 중요하지 않아.
It doesn't matter what they say. 그들이 뭐라고 하든 중요하지 않아.

46 That sounds + 형용사. → 그거 ~처럼 들려.
That sounds great! 그거 멋지게 들려!

47 That's why + 문장 → 그래서 ~한 거야.
That's why I called you. 그래서 내가 너한테 전화한 거야.

48 That's all + 문장. → 그게 전부야.
That's all I know. 그게 내가 아는 전부야.

49 That's what + 문장. → 그게 바로 ~야.
That's what I wanted to say. 그게 바로 내가 하고 싶었던 말이야.

50 No wonder + 문장. → 어쩐지 ~하더라.
No wonder you're tired. 어쩐지 피곤해 보이더라.

■ **의견 & 조언** : 내 시선으로 제안, 권유, 요청, 부탁을 할 때

51 You should + 동사. → 너 ~해야 돼.
You should sleep early. 너 일찍 자야 돼.

52 You shouldn't + 동사. → 너 ~하면 안 돼.
You shouldn't eat too much. 너 너무 많이 먹으면 안 돼.

53 I'd like to + 동사. → 나는 ~하고 싶어.
I'd like to order. 주문하고 싶어요.

54 Would you like + 명사? → ~을 원하시나요?
Would you like some coffee? 커피 드실래요?

55 Would you like to + 동사? → ~하고 싶나요?
Would you like to join us? 우리랑 같이 할래요?

56 Let's + 동사. → ~하자.
Let's go! 가자!

57 Why don't you + 동사? → ~하는 게 어때?
Why don't you try this? 이거 한번 해보는 게 어때?

58 How about + 동사~ing? → ~ 하는 게 어때?
How about going out? 나가는 게 어때?

59 Do you mind + 동사~ing? → ~해도 될까요?
Do you mind opening the door? 문 열어도 될까요?

60 Would you mind + 동사~ing? → ~해주실 수 있나요?
Would you mind helping me? 저 좀 도와주실 수 있나요?

■ **미래 & 가능성** : 나아가는 발걸음, 마음을 똑똑 두드리는 말들

61 I will + 동사. → 나는 ~할 거야.
I will call you. 내가 전화할게.

62 I won't + 동사. → 나는 ~하지 않을 거야.
I won't be late. 나 늦지 않을 거야.

63 I'm going to + 동사. → 나는 ~할 예정이야.
I'm going to travel. 나는 여행할 거야.

64 Are you going to + 동사? → 너 ~할 거야?
Are you going to study? 너 공부할 거야?

65 It's going to + 동사. → ~할 것 같아.
It's going to rain. 비 올 것 같아.

66 I can + 동사. → 나는 ~할 수 있어.
I can swim. 나는 수영할 수 있어.

67 I can't + 동사. → 나는 ~할 수 없어.
I can't drive. 나는 운전 못 해.

68 Can you + 동사? → 너 ~할 수 있어?
Can you sing? 너 노래할 수 있어?

69 May I + 동사? → 제가 ~해도 될까요?
May I sit here? 여기 앉아도 될까요?

70 Could you + 동사? → ~해주실 수 있나요?
Could you open the window? 창문 열어주실 수 있나요?

■ **일상 대화** : 궁금한 것, 쓱 물어보기

71 What do you ~? → 너는 무슨 ~해?
What do you do for a living? 너는 무슨 일 해?

72 What are you – ing? → 너는 지금 무엇을 하고 있어?
What are you doing now? 너 지금 뭐 하고 있어?

73 Where are you – ing? → 너는 어디로 가고 있어?
Where are you going this weekend? 너 이번 주말에 어디 가?

74 When do you ~? → 너는 언제 ~해?
When do you get off work today? 너 오늘 몇 시에 퇴근해?

75 Who is ~? → ~은 누구야?
Who is that guy over there? 저기 있는 저 사람 누구야?

76 Which one do ~? → 너는 어떤 것을 ~해?
Which one do you like better, coffee or tea? 커피랑 차 중에 뭐가 더 좋아?

77 How is your ~? → 너의 ~은 어때?
How is your day going so far? 오늘 하루 지금까지 어땠어?

78 How was your ~? → 너의 ~은 어땠어?
How was your weekend with your family? 너 가족이랑 주말 어떻게 보냈어.

79 How much is ~? → ~은 얼마예요?
How much is this shirt? 이 셔츠 얼마예요?

80 How long does it take –? → ~하는 데 얼마나 걸려?
How long does it take to get there? 거기 가는 데 얼마나 걸려?

81 I have to + 동사. → 나는 ~해야 해.
I have to go now. 나는 지금 가야 해.

82 I don't have to + 동사. → 나는 ~할 필요 없어.
I don't have to work today. 나는 오늘 일할 필요 없어.

83 I'd rather + 동사. → 나는 차라리 ~할래.
I'd rather stay home. 나는 차라리 집에 있을래.

84 I feel like + 동사~ing → 나는 ~하고 싶어.
I feel like eating pizza. 나는 피자 먹고 싶어.

85 I used to + 동사. → 나는 예전에 ~했어.
I used to play soccer. 나는 예전에 축구했어.

86 I'm used to + 명사/동사~ing → 나는 ~에 익숙해.
I'm used to waking up early. 나는 일찍 일어나는 것에 익숙해.

87 It's too + 형용사. → 너무 ~해.
It's too cold outside. 밖이 너무 추워.

88 It's not + 형용사. → ~하지 않아.
It's not difficult. 그거 어렵지 않아.

89 It's time to + 동사. → ~할 시간이야.
It's time to sleep. 잘 시간이야.

90 There is/are + 명사. → ~이 있어.
There is a problem. 문제가 있어.

■ **의문사 활용** : 상대의 의견이나 상황, 방법을 물을 때

91 What do you think about + 명사? → ~에 대해 어떻게 생각해?
What do you think about this idea? 이 아이디어 어떻게 생각해?

92 What happened to + 명사? → ~에게 무슨 일이야?
What happened to your phone? 네 폰에 무슨 일이야?

93 Where can I + 동사? → 어디에서 ~할 수 있어?
Where can I buy this? 이거 어디에서 살 수 있어?

94 When was the last time you + 동사? → 마지막으로 ~한 게 언제야?
When was the last time you traveled? 마지막으로 여행 간 게 언제야?

95 Who is your + 명사? → 너의 ~는 누구야?
Who is your best friend? 너의 가장 친한 친구는 누구야?

96 Which one do you prefer? → 어떤 걸 더 좋아해?
Which one do you prefer, coffee or tea? 커피랑 차 중 어떤 걸 더 좋아해?

97 How do you + 동사? → 어떻게 ~해?
How do you cook this? 이거 어떻게 요리해?

98 How long have you been + 동사~ing? → ~한 지 얼마나 됐어?
How long have you been working here? 여기서 일한 지 얼마나 됐어?

99 Why did you + 동사? → 왜 ~했어?
Why did you leave early? 왜 일찍 떠났어?

100 Why don't we + 동사? → 우리 ~하는 게 어때?
Why don't we go for a walk? 우리 산책하는 게 어때?

If you're lost,
you can look and you will find me,
time after time.

길을 잃었다면, 찾아보세요.
그러면 언제나 그랬듯이 그 자리에 제가 있을 거예요.

영어는 콘텐츠다

: 기초를 완성하는 공부법 13

새로운 세상을 열어주는 문, 영어

현대 미국 문학의 거장 마야 안젤루^{Maya Angelou}는 "사람들은 당신이 한 말은 잊어도 당신이 어떤 감정을 느끼게 했는지는 절대 잊지 못한다"라고 했습니다. 실제로 많은 연구에서도, 감정적으로 강한 자극을 받은 경험은 뇌를 활성화시켜서 기억의 각인 효과가 커진다고 합니다. 즉, 기쁨, 슬픔, 공포와 같은 감정이 개입되면, 단순한 정보보다 훨씬 더 오래, 더 생생하게 기억된다는 것이죠. 영어 학습도 단순히 교재를 읽고 외우는 공부보다 감정을 느끼는 콘텐츠를 활용할 때 기억에 오래 남습니다. 흥미로운 영어 소설을 읽거나 좋아하는 팝송 가사에 감정을 이입해서 부르면, 단순한 단어 암기보다 훨씬 더 오래 기억되는 거죠. 감정을 담아 영어를 학습하면, 그 단어와 문장이 단순한 정보가 아니라 나의 경험이 되기 때문입니다. 우리가 저녁에 피곤한 몸을 이끌고 집으로 돌아갈 때, 〈오즈의 마법사〉에서 주인공 도로시가 **"There's no place like home.** 집만큼 좋은 곳은 없어"라고 한 말을 떠올리며 위로받는 것처럼 말이죠.

감정이 스며든 학습은 동기부여에도 큰 영향을 줍니다. 즐겁게 배우면 흥미를 잃지 않고 계속 공부할 수 있지만, 건조하고 딱딱한 학습 방법은 포기하기 쉬우니까요. 오늘날 우리가 흥미를 느끼는 영어 콘텐츠는 무궁무진합니다. 유튜브, 블로그, 팟캐스트 등 글로벌 플랫폼을 통해 방대한 정보와 지식을 접할 수 있죠. 영어는 더 이상 교실에서 배우는 과목이 아니라, 좋아하는 콘텐츠를 선택해서 자유롭게 익히는, 재미있고 생생한 언어가 되었습니다. 넷플릭스의 영화와 드라마, 유튜브의 취미 채널, 다양한 여행 블로그 등 우리가 좋아하는 콘텐츠들이 다채로운 학습의 장으로 펼쳐져 있으니까요.

'영어 콘텐츠'의 세계로 들어가볼까요? 그 순간 여러분은 엄청난 특권을 갖게 됩니다.

영어로 전 세계 지식 '플랫폼'에 들어갑니다.

영어는 더 이상 시험을 위한 과목이 아니라, 콘텐츠를 즐기기 위한 창입니다. 마치 인터넷이 연결되어야 무한한 정보의 바다에 닿을 수 있듯이, 영어는 우리가 전 세계 지식과 이야기에 접근할 수 있게 해주는 열쇠이자, 새로운 세상을 열어주는 문과도 같습니다.

영어로 조정 '리모컨'을 쥡니다.

영어는 마치 리모컨과 같습니다. 영어를 통해 수천 편의 영화, 드라마, 유튜브 영상이 여러분의 세계로 들어오죠. 마치 버튼을 누르듯 새로운 장면을 열어주고, 우리는 그 속에서 웃고, 공감하고, 배우게 됩니다. 결국 영어는 단순한 학습이 아니라, 무한한 콘텐츠를 자유롭게 탐험할 수 있게 하는 조작 버튼과 같습니다.

영어로 글로벌 도서관 '열쇠'를 얻습니다.

영어는 거대한 글로벌 도서관으로 들어가는 열쇠입니다. 단순히 언어를 배우는 것을 넘어, 그 언어로 쓰인 책을 읽고, 이야기를 듣고, 감정을 느끼며 전 세계의 지식과 문화를 직접 경험할 수 있게 해줍니다. 영어라는 열쇠를 손에 쥐는 순간, 우리는 더 넓은 세상과 연결되고, 수많은 생각과 사람들을 만나는 설레는 여정이 시작됩니다.

영어로 콘텐츠 게임의 플레이어가 됩니다.

영어는 글로벌 콘텐츠라는 방대한 게임에 참여하기 위해 사용하는 공통 언어입니다. 문법이라는 규칙을 암기하는 것을 넘어, 실제로 그 세계에 뛰어들어 직접 즐기고, 부딪히며 실력을 키워갈 수 있어요. 영어를 통해 우리는 더 이상 구경꾼이 아닌, 글로벌 콘텐츠를 자유롭게 누비는 플레이어가 되는 것입니다.

영어 콘텐츠에서 얻는 특권이 어마어마하죠? 무엇보다 그 콘텐츠를 딱딱한 학습이 아니라 즐거운 경험으로 만날 수 있다는 겁니다.

이제 여러분의 취미와 관심사에 맞는 영어 콘텐츠를 선택해서 즐겁게 시작해보세요. 아침에 좋아하는 드라마의 한 장면을 보며 하루를 시작하고, 출퇴근길 좋아하는 팝송 가사를 따라 부르고, 저녁에는 영화 속 인상 깊은 대사를 따라 하며 발음을 연습할 수 있습니다. 이처럼 재미있는 경험 속에서 영어 학습은 마치 낯선 도시를 설레며 걷는 여행처럼, 한 걸음 한 걸음이 새로운 발견으로 이어지는 즐거운 여정이 될 겁니다.

1 영화, 드라마 학습 : 쉐도잉으로 발음과 억양 모방하기

영화 〈기생충〉에 출연한 배우 이정은 님은 칸 영화제 인터뷰 때 자연스러운 영어실력으로 주위를 놀라게 했습니다. 발음 또한 좋았어요. 봉준호 감독이 그에게 "어떻게 영어 잘하는 사람을 흉내내는 연기를 그렇게 잘하세요?"라고 물었다는데, 거기에 영어를 잘하는 하나의 힌트가 숨어 있습니다. 바로 배우가 역할에 몰입하듯, '영어를 잘하는 사람'을 흉내 내며 말해보는 것이죠.

영화와 드라마는 일상적인 대화를 배우기에 가장 좋은 교재입니다. 배우의 말과 움직임을 그림자처럼 따라 하면서 영어를 익히기 좋죠. 이것을 '쉐도잉shadowing'이라고 합니다. 배우처럼 감정을 실어 과장되게 말하거나 손짓하며 생동감을 더하면, 점점 감정 표현이 자연스럽고 유려해집니다. 거기에 목소리의 높낮이, 속도, 심지어 대사 사이의 숨 쉬는 타이밍까지 세세히 따라 하면, 억양과 리듬, 감정까지도 몸에 익히게 되죠.

시트콤 〈프렌즈Friends〉는 쉐도잉을 연습하기에 아주 좋은 드라마입니다. 제작된 지는 꽤 오래되었지만, 한 에피소드가 20분 남짓한 데다, 모든 대사가 실생활에서 바로 쓸 수 있을 만큼 현실적이어서 영어 학습자들에게 '레전드 교재'로 불립니다. 저의 지도를 받은 한 분은 여주인공 중의 한 명인 레이첼의 대사를 꾸준히 따라 했는데, 6개월 후 남편이 "당신, 제니퍼 애니스톤처럼 말한다"라고 농담할 정도였어요. 그만큼 영어 표현이 능숙해진 거죠.

영화 쉐도잉은 마치 배우처럼 명장면을 따라 연기하는 훈련입니다. 장면 속 인물의 말투, 감정, 억양까지 그대로 따라 하며, 단순한 영어공부를 넘어서 '영어 감각'을 익히게 됩니다. 예를 들어, 영화 〈노팅힐Notting

^{Hill})에서 줄리아 로버츠가 다음과 같이 말하는 장면을 따라 해보세요. 단어 하나하나를 음미하면서요. **"I'm just a girl, standing in front of a boy, asking him to love her.** 나는 그저 한 소녀일 뿐이에요, 한 소년 앞에 서서, 그에게 나를 사랑해 달라고 말하는." 감정에 몰입해서 말하면, 단어와 문장이 오래 기억에 남습니다.

쉐도잉은 단순히 문장을 말하는 것이 아니라, 다양한 감정과 이야기까지 전달할 수 있게 됩니다. 처음에는 어색할 수 있지만, 감정 표현이 자연스러워지면서 영어의 감^感이 이런 것이구나, 느낄 수 있을 거예요.

● 한 문장으로 다양한 감정 표현하기

예시 1 **"I can't believe it! 믿을 수가 없어!"**

기쁨 : 복권에 당첨된 순간처럼, 환하게 웃으며 소리치듯 말해보세요.

분노 : 주차한 차가 긁힌 걸 발견했을 때처럼, 짧고 단호하게 내뱉어 보세요.

슬픔 : 좋아하던 드라마가 끝난 후의 아쉬움처럼, 낮고 담담한 톤으로 읊조려 보세요.

놀람 : 오랜 친구를 우연히 마주쳤을 때, 반갑고 놀란 목소리로 표현해보세요.

예시 2 **"Really? 정말?"**

의심스러울 때 : 눈썹을 치켜들며 약간의 거리감을 두고 말해보세요.

궁금할 때 : 고개를 살짝 기울이며 부드럽고 호기심 어린 톤으로 말해보세요.

기대될 때 : 눈을 반짝이며, 살짝 웃음기가 섞인 목소리로 표현해보세요.

믿을 수 없을 때 : 고개를 절레절레 흔들며 낮고 단호한 톤으로 말해보세요.

■ 영화, 드라마 활용법 4단계

1단계 한글 자막과 영어 자막을 병행해서 시청하기

먼저 한글 자막으로 전체 내용을 파악한 다음 → 영어 자막으로 다시 보기를 반복합니다. 영화, 드라마에서 "See you later! 나중에 봐요!", "How's everything going? 어떻게 지내요?" 등 일상에서 흔히 사용하는 간단한 표현을 익힙니다.

2단계 좋아하는 장면을 반복해서 보기

좋아하는 장면을 1~2분 단위로 끊어 반복해서 시청하고, 가볍게 따라 말해봅니다. 발음과 억양에 신경 쓰면서요. 발음이 잘 안 들리는 부분은 여러 번 반복해서 듣고, 영화의 흐름에서 그 의미를 짐작해봅니다. 1~2분 짧은 시간이지만 여러 개의 문장과 다양한 표현들을 익힐 수 있습니다.

3단계 자막 없이 대사 듣기

익숙한 장면은 자막 없이 들어보면서, 내용을 얼마나 이해할 수 있는지 체크합니다. 알아듣지 못한 부분은 자막을 켜서 확인하고 다시 듣기를 반복합니다.

4단계 좋아하는 등장인물의 대사 따라 하기

등장인물의 말투나 억양을 따라 말합니다. 안 들리는 발음도 똑같이 '연기하듯이' 해보는 것이 중요합니다. 짧은 대사에서 시작해서 점점 긴 대사로 확장하되, 한 문장이라도 완벽하게 발음하고 외워보는 것이 좋습니다.

2 유튜브 영상 학습 : 세상의 구루들에게 배운다

유튜브YouTube에서는 교육, 오락, 뉴스, 인터뷰 등 다양한 분야의 동영상을 볼 수 있습니다. 특히 영어 학습자들에게 유튜브는 아주 유용합니다. 유튜브의 반복 시청, 자막 기능을 활용해서 자신에게 필요한 수준의 영어를 익히기 좋으니까요. 영상 학습법은 영어를 잘 몰라도 영상의 흐름을 이해하면서 익힐 수 있어요. 또 실제 원어민들이 사용하는 문장과 발음을 익힐 수 있다는 것도 큰 장점이죠. 유튜브에서 요리, 여행, DIY, 운동 등 다양한 콘텐츠 중에서 관심 있는 영상을 골라서 영어 표현을 익혀보세요.

● **유용한 채널을 찾는 키워드**

Quick English in one minute. 1분 만에 끝내는 영어 학습

Coffee break English lessons. 커피 브레이크 시간에 배우는 영어

Practical English for everyday life. 실생활에서 바로 쓰는 영어

Simple pronunciation practice. 쉽고 간단한 발음 연습

● **추천 콘텐츠**

일상 표현 배우기 : 하루에 한 문장씩 배우는 콘텐츠

기초 문법 강의 : 초보자를 위한 짧고 쉬운 문법 설명

발음 교정 : 자주 틀리는 발음 연습

짧은 회화 연습 : 실제 상황에서 바로 사용할 수 있는 대화

■ 유튜브 영상 학습법 9단계

1단계 관심 있는 주제의 채널 선택하기

요리를 좋아하면 'Tasty' 채널을, 여행을 좋아하면 'National Geographic' 채널이 영어 표현을 익히기에 좋습니다.

2단계 한국어 자막으로 보기

재료 준비와 요리 과정 등, 영상의 전체 내용을 충분히 파악합니다.

3단계 영어 자막으로 다시 보기

한국어 자막으로 내용을 이해했다면, 영어 자막으로 다시 보세요. 'Chop the onions양파를 썬다' 등 요리 영상에서 자주 쓰이는 표현이 보이고 들릴 거예요.

4단계 자주 나오는 표현과 단어를 기록하기

학습 노트를 만들어서 'add추가하다', 'mix섞다', 'season양념하다'와 같이 자주 나오는 단어와 표현을 기록합니다. 새로 배운 표현, 유용한 표현, 자주 쓰는 패턴으로 나눠 정리해두면, 복습과 활용하기에 좋습니다.

5단계 5분 이내의 짧은 영상을 반복 시청하기

다음과 같은 영상 아이템들을 참고해 보세요.

요리 : 5-minute breakfast ideas

여행 : Top 3 places to visit in Paris

운동 : Quick morning stretches

6단계 자막 없이 듣기

자막과 함께 보면서 익숙해진 표현을 떠올리며 자막 없이 듣습니다. 여행 영상에 자주 나오는 "This view is breathtaking. 경치가 장관이네요" 와 같은 표현이 자막 없이도 들리고, 이해되는지 확인해보세요.

7단계 쉐도잉 연습 : 소리 내어 따라 말하기

예를 들어, "Today we're going to make a simple smoothie. 오늘 우리는 간단한 스무디를 만들 거예요"와 같은 문장을 여러 번 소리 내보세요. 발음과 억양까지 흉내내면서요.

8단계 모르는 단어와 표현은 바로 검색하기

예를 들어, 요리 영상에서 'whisk거품기'라는 표현이 나왔다면, 그 뜻을 확인하고 반복해서 들으며 그 의미를 기억해둡니다.

9단계 주제와 관련된 다양한 채널의 영상 보기

주제가 같은 다른 채널의 영상도 시청해보세요. 같은 주제라도 화면 구성이 다른 영상을 보면서 자주 사용되는 표현과 단어를 익히면, 반복과 새로운 자극이 더해져 각인 효과가 커집니다.

3 요리 레시피로 배우기 : 맛있는 영어

전 세계적으로 K-푸드 열풍이 불고 있죠. 맛있고 건강한 한국 음식에 대한 관심이 뜨겁습니다. 이처럼 요리는 세계 공통 관심사인 만큼, 콘텐츠로 활용해 영어를 익히기에 매우 좋은 소재입니다. 요리는 일상적인 활동이고, 조리 과정 자체가 반복적이기 때문에 자연스럽게 반복 학습이 이뤄지기 때문입니다. 특히 요리 영상을 통해 영어를 배우면 듣기와 말하기 연습을 동시에 할 수 있다는 큰 장점이 있습니다. 영상 속 조리 과정을 영어로 듣고, 직접 따라 하며 영어로 설명하는 과정을 거치다보면, 마치 실생활 속에서 언어를 습득하듯 자연스럽게 영어 실력이 향상됩니다.

요리 채널에서 핵심이 되는 요소는 레시피^{Recipe}입니다. 레시피란 하나의 요리를 만들기 위한 조리법이나 방법을 뜻하는데, 보통 음식 재료, 요리 방법, 조리 시간 등의 단어와 문장으로 구성됩니다. 이를 활용하면 다양한 요리 관련 영어 표현을 익힐 수 있습니다.

예시 재료 : Flour밀가루, Soy sauce간장, Sesame oil참기름, Green onion대파, Bean sprouts콩나물, Seaweed김, Anchovy멸치

예시 조리법 : Boil끓이다, Steam찌다, Stir-fry볶다, Grill굽다, Mix무치다

예시 맛 표현 : Salty짭짤한, Sour신맛이 나는, Nutty고소한, Bitter쓴, Light 담백한, Chewy쫄깃한, Crunchy 바삭한, Umami감칠맛 나는

요리 과정에 자주 쓰이는 표현들도 익힐 수 있습니다. 여기서 잠깐! 다음과 같이 요리 과정은 대부분 명령문 형식입니다. 동사 원형으로 시작하고, 주어(you)는 보통 생략됩니다.

First, dice the onions. 먼저 양파를 깍둑썰기 해주세요.

Add a pinch of salt. 소금을 조금 넣어주세요.

Beat the eggs. 계란을 푸세요.

Preheat the oven to 180 degrees. 오븐을 180도로 예열하세요.

어때요? 요리를 배우며 영어 문법까지 익힙니다! 처음에는 샌드위치, 샐러드, 스무디처럼 재료가 많지 않고 조리법이 간단한 요리들로 시작해 보세요. 그리고 요리를 완성했을 때, 고든 램지처럼 외쳐보는 겁니다.

"This is absolutely delicious! 이거 정말 맛있어요!"

"Finally, some good food! 드디어, 제대로 된 음식을 먹는구나!"

■ 요리 레시피 학습법 10단계

1단계 간단한 요리 레시피 선택하기

'How to Make a Classic Sandwich 클래식 샌드위치 만드는 법'을 주제로, 한 단계씩 학습해봅시다.

2단계 재료를 영어로 읽고 준비하기

레시피에 있는 재료들, 'lettuce상추', 'tomato토마토', 'bread빵'와 같은 단어들을 하나씩 읽으며 정확한 발음을 익힙니다.

3단계 조리 도구와 동작, 계량 단위 익히기

조리 도구 : knife칼, bowl그릇, spoon숟가락

동작 동사 : slice썰다, dice깍둑썰기하다, mince다지다

계량 단위 : cup컵, tablespoon큰술, pinch꼬집(두 손끝으로 집을 만한 양)

4단계 지시문을 하나씩 따라 하기

영어 레시피는 보통 단계별로 지시문이 나뉘어 있어요. 예를 들어, "Chop the tomatoes. 토마토를 썰어주세요", "Add salt and pepper. 소금과 후추를 넣으세요" 같은 짧은 지시문으로 되어 있습니다. 한 번에 한 단계씩 읽고 행동으로 옮겨보세요.

5단계 조리 순서에 번호를 매기기

레시피의 조리 순서를 단계별로 진행합니다. "Step 1 : Prepare the ingredients. 1단계 : 재료를 준비하세요"와 같이 번호를 붙여두면, 하나씩 따라가며 레시피를 이해할 수 있어요.

6단계 쉐도잉 연습 : 소리 내어 지시문 읽기

예를 들어 "Stir the ingredients together. 재료들을 섞으세요"라고 소리 내어 말하고 행동으로 옮기세요. 영어가 동작과 함께 기억됩니다.

7단계 완성된 요리에 대해 간단히 말하기

예를 들어 "I made a delicious sandwich. 맛있는 샌드위치를 만들었어요"처럼 요리의 결과를 간단한 문장으로 표현해보세요. 완성한 요리를 사진 찍어서, 요리 과정을 영어로 설명할 수도 있습니다.

8단계 자주 쓰이는 표현을 메모해두기

레시피에 자주 나오는 'chop다지다', 'stir젓다', 'bake굽다' 같은 동사를 메모해둡니다. 재료 이름도 메모를 해두면, 식료품 구매 때나 외국 음식점을 방문할 때 유용하게 활용할 수 있어요.

▌9단계▌ 레시피를 간단히 요약해보기

예를 들어, "First, chop the vegetables. Then, mix them in a bowl. Finally, add dressing and serve. 먼저 채소를 썰고, 그다음 그릇에 섞고, 마지막으로 드레싱을 넣어 서빙해주세요"처럼 요리의 전체 과정을 영어로 요약해보세요. 요리에서 중요한 과정들을 한 문장씩 표현하고 이어붙이면 됩니다.

▌10단계▌ 같은 레시피를 반복해서 익히기

처음에는 레시피를 보고 따라 하다가 점차 영어 단어와 문장을 떠올리며 요리해보세요.

■4 여행 블로그와 브이로그 학습 : 세계와 통하는 방구석 영어

우리는 늘 여행을 꿈꿉니다. 비록 시간과 경제적 제약으로 당장 실행하기 어렵더라도 여행 블로그나 브이로그(Vlog : Video+Blog)를 통해 간접 경험을 할 수 있어요. 전 세계 다양한 장소와 문화, 생활방식을 보고 들으면서 현지인과 대화하는 영어 표현도 익힐 수 있죠.

블로그와 브이로그는 표현 양식이 다른 만큼 학습 장점도 다릅니다. 블로그는 사진과 글로 여행지의 특성과 정보 등을 게시해서 찬찬하게 살펴보기 좋아요. 영상 콘텐츠인 브이로그는 흥미로운 여행지를 생생하게 경험하기 좋습니다. 영상을 통해 공항, 호텔, 식당, 쇼핑 등 실생활에서 쓰는 영어 표현, 발음과 억양, 리듬까지도 익힐 수 있죠.

여행에 관심이 있다면 블로그와 브이로그를 활용해보세요. 현지 사정을 살펴보고 여행지에서 사용할 영어 표현을 익히면서 여행을 계획할 수 있습니다. 아직 계획이 없더라도 여행지의 아름다운 사진과 영상을 보며 영어까지 익히는 즐거운 시간이 될 거예요.

■ '여행 브이로그(Vlog)'로 익히는 학습법 10단계

1단계 관심 있는 여행지 선택하기

가보고 싶은 도시나 좋아하는 나라를 주제로 한 여행 브이로그를 찾아보세요. 'Paris travel vlog'나 'Exploring Tokyo' 같은 제목의 영상은 초보자도 쉽게 따라갈 수 있는 일상 표현이 많아 유용합니다.

2단계 한국어 자막으로 먼저 전체 내용 파악하기

처음에는 한국어 자막을 켜고 영상의 전반적인 내용을 파악합니다. 예를 들어, 프랑스 파리를 다룬 여행 브이로그라면, 대표적인 명소 에펠탑이나 루브르 박물관에 대한 소개를 살펴봅니다.

3단계 영어 자막으로 다시 보기

내용을 충분히 이해했다면 자막을 영어로 전환해서 다시 봅니다. 예를 들어 "Let's go check out this beautiful view. 아름다운 경치를 보러 가볼까요?"와 같은 자막을 따라 읽습니다. 이미 한국어로 내용을 익혔기 때문에 반복 학습의 효과가 있어요.

4단계 장소와 관련된 단어와 표현을 메모하기

여행 브이로그에 많이 나오는 'landmark명소', 'local cuisine현지 음식'', 'sightseeing관광' 같은 표현을 메모해두고, 다른 여행 영상에서도 자주 나오는 표현을 반복해서 익히면 좋아요.

5단계 자주 쓰는 표현을 소리 내어 따라 하기

예를 들어 **"This place is amazing!** 이곳은 정말 멋져요!"와 같은 감탄 표현은 실제 여행에서도 자주 사용됩니다. 반복해서 따라 말해보세요.

6단계 자주 나오는 표현을 반복해서 시청하기

익혀두면 좋은 표현이 나오는 장면은 반복해서 보고 익숙해질 때까지 연습하세요. 예를 들어 **"It's a must-see.** 꼭 봐야 할 곳이야"와 같은 표현이 등장하는 장면을 여러 번 반복해서 듣고 따라 해보세요.

7단계 주요 표현을 자신의 말로 바꿔서 설명해보기

"The city is full of history and culture. 이 도시는 풍부한 역사와 문화를 가지고 있어요."

→ "This place has many historical sites. 이곳은 역사적 유적지가 많아요."

이처럼 문장을 달리해 보면, 표현력과 응용력이 좋아집니다.

8단계 모르는 단어나 표현을 바로 검색하기

예를 들어 'quaint아기자기한'라는 단어를 보았는데 뜻을 모른다면, 사전을 찾아보고 다시 들어보면서 익힙니다.

9단계 유용한 여행 표현 리스트 만들기

"How do I get to~? ~로 어떻게 가나요?"

"Is there a good place to eat nearby? 근처에 좋은 식당 있나요?"

유용한 표현을 리스트로 만들어놓고 익히면, 여행지에서도 쉽게 사용할 수 있습니다.

10단계 영상의 내용을 간단히 요약해보기

예를 들어 "They visited famous landmarks and tried local food in Paris. 그들은 파리에서 유명한 명소들을 보고 현지 음식을 맛봤어요"처럼 영상의 내용을 한두 문장으로 요약해보세요. 영어 문장을 구성하는 능력이 향상됩니다.

과장된 따라 하기가
자연스러운 영어를 만든다

1990년 가을 아이오와 대학교 저널리즘^{Journalism} 스쿨에서 첫 수업을 받던 날이 지금도 생생합니다. 신문기사 작성 시간이었어요. 직접 쓴 기사를 낭독한 순간 강의실이 정적에 휩싸였죠. 제 발음이 명확하지 않아서 교수님과 동료 학생들이 당황한 표정으로 저를 바라보았던 겁니다. 'Journalism'에서 'lism' 부분을 'Z' 소리로 부드럽게 발음하지 못했고, 'Really'에서는 'R' 발음을 놓쳐 '뤼얼리'가 아닌 '리얼리'라고 발음했어요. 또 'This'와 'That'을 말할 때 'Th' 발음을 하지 못해 제대로 전달이 안 된 겁니다. 그날 **"Sorry, what was that?** 죄송한데, 다시 말씀해 주시겠어요?"란 말을 수없이 들었습니다. 얼마나 얼굴이 화끈거리던지요. 수업이 끝난 후, 한 친구가 이렇게 위로하더군요.

"Hey, your stories are great! We can work on the pronunciation together. 당신 기사 정말 좋아! 발음은 같이 연습하면 되지 뭐."

그 말에 용기를 얻은 저는 그날 밤부터 원어민의 발음을 따라 하기 시작했어요. 목표는 '원어민 발음과 억양 100번 반복하기'였죠. 입 모양과 혀의 움직임이 익숙해질 때까지 반복했습니다. 〈월 스트리트 저널〉의 언어학습 전문가가 말한 것처럼, '언어 습득에서 발음 향상은 근육 운동과 같습니다.' 반복된 훈련만이 자연스러운 움직임을 만들어내죠. 제가 100번씩 따라 해보면서 억지로 내던 소리가 점차 자연스러워졌고, 어느 순간 부드럽게 발음하게 되더군요. 제 스스로 깜짝 놀랄 정도였죠.

'100번 반복하기'는 제가 '마법의 숫자'라고 부르는 방법입니다. 예를 들어, "What's your name?"을 처음 몇 번 따라 할 때, 어떤 분들은 "왓츠 유어 네임"처럼 들리게 발음합니다. 신기한 건, 그런 분들도 정확히 50번쯤 되면 입 근육이 조금씩 바뀌기 시작해요. 80번을 넘기면 혀가 자연스럽게 움직이기 시작하고, 100번에 도달하면 마법처럼 발음이 훨씬 자연스러워집니다. (진짜 꼭 한 번 해보세요!)

이것은 피아노 연습과 비슷합니다. 꾸준히 연습하면 손가락이 보이지 않을 정도로 빨라지면서 멜로디가 매끄럽게 흘러나오죠. 말하기도 마찬가지입니다. 100번 반복하기! 효과가 검증된 최고의 학습법입니다.

5 팝송 부르기 : 노래와 언어 습득은 비슷한 원리

제 영어 학습은 1985년 여름, 라디오에서 '2시의 데이트 김기덕입니다'를 들으며 시작됐습니다. 당시 고등학생이었던 저는 신디 로퍼의 〈Time After Time언제나 그랬듯이〉 가사를 받아 적느라 진땀을 뺐죠.

"If you're lost, you can look and you will find me, time after time. 네가 길을 잃으면, 넌 찾아보면 언제나 나를 찾을 수 있을 거야, 언제나 그랬듯이."

처음에는 한 소절도 알아들을 수 없었지만, 녹음테이프를 수십 번 반복해 듣다 어느 순간 가사가 들리기 시작했습니다. 그때 얼마나 기뻤는지 모릅니다.

언어와 음악은 닮은 점이 많습니다. 우리는 소리를 듣고 인지한 뒤, 이를 반복해 따라 하며 자연스럽게 언어를 익히게 됩니다. 마치 악보 없이도 자주 들은 멜로디를 흥얼거리게 되는 것처럼, 언어도 반복을 통해 익숙해지는 것이죠. 이런 맥락에서 팝송을 활용한 영어 학습은 매우 효과적인 방법입니다. 예전에도 많은 사람들이 팝송을 듣고, 가사를 외우고, 노래를 따라 부르며 영어에 친숙해졌습니다. 팝송을 부르는 것은 영어의 억양과 리듬, 발음을 자연스럽게 익히는 데 도움이 될 뿐만 아니라, 어휘력과 표현력을 키우는 데도 탁월한 방법입니다.

앞에서 감정이 더해진 경험은 오래 기억된다고 했습니다. 음악은 단어에 리듬과 감정을 더하며 우리 마음에 스며듭니다. 제가 청소년기에 불렀던 팝송을 지금까지 기억하는 이유입니다.

팝송은 다양한 단어와 구문을 접할 수 있는 훌륭한 자료입니다. 반복적으로 듣고 따라 부르면서 어휘력과 새로운 표현들을 쉽게 기억할 수 있습니다. 팝송은 가사가 단순하고, 멜로디가 경쾌한 곡을 선택하는 것이 좋아요. 가벼운 마음으로 흥얼거리기 좋으니까요. 매일 아침 알람음으로 팝송을 듣는 것도 좋은 방법입니다. 마이클 잭슨의 〈Heal the World세상을 치유해요〉, 조지 벤슨의 〈Nothing's Gonna Change My Love for You아무것도 당신을 향한 내 사랑을 바꾸지 못할 거야〉와 같은 노래는 가사가 쉽고 긍정적인 메시지를 담고 있어요. 아침에 따뜻하고 긍정적인 노래와 함께 영어 감각을 깨워보세요.

■ 팝송 한 곡 익히기 미션

'한 달 동안 팝송 한 곡 배우기' 미션을 실천해봅시다. 여러분도 잘 아는 크리스티나 페리의 〈You are my sunshine당신은 나의 태양〉은 단어 하나하나가 마치 조용히 이야기를 건네는 듯 편안한 노래예요. 가사가 쉬워서 영어에 익숙하지 않아도 쉽게 외울 수 있습니다.

1주 멜로디를 따라 허밍부터 시작하기

영어 가사가 낯설게 느껴진다면, 그저 "음음" 흥얼거리는 것만으로 충분합니다. 멜로디와 리듬에 익숙해지는 것이 첫걸음입니다.

2주 후렴구만 따라 부르기

"You are my sunshine, my only sunshine. 당신은 내 삶의 밝은 빛이고, 유일하게 소중한 존재예요." 후렴구를 반복해서 부르면 쉽게 익숙해집니다.

3주 가사의 의미에 주의를 기울이기

"You make me happy when skies are gray. 하늘이 흐릴 때도 당신은 나를 행복하게 해요"라는 구절을 부르며, 'gray skies'가 단순히 하늘의 색을 뜻하는 것이 아니라, 우울한 상황을 상징한다는 걸 이해하며 노래의 의미를 생각합니다.

4주 노래 가사에 작은 변형을 시도하기

'You are my sunshine' 대신 'You are my morning' 등으로 가사를 창의적으로 바꿔보세요. 표현력이 풍부해집니다.

6 영어 뉴스 듣기 : 가장 공식적이고 정확한 표현

영어 뉴스는 최신 정보를 제공할 뿐만 아니라, 실생활에서 사용되는 다양한 어휘와 문장을 다룹니다. 그래서 영어 표현뿐 아니라 발음, 억양, 속도를 가장 제대로 배울 수 있는 좋은 자료예요. 뉴스에서는 공식적이고 정확한 표현을 사용하기 때문에 문법적으로 올바른 문장을 접할 수 있죠. 또한 경제, 정치, 문화, 과학 등 다양한 분야의 기사를 읽으며 특정 주제에 대한 전문 용어와 표현도 배울 수 있습니다. 또한 세계적으로 중요한 이슈를 다루는 기사를 접하면서 글로벌 감각도 키울 수 있어요.

요즘은 영어 뉴스가 다양한 방식으로 제공되고 있어서 학습에 많은 도움이 됩니다. 텍스트 기사뿐만 아니라, 뉴스 동영상, 팟캐스트, 라디오 등을 활용해서 듣기와 읽기 능력을 동시에 향상시킬 수 있어요. 예를 들어, 뉴스를 텍스트로 읽은 후 동영상 뉴스를 시청하면 같은 내용을 읽고, 듣고, 보는 반복 학습을 할 수 있어서 훨씬 빠르게 습득됩니다.

초보자는 쉬운 영어 뉴스부터 시작하면 됩니다. 〈CNN Student News〉 〈BBC Learning English〉 〈VOA Learning English〉 같은 앱은 영어 학습자를 위한 뉴스 프로그램이에요. 초보자를 위해 쉬운 단어와 간단한 문장 구조를 사용해 뉴스를 제공합니다. 속도가 비교적 느리고 발음이 또렷해서 초보자가 듣기에 무리가 없습니다.

■ 영어 뉴스 활용법 10단계

1단계 초보자용 뉴스 섹션 선택하기

뉴스 앱에 있는 초보자용 코너를 선택하면 부담 없이 영어 뉴스를 접할 수 있습니다.

2단계 짧은 기사 선택해서 읽기

처음에는 2~3분 정도 걸리는 짧은 기사만 읽어보세요. 하루에 짧은 기사 한 편씩! 내용을 파악하고 어휘를 확장하는 데 초점을 맞추세요.

3단계 주요 문장에 집중하기

기사를 모두 이해하려고 하기보다, 주제별로 중요한 문장에 집중해보세요. 예를 들어, 지구 온난화와 관련된 기사에서 "Scientists say that the Earth's temperature has risen by 1.1 degrees Celsius since the late 19th century. 과학자들은 지구의 온도가 19세기 후반 이후로 섭씨 1.1도 상승했다고 말한다"와 같은 핵심 문장에 집중하세요.

4단계 모르는 단어를 표시하고 간단한 단어로 바꿔보기

모르는 단어가 있으면 표시해두고, 쉬운 단어로 바꿔보세요. 예를 들어, 'significant중요한'를 'important'로 바꾸는 식입니다.

5단계 듣기 모드 활용하기

많은 뉴스 앱에는 기사를 들을 수 있는 오디오 기능이 있습니다. 먼저 뉴스를 듣고, 모르는 단어나 표현을 표시한 후에 다시 읽어보면 효과가 좋습니다.

6단계 한 줄 요약 연습하기

기사를 다 읽은 후 내용을 한 줄로 요약하는 연습을 해보세요. 예를 들어, "The president visited the hospital today. 오늘 대통령이 병원을 방문했습니다"와 같이 핵심 내용을 한두 문장으로 요약하는 겁니다. 그 문장은 기억에 오래 남고, 글에서 핵심을 요약하는 능력도 키우게 됩니다.

■7단계■ 관심 있는 주제의 기사 선택하기

스포츠, 건강, 환경, 경제 등 자신이 좋아하는 주제를 선택해 뉴스를 보면, 더 흥미롭게 영어를 학습할 수 있습니다.

■8단계■ 하루에 하나의 표현 외우기

뉴스 한 편에서 유용한 표현을 하나씩 선택해서 외웁니다. 예를 들어 'global warming지구 온난화' 같은 표현을 배웠다면, 그 표현이 쓰인 다른 기사도 찾아서 반복 학습합니다. 하루에 한 표현씩! 매일!

■9단계■ 뉴스에 대한 간단한 감상 기록하기

뉴스를 보고 난 후 자신의 생각이나 느낌을 한두 줄로 적어보세요. "It was interesting to learn about~ ~에 대해 배워서 흥미로웠어요" 같은 표현으로 간단하게 의견을 적어보면, 쓰기 능력을 높이고 주제에 대한 이해 능력이 커집니다.

■10단계■ 시제와 문법 구조에 주목하기

뉴스 기사에서는 다양한 시제와 문법이 사용됩니다. 현재형과 과거형, 미래형의 문장들이 자주 등장하므로, 각 시제와 문법 구조를 익힐 수 있습니다. 예를 들어 "The company announced. 회사는 발표했다" 같은 문장을 통해 과거 시제 사용법을 알 수 있습니다.

● 뉴스 앱 학습법 정리

① 헤드라인 먼저 읽기

• 주요 키워드 파악하기

• 내용 예측해보기

② 본문 단락별 읽기

• 첫 문장에 집중하기 (주요 내용 포함)

• 모르는 단어는 문맥으로 추측하기

③ 요약하기 연습

• 기사 내용을 한 문장으로 정리하기

• 주요 표현을 사용해서 자기 의견 말해보기

7 발음 녹음 학습 : 내 목소리를 사랑하라

외국인이 한국어로 "안녕하세요" 인사하는 걸 본 적이 있을 겁니다. 분명 단어 하나하나를 정확히 발음했는데 낯설게 들리죠. 그것은 발음의 문제가 아니라, '리듬'과 '억양'이 자연스럽지 않아서예요. 언어란 단순히 소리의 나열이 아니라, 그 소리가 만들어내는 흐름과 높낮이에 의해 살아나기 때문입니다.

우리가 흔히 저지르는 실수 중 하나가 모든 영어 단어를 같은 강세로 읽는 겁니다. 마치 기계처럼 모든 음절을 동일한 톤과 힘으로 발음하는 것이죠. 그러나 영어는 단순히 단어의 나열이 아니라, 마치 음악처럼 강약과 높낮이가 교차하는 흐름 속에서 리듬이 만들어집니다. 파도가 해안에 부드럽게 밀려왔다가 다시 빠져나가듯, 영어 문장도 자연스러운 흐름과 억양을 따라야 합니다. 의미만 전달하는 것이 아니라, 말의 리듬과 높낮이까지 신경 쓸 때 비로소 진짜 영어다운 표현이 완성되는 것이죠.

영어는 같은 문장이라도 억양에 따라 전혀 다른 의미로 들립니다. 예를 들어, "Are you busy now? 지금 바쁘세요?"를 평평하고 부드러운 억양으로 말하면 단순히 상대방의 상태를 묻는 친절한 질문처럼 들립니다. 반면, "Are you **BUSY** now?"라고 급하고 강하게 말하면, 강조된 억양 때문에 성급하거나 짜증 섞인 질문처럼 들릴 수 있어요. 마치 "지금 당장 시간이 없냐?"라며 따지거나 강요하는 느낌을 줄 수도 있죠.

심지어 리듬과 억양이 매끄러우면 문법이나 발음이 완벽하지 않아도 의사소통이 훨씬 더 원활해집니다. 실제로 많은 원어민들은 "발음보다 억양이 더 중요하다"고 말할 정도예요. 억양이 자연스러우면, 어설픈 발음조차도 매력적으로 들리니까요.

영어를 다시 공부할 때 가장 장애로 느끼는 것이 발음입니다. 수십 년 동안 한국어에만 익숙해진 근육들을 유연하게 만들어야 하니까요. 그러나 다음에 제시하는 6가지 비법을 꾸준히 따라 하면, 스스로도 깜짝 놀랄 만큼 발음이 좋아지는 효과를 볼 수 있습니다.

■ 원어민 발음처럼! 6가지 실전 트레이닝

1단계 원어민의 발음과 억양을 '그대로' 따라 하기

여기서 '그대로'가 정말 중요합니다. "I'd like to order"를 한국식으로 또박또박 발음하면, 마치 로봇이 말하는 것처럼 들리죠. 원어민들은

"I'd-like-to-order"처럼 리듬 있게 말합니다. 입 모양과 혀의 위치를 의식하면서 발음해보세요.

2단계 '100번' 반복하기

제 수업을 들었던 한 50대 직장인은 100번 반복하기 방법을 사용해서, 30년 동안 굳어진 발음 습관을 단 3개월 만에 고쳤습니다. 100번의 반복은 지루하게 느껴질 수 있지만, 매일 조금씩 진전되다가 어느 순간 커다란 변화를 실감하게 될 겁니다.

3단계 '연속해서' 말하기

마치 줄넘기하듯이 끊이지 않고 말을 이어가는 방법이에요. 예를 들어, "Nice to meet you. How are you? I'm doing great! 만나서 반갑습니다. 어떻게 지내세요? 저는 아주 잘 지내요" 같은 문장들을 하나의 긴 문장처럼 이어서 말합니다. 처음에는 숨이 차고 어지러울 수도 있어요. 저도 처음엔 한 문장을 말하고 나서 숨을 고르느라 다음 문장을 놓친 적도 많았습니다. 그러다 재미있는 방법을 발견했죠. 바로 계단을 오르면서 연습하는 거예요. 한 계단을 오를 때마다 한 문장씩 연결해서 말하는 거죠. 처음에는 3층에 도달할 때 숨이 차서 힘들었지만, 한 달 후에는 10층까지도 거뜬히 올라가면서 대화를 이어갈 수 있었습니다.

4단계 원어민 발음을 '정확하게' 따라 하기

여기서 중요한 건 바로 '정확하게'입니다. 예를 들어 "Thank you very much"에서 'th' 발음을 할 때, 많은 분들이 혀를 너무 많이 내밀거나 아예 내밀지 않아요. 제가 발견한 비결은 바로 '뜨거운 수프 테스트'입니다. 마치 뜨거운 수프를 불듯이 혀를 살짝 내밀어보세요. 그러면 자연스럽게 정확한 'th' 발음이 나옵니다. 한 학생은 이 방법을 통해 'th' 발음을 처음 제대로 하자, "진짜 영어를 잘하는 느낌"이라며 감격의 눈물을 흘렸습니다.

5단계 속도 조절과 '작은 정지'를 활용하기

제가 '숨쉬기 공법'이라고 부르는 겁니다. 예를 들어, "Can-you-tell-me-where-the-restaurant-is? 식당이 어디 있는지 알려주실 수 있나요?"라고 말할 때 마치 마라톤을 뛰는 것처럼 호흡 조절이 아주 중요해요. 원어민들도 이런 작은 쉼표를 두고 말합니다. 제가 뉴욕에서 택시 기사로 일할 때, 손님들의 말을 녹음해서 분석해보니, 그들도 미세한 '숨고르기'를 하고 있었어요. 특히 감정이 섞인 대화를 할 때는 더 확연하게 느낄 수 있었습니다.

6단계 자기 발음 녹음하기

스마트폰만 있으면 누구나 자신만의 연기 트레이너를 가질 수 있습니다. 스마트폰에 녹음한 자신의 목소리에는 우리가 표현하려는 감정과 의도 그리고 거기에 실린 미묘한 떨림, 리듬이 담겨 있어요. 그래서 내 목소리가 가장 좋은 스승입니다. 녹음해서 들으며 부족한 발음을 확인하고 고칠 수 있으니까요. 같은 문장을 일주일 동안 매일 녹음해보세요. 월요일과 일요일의 차이가 놀라울 거예요. 나아가 한 달에 한 번, 첫 녹음과 최근 녹음을 비교해보세요. 진전이 확연하게 느껴질 겁니다.

⑧ 파트너와 대화하기 : 나의 영어 선생은 바로 옆에 있다

"Hey Hector, Would you wake me up at 6 AM with those five English phrases? 헥터, 아침 6시에 다섯 가지 영어 문구로 나를 깨워줄래?" 1991년 아이오와 대학 기숙사에서, 저는 룸메이트인 헥터에게 영어로 나를 깨워달라고 부탁했습니다. 그 시절에는 스마트폰은커녕 녹음 기능을 갖춘 기기도 흔하지 않았던 터라 저는 살아있는 '영어 알람'이 필요했죠. 헥터는 저의 요청을 별다른 불만 없이 들어주었고, 매일 아침 영어로 저를 깨워주었습니다. (대부분은 헥터가 깨우기 전에 이미 잠에서 깨, 그의 영어 발음을 속으로 따라 하고 있었죠!)

"Hey buddy, rise and shine! Another day in Iowa!
헤이 친구, 일어나! 아이오와에서의 또 다른 하루야!"

"Man, it's freezing out there. Grab your coat today!
밖이 엄청 춥네. 오늘은 코트 꼭 챙기라고!"

"Breakfast is calling! Let's hit the cafeteria before it gets packed!
아침 먹을 시간이야! 식당 붐비기 전에 가자!"

"Your first class is at 8, right? Better get moving!
첫 수업이 8시지? 서둘러야겠어!"

"Come on, sleepyhead! You can do this!
잠꾸러기, 이제 일어나! 너라면 할 수 있어!"

돌이켜보면 헥터는 미국에서 나의 첫 영어 선생님이었던 셈입니다. 영어는 혼자서는 어렵게 느껴지지만 누군가와 함께라면 즐거운 도전이 될

수 있습니다. 영어를 혼자 공부할 때와 달리 파트너와 함께 시간을 정해서 정기적으로 하면, 다음과 같은 장점이 있어요.

책임감이 생겨서 미루거나 포기하기 어려워진다.
새로운 습관이 생활 속 루틴으로 자리 잡는다.
꾸준한 발전을 체감하며 자신감을 얻을 수 있다.

■ 파트너 대화법 6단계

1단계 **비슷한 실력의 파트너 찾기**

영어 파트너를 찾으려면 우선, 주변을 둘러보세요. 여러분처럼 영어를 배우고 싶어 하는 이웃이나 직장 동료가 있을지 모릅니다. 아파트 게시판에 '영어 함께 공부해요'라는 글을 붙일 수도 있어요. 요즘은 카카오톡 오픈 채팅방이나, ChatGPT, 네이버 카페에서도 쉽게 파트너를 찾을 수 있습니다. 무엇보다 비슷한 수준의 파트너를 찾는 것이 중요합니다. 등산할 때도 체력이 비슷해야 무리 없이 서로를 배려하며 즐겁게 오를 수 있어요. 실력 차이가 너무 크면 한쪽은 지루해하고, 다른 한쪽은 위축될 수 있죠. 또 관심사가 비슷한 파트너를 찾는 것도 좋은 방법입니다. 요리를 좋아한다면, 영어로 레시피를 공유할 수 있어요. 여행을 좋아한다면, 서로의 여행 경험을 나누며 자연스럽게 회화 실력을 키울 수도 있겠죠. 공통의 관심사는 대화에 마르지 않는 샘이 되어줄 것입니다.

2단계 **스몰 톡 : 매일 5분 영어 미션**

매일 5분, 파트너와 대화를 나눠보세요. 한 지인은 매일 아침, 커피 한 잔을 들고 옆자리 동료와 5분의 영어 대화로 하루를 시작했어요. 처음엔 "Today's weather is nice. 오늘 날씨가 정말 좋네요"라는 한 문장으로 시작했지만, 날씨 이야기가 주말 계획으로 이어졌고, 다시 지난 주말의 경험담으로 자연스럽게 연결되었습니다.

한 가지 팁! 스마트폰의 타이머를 활용해보세요. 5분을 설정해놓고 대화를 시작하면, 시간이 끝날 때까지 영어에 집중할 수 있어요. 타이머가 울리면 한국어로 돌아가도 됩니다. 이 간단한 경계선이 더 집중된 학습 환경을 만들어줍니다.

3단계 서로의 발음 지적하지 않기

"대화할 때는 서로의 발음을 지적하지 말자." 파트너와 이런 약속을 하는 게 좋습니다. 사실, 완벽한 발음은 어디에도 존재하지 않아요. 영국이나 미국조차도 지역마다 발음이 다르고, 인도나 싱가포르 같은 나라는 각자의 독특한 영어 억양을 가지고 있습니다. 중요한 건 발음이 아니라, 우리의 생각과 감정이 상대에게 정확히 전달되는 겁니다. 만약 파트너의 발음이 조금 신경 쓰인다면, 대화가 끝난 후 이렇게 말해보세요.

"오늘 대화 정말 즐거웠어요. 그런데 혹시 이 단어는 이렇게 발음하면 어떨까요?"

"저도 이 발음 때문에 한참 고민했는데, 이렇게 해보니까 좀더 편하더라고요."

이런 방식의 피드백은 서로의 자존감을 지키면서도 자연스럽게 성장하도록 만들어줍니다.

누구나 칭찬을 받을 때 더 잘하고 싶어집니다. 제가 아는 한 부부는 매일 저녁 산책을 하며 영어로 대화를 나눕니다. 그들만의 독특한 루틴이 있었는데, 바로 "Today's best expression! 오늘의 최고의 표현"을 뽑는 겁니다. 대화 중 서로가 가장 잘 표현한 문장을 선택하고 칭찬하며 기억하는 방식이었죠. 이 작은 게임이 두 사람의 영어 실력을 크게 향상시켰다고 합니다. 새로운 단어를 사용했거나, 평소보다 긴 문장을 말하는 등, 작은 진전도 놓치지 말고 칭찬해보세요.

5단계 매일 정해진 시간에 학습 루틴 유지하기

함께 공부할 시간을 정할 때는 서로의 생활 패턴을 충분히 고려하는 것이 중요합니다. 아침형 인간이라면 출근 전 30분을 활용하고, 저녁형 인간이라면 퇴근 후 한 시간도 좋습니다. 심지어 점심시간의 20분도 훌륭한 선택이죠. 중요한 건 한 번 정한 시간을 꾸준히 지속하는 겁니다. 처음엔 '하루에 10분만이라도 괜찮아'라는 마음으로 시작하세요. 자연스럽게 20분, 30분으로 늘어날 겁니다. 약속을 지키기 어려운 날에는 온라인으로 카카오톡 보이스톡이나 줌Zoom을 활용하면 어디서든 대화를 이어갈 수 있습니다. 파트너와 함께 1주일 단위로, 도전 목표를 다르게 세우는 것도 좋은 방법입니다.

1주 : 현재형 문장만 사용하기

2주 : 과거형 문장 연습하기

3주 : 미래의 계획을 이야기하기

6단계 짧은 대화에서 길고 복잡한 대화로 발전시키기

처음부터 완벽한 문장을 구사하려 애쓰지 마세요. 짧은 문장으로 시작해 점점 대화를 확장해보세요. "Hi, how are you?", "What do you do?"처럼 간단한 문장도 훌륭한 출발입니다. 익숙해지면 거기에 짧은 답변을 더하고, 이어서 질문을 던지는 방식으로 조금씩 대화를 길게 늘여 가보세요.

● **파트너와 대화 확장하기**

예시 기본 질문과 답변

How are you? 어떻게 지내세요?

I'm good. 저는 잘 지내요.

확장 1 하나의 이유 추가하기

How are you? 어떻게 지내세요?

I'm good. The weather is nice today. 저는 잘 지내요. 오늘 날씨가 아주 좋네요.

확장 2 추가 질문하고 답하기

How are you? 어떻게 지내세요?

I'm good. The weather is nice today. How about you? 저는 잘 지내요. 오늘 날씨가 아주 좋네요. 당신은 어때요?

I'm tired. I worked late yesterday. 저는 피곤해요. 어제 늦게까지 일했어요.

더 알아보기

피드백 친구 만들기

함께라면 혼자보다 훨씬 더 먼 곳까지 갈 수 있다. 혼자 공부하더라도 내가 잘하고 있는지 확인이 필요한데, 그럴 때 피드백 동반자를 찾아보자.

피드백 동반자 찾는 방법
① 카카오톡 피드백 그룹 만들기
- 비슷한 목표를 가진 친구 3~4명과 카카오톡 그룹챗을 만든다.
- 매일 돌아가며 영어 음성 메시지를 보내고 피드백을 주고받는다.
- 오늘의 실수 공유하기 : "'I am bored'라고 말해야 했는데, 'I am boring'이라고 말했어요" 등. 다른 사람의 실수담은 감정이입이 되면서 더 잘 기억에 남는다.

② 언어 교환 앱 활용하기
- 헬로톡^{HelloTalk}이나 탄뎀^{Tandem} 같은 언어 교환 앱에서 한국어를 배우고 싶어 하는 외국인을 찾는다.
- 매일 5분씩 음성 메시지로 대화하며 서로의 발음과 표현을 부드럽게 교정해준다.

③ 가족 피드백 타임 만들기
- 저녁 식사 시간에 10분 동안 영어로 대화를 나눈다.
- 아이들의 영어 숙제를 도우며 함께 배우는 시간을 가진다.
- '우리 가족 실수 모음집'을 만들어 냉장고에 붙이고, 오가며 반복하는 학습 습관을 만든다.

매일 5분만이라도
손으로 써보라

영어 학습에서 말하기와 듣기만큼이나 중요한 것이 쓰기입니다. "매일 5분간이라도 글을 쓰면 전반적인 언어 능력이 크게 향상한다"는 것이 하버드 교육대학원의 최근 연구결과입니다. 또한 쓰기는 단순히 어휘력을 키우는 데 그치지 않고, 학습한 내용을 장기 기억으로 저장하는 데에도 큰 도움이 됩니다.

그렇다면 무엇에 대해 써야 할까요. 지금까지 우리는 영어 작문법의 틀에 맞춰 정확한 문법, 논리적 연결 등을 생각하느라 쓰기에 부담을 느껴왔습니다. 그러나 앞서 말했듯이 우리가 좋아하고 관심 있는 것을 표현한다면, 쓰기도 즐거운 일이 됩니다. 패션을 좋아하면 트렌드에 대해 쓰고, 여행을 좋아한다면 여행 경험이나 가고 싶은 곳에 대해 쓰는 거죠. 다음과 같이 좋아하는 주제를 선택하면 흥미를 갖고 글을 써나갈 수 있어요.

◆ 자기소개 : 나의 취미, 성격, 좋아하는 것

◆ 여행 이야기 ; 여행했던 곳, 가고 싶은 여행지

◆ 영화 & 책 리뷰 : 인상 깊은 영화나 책 소개

◆ 하루 일기 : 오늘의 경험과 감정을 기록

◆ 시사 & 뉴스 : 최근 관심 있는 뉴스 요약

자신이 좋아하는 음식, 취미, 여행, 영화 등의 주제들은 영어 쓰기 학습을 시작하기에 아주 좋은 출발점입니다. 처음에는 한 단어, 한 구절부터 시작해서 한 문장, 두 문장으로 확장해가면 됩니다. 영화 대사나 문학 작품의 인상적인 문장을 따라 써보는 '영어 필사'는 문장 구조와 표현을 자연스럽게 익히는 데 매우 효과적인 방법입니다. 마치 화가가 명화를 따라 그리며 그림 실력을 키우듯, 좋은 문장을 손으로 직접 써보며 언어 감각과 표현력을 길러갈 수 있습니다.

9 SNS 팔로우와 커뮤니티 활동 : 짧고 생생한 표현 익히기

SNS는 실생활에서 자주 사용되는 영어 표현들을 접할 수 있는 공간입니다. 특히 SNS에서는 짧고 간결한 표현을 많이 쓰기 때문에 영어 초보자에게 아주 좋습니다. 인스타그램이나 페이스북에서 관심 분야의 영어 계정을 팔로우해보세요.

재미있게 SNS를 활용하는 법! 각 주제와 관련된 사진을 찍어서 간단한 영어 설명과 함께 SNS에 올려보세요. 음식이 주제라면 다음과 같은 문장을 쓸 수 있어요.

"This is my favorite dish, spicy Korean ramen. 이건 제가 가장 좋아하는 음식이에요, 매운 한국 라면입니다", "It's so delicious and comforting! 정말 맛있고 위로가 돼요" 등. SNS에 '사진+캡션 올리기'는 자신의 생각을 시각적으로 표현하고 공유하는 장점이 있습니다. 사진을 활용하면 다른 사람들의 시선을 받기 쉬워서 더욱 활발하게 소통할 수 있어요.

■ SNS를 활용한 학습 10단계

1단계 관심 분야 정하기

요리, 반려동물, 여행, 운동, 자기 계발 등 평소에 관심 있는 주제를 정해보세요. 관심 분야가 구체적일수록 꾸준히 팔로우할 동기가 생기고, 즐기며 학습할 수 있습니다.

2단계 자주 사용하는 SNS 플랫폼 선택하기

인스타그램, 페이스북, 유튜브, 트위터 등, 각 플랫폼마다 서로 다른 장점이 있습니다. 인스타그램은 사진 중심에 짧은 글을 올립니다. 간단한 표현을 익히기 좋아요. 유튜브는 영상으로 실생활 영어를 접할 수 있고, 페이스북에서는 글을 읽고 댓글을 달며 소통하기 좋습니다.

3단계 관심 분야의 영어 키워드 검색하기

선택한 SNS 플랫폼에서 영어 키워드를 검색해보세요. 여행에 관심이 있다면 #travelphotography 또는 #bucketlist 같은 해시태그로 검색하고, 요리라면 #cooking이나 #recipes 같은 해시태그를 검색해 관련 계정을 찾을 수 있습니다.

4단계 유명한 영어 계정 팔로우하기

관심 분야에서 유명하거나 인기가 많은 영어 계정을 팔로우해 보세요.

요리 : @tasty (다양한 요리법을 짧게 보여주는 계정)

여행 : @beautifuldestinations (아름다운 여행지 소개)

자기계발 : @garyvee (자기계발과 동기부여)

패션 : @voguemagazine (최신 패션 트렌드)

5단계 짧은 문장 읽고 따라 해보기

팔로우한 계정에 올라오는 짧은 글을 반복적으로 따라 읽어보세요. 예를 들어, 요리 게시물에 자주 나오는 'Easy and delicious recipe! 간단하고 맛있는 레시피' 같은 문장을 보고 소리 내어 읽으면, 어휘력이 늘고 영어 문장 구조에 익숙해집니다.

6단계 반복되는 표현에 집중하기

관심 분야의 계정을 보면 자주 나오는 표현들이 있어요. 여행 계정에서는 "breathtaking view숨 막히는 경치", 운동 계정에서는 "stay motivated동기를 유지하세요" 같은 표현들이죠. 자주 나오는 표현을 익혀두면, 실생활에서도 자연스럽게 사용할 수 있습니다.

7단계 간단한 댓글 남기기

마음에 드는 게시물에 영어 댓글을 간단하게 남겨보세요. 예를 들어, "This looks amazing! 멋져 보여요", "I want to try this recipe! 이 요리를 해보고 싶어요" 같은 짧은 댓글을 남기는 거죠. 처음에는 한두 단어 또는 짧은 문장부터 시작해보세요. 상대방의 글에 감사를 표현할 때는 "Great post! Thanks for sharing. 멋진 게시물이에요! 공유해줘서 고마워요.", "This really touched me. 정말 감동했어요."라는 댓글을, 또 유용한 정보를 얻었을 때는 "This really helped me. 큰 도움이 됐어요.", "So grateful you shared this. 나눠주셔서 감사해요"라고 하며 고마움을 표현하다 보면 생생한 표현을 익힐 수 있습니다.

8단계 짧은 영상의 생생한 표현 듣기

인스타그램의 스토리나 릴스Reels 기능을 통해 짧고 실용적인 영어 표현을 반복해서 들어보세요. 예를 들어 요리 영상에서 "Let's start with chopping the vegetables. 채소 썰기부터 시작해볼게요"와 같은 표현을 반복해 보면서 듣기와 발음 연습을 할 수 있어요.

9단계 유용한 표현과 게시물 저장해 복습하기

인스타그램이나 페이스북에는 유용한 게시물을 저장하는 기능이 있습니다. 유익하거나 배우고 싶은 게시물은 저장해두고 복습하세요. 예를 들어 마음에 드는 요리 설명이 담긴 게시물을 저장해놓고, 필요할 때마다 복습하면 학습 내용이 오래 기억됩니다.

10단계 팔로우한 영어 계정에서 꾸준히 영어 배우기

관심 있는 영어 계정의 타임라인에서 영어 콘텐츠를 일상적으로 접하면, 따로 학습시간을 두지 않아도 일상에서 영어를 즐기며 배우게 됩니다.

10 영어책 필사 : 읽으면서 쓰면 외워진다

영어 실력을 키우는 가장 강력한 방법 중 하나가 바로 '독서'입니다. 최근 영국 케임브리지 대학에서 발표된 연구결과에 따르면, "짧은 영어 텍스트를 규칙적으로 읽는 것만으로도 어휘력이 단 6개월 만에 30퍼센트 이상 향상된다"고 합니다. 여기에 손으로 직접 쓰면서 익히면 극대화가 됩니다. 눈으로 읽고, 입으로 따라 읽고, 손으로 직접 적어보는 과정에서 영어가 단순한 '지식'이 아니라 '몸에 밴 언어'가 되는 것이죠.

영어 독서는 긴 문장이나 복잡한 문학작품보다 짧고 쉬운 글부터 시작하는 게 좋습니다. 특히 동화책은 쉬운 단어와 간단한 문장으로 쓰여 있고, 반복되는 패턴이 많아 자연스럽게 익힐 수 있습니다. 예를 들어, "Once upon a time옛날 옛적에" 같은 표현을 손으로 여러 번 써보면 문장 구조가 무의식적으로 머릿속에 각인됩니다.

또 많은 영어 동화책에는 오디오북이 제공되기 때문에 원어민 발음을 들으며 따라 읽는 연습도 가능합니다. 여기에 문장을 직접 써보면 말하기 실력까지 향상됩니다. 손으로 쓴 문장은 기억에 오래 남고, 실제로 말할 때도 훨씬 자연스럽게 떠오르기 때문입니다.

'바쁜데 언제 책을 읽겠나' 하는 생각이 든다면, 하루 10분 틈새 시간을 활용해보세요. 하루 단 10분의 독서만으로도 연간 1,000개 이상의 새로운 단어를 익힐 수 있다고 합니다. 문맥 속에서 단어를 배우면 그 의미가 장기 기억에 저장될 가능성이 3배 이상 높아진다는 연구 결과가 있습니다. 책을 읽다가 마음에 드는 문장을 발견하면, 손으로 적어보세요. 단 한 문장이라도 써보는 습관이 쌓이면 어느 순간 영어 문장이 자연스럽게 떠오르는 순간이 옵니다.

■ 초보자를 위한 영어 독서와 필사책 추천

1단계 영어 그림책

①《The Very Hungry Caterpillar 배고픈 애벌레》, 에릭 칼 지음

· 요일, 숫자, 음식 이름 등 기초 단어 학습

· 반복적인 문장 구조로 읽기 부담 없음

②《Goodnight Moon 달님 안녕》, 마거릿 브라운 지음

· 가벼운 문장으로 사물 이름과 인사 표현 익히기 좋음

· bedtime routine (잠자기 전 인사) 같은 일상 표현 학습

③《We're Going on a Bear Hunt 우리는 곰사냥을 간다》, 마이클 로젠 지음

· go over, go under, go through 등 기본 동사와 전치사 자연스럽게 학습

· 큰 소리로 따라 읽으며 발음 연습과 말하기 자신감 향상

2단계 짧은 영어 단편집

①《Five-Minute Stories 5분 만에 읽는 이야기》 (Beginners)

· 한 편당 5분 이내로 읽을 수 있는 짧고 간결한 이야기 구성

· 매일 짧게 읽으며 꾸준히 영어 읽기 습관 형성

②《Oxford Bookworms Library 옥스포드 북웜스 라이브러리》 (Starter & Level1)

· 고전 명작부터 현대 이야기까지 다양한 주제를 쉬운 영어로 각색

· 오디오북, 워크북 등 읽기·듣기·쓰기를 종합적으로 학습

③《Penguin Readers 펭귄 리더스》 (Level 1)

· 대화문 중심의 문장으로 생활 영어 표현과 회화 감각 향상

· 다양한 주제와 흥미로운 콘텐츠로 꾸준한 영어 읽기 지속

3단계 **쉬운 소설**

① 《Charlotte's Web 샬롯의 거미줄》, 엘윈 브룩스 화이트 지음

· 어린이 고전으로, 쉬운 어휘와 문장 구조로 초보자가 읽기 적합

· 오디오북과 함께 쉐도잉, 듣기 연습도 가능, 통합 학습 효과 높음

② 《The Little Prince 어린 왕자》, 앙투안 드 생텍쥐페리 지음

· 반복되는 대화문으로 기본 문장 구조와 표현 학습

· 원서 외에도 초급자용 리디북스나 펭귄 리더스 버전 활용 가능

③ 《Anne of Green Gables 빨강 머리 앤》 루시 몽고메리 지음

· 초급자용 쉬운 버전(펭귄 리더스, 옥스퍼드 북웜스 등)으로 각색

· 오디오북, 영화, 드라마 등 다양한 미디어와 연계 학습 가능

● **영어 틈새 독서 방법**

• **아침 커피 타임** : 짧은 명언 한 구절 / 에세이 한 단락 / 신문 헤드라인

• **점심시간** : 단편소설 한 페이지 / 쉬운 영어 잡지 기사 / 요리 레시피

• **저녁시간** : 그림책 한 권 / 짧은 동화 / 일기 쓰기

독서 기록 남기기

• 오늘 읽은 내용 한 줄 요약

• 새로 배운 단어 3개씩 기록

• 가장 마음에 든 문장 필사

• 이야기와 관련된 자신의 느낌, 경험을 영어로 짧게 쓰기

11 리뷰 쓰기 : 섬세하고 구체적인 표현 배우기

리뷰review란 특정한 제품, 영화, 책, 음식, 서비스 등에 대해 자신의 경험과 의견을 작성한 글입니다. 어휘력을 확장하고, 글쓰기 능력을 향상시키는 데다 논리적 사고력까지 기를 수 있습니다. 제품 구입 후에는 보통 이런 리뷰를 남길 수 있어요.

예시 상품 리뷰

This product is worth the price. 이 제품은 가격만큼의 가치가 있어요.

I highly recommend this! 이걸 강력 추천해요!

Exactly as described. 설명과 똑같아요.

Worth the price. 가격 대비 가치가 있어요.

Poor quality. 품질이 별로예요.

Shipping took too long. 배송이 너무 오래 걸렸어요.

특히 자신이 좋아하는 주제에 대한 리뷰를 영어로 작성하는 것은 흥미롭고 유익한 학습 방법입니다. 리뷰를 작성할 때는 구체적으로 설명하는 것이 좋아요. 단순히 "It was good. 좋았다" 또는 "It was not great. 별로였다"라고 표현하기보다 왜 좋았는지, 왜 별로였는지를 구체적으로 묘사하는 거죠. 이 과정에서 다양한 형용사를 익힐 수 있습니다.

영화 리뷰에서는 'emotional감동적인', 'unpredictable예측할 수 없는', 'engaging몰입감 있는' 등을 사용할 수 있어요. 또한 의류 제품 리뷰에서는 'lightweight가벼운', 'durable내구성이 좋은', 'comfortable편안한' 같은 표현을 쓸 수 있습니다. 음식 리뷰에서는 'crispy바삭한', 'sweet달콤

한', 'savory짭잘한' 같은 표현을 사용해서 어휘력을 확장시킬 수 있어요.

간단한 문장부터 시작해보세요. 예를 들어, 영화를 보고 **"The movie was fun.** 그 영화는 재미있었어요"라고 짧게 감상을 남기거나, 디저트를 먹고 **"The cake was very sweet.** 그 케이크는 매우 달았어요"라고 맛에 대한 의견을 쓸 수 있어요. 식당에 갔을 때 **"The staff was nice.** 직원이 친절했어요"라고 서비스에 대해 간단한 평가를 남길 수 있습니다.

좀더 확장한 리뷰는 서론(소개) → 본론(세부 평가) → 결론(총평)의 구조로 쓰면 됩니다. 이와 같은 예시로, 다음의 영화 리뷰를 한 문장씩 끊어서 살펴봅시다.

예시 영화 리뷰

I watched Inception last weekend. 나는 지난 주말에 〈인셉션〉을 봤어요.

The storyline was very interesting and kept me engaged. 줄거리가 매우 흥미로웠고 나를 몰입하게 만들었어요.

It made me feel excited and curious, 신나고 호기심이 생기게 했죠.

and I would recommend this movie to anyone who loves science fiction. 공상과학 영화를 좋아하는 사람들에게 추천하고 싶어요.

I give it 4 out of 5 stars. 나는 이 영화에 별점 5점 만점에 4점을 줍니다.

리뷰는 왜 그렇게 느꼈는지를 설명해야 좋은 글이 됩니다. 단순히 '이 영화가 재미있었다'라고 말하는 대신, **"The actors' performances were outstanding, and the story was so interesting that I was completely immersed.** 배우들의 연기가 뛰어났고, 스토리가 흥미로워서 몰입

할 수 있었다"라고 표현하는 것이죠. '음식이 맛있었다'에서 끝내지 않고, **"They used fresh ingredients, which gave the dish a deep flavor, and the cooking method was delicate.** 신선한 재료를 사용해 풍미가 깊었고, 조리법이 섬세했다"와 같은 구체적 표현으로 완성도 높은 리뷰가 됩니다.

■ 영어 리뷰 쓰기 7단계

1단계 간단한 정보 제공하기

영화, 책, 제품 등 리뷰 할 대상에 대해 한두 문장으로 간단히 설명해보세요. 다음 예시처럼요.

I tried a new coffee shop near my house. 집 근처 새로 생긴 커피숍에 가봤어요.

2단계 좋았던 점이나 인상 깊었던 점 쓰기

해당 콘텐츠나 제품에서 좋았던 점 한두 가지를 간단히 설명합니다. 어떤 부분이 특히 좋았는지 구체적으로 표현해주세요.

The coffee was smooth and had a rich flavor. 커피가 부드럽고 풍미가 좋았어요.

3단계 감정을 표현해보기

간단한 감정 표현으로 'fun즐거운', 'cozy아늑한' 'relaxing편안한' 등의 단어를 사용할 수 있습니다.

The restaurant had a cozy atmosphere, and I felt relaxed. 레스토

랑 분위기가 아늑해서 편안하게 느껴졌어요.

4단계 다른 사람에게 추천하기

이 콘텐츠나 제품을 다른 사람에게 추천하는 의견을 간단하게 남겨보세요.

If you like Italian food, you should try this restaurant. 이탈리안 음식을 좋아하신다면 이 레스토랑에 가보세요.

5단계 별점이나 점수로 평가하기

리뷰의 마지막에 간단히 별점이나 점수를 매겨보세요. 이렇게 하면 리뷰를 한눈에 요약할 수 있어 독자에게 더 쉽게 전달됩니다.

It's a 9/10 for me. 10점 만점에 9점이에요.

6단계 자주 쓰이는 표현 익히기

리뷰를 작성하면서 "enjoyed it. 저는 그것을 즐겼어요", "It was interesting. 그것은 흥미로웠어요", "recommend it. 저는 그것을 추천합니다", "Very helpful. 매우 도움이 되었어요"와 같이 자주 쓰이는 표현들을 익히고 활용하세요. 앞에서 제시한 1단계부터 5단계까지의 내용을 종합하여 간단한 리뷰를 작성해 보세요.

7단계 리뷰에 대한 피드백 받기

작성한 리뷰를 가족과 친구에게 보여주고 피드백을 받아보세요. 다른 사람의 의견을 듣고 문장을 고쳐 나가면, 표현이 점점 더 자연스러워집니다.

12 '나'를 기록하기 : 영어로 쓰면 솔직해진다

영어 초보자에게 가장 중요한 것은 재미있고 지속 가능한 학습법을 찾는 것입니다. 그중 하나는 '나'를 영어로 표현하는 것입니다. 영어는 직관적인 문장을 우선하기 때문에, 나 자신에 대해서도 솔직하게 쓸 수 있다는 장점이 있습니다. 처음에는 "I like~"를 활용해 내가 좋아하는 것들을 써보세요. 음악, 음식, 장소처럼 가벼운 주제에서 시작해 점점 감정, 신념, 가치관, 삶의 목표까지 확장해보세요. 영어로 쓰는 나만의 짧은 일기, 그것이 어느새 가장 진심 어린 글이 됩니다.

예시 1 I like the smell of coffee in the morning. 나는 아침에 커피 향을 좋아해요.

예시 2 My favorite singer is Taylor Swift. I love her songs because they are emotional and meaningful. 내가 가장 좋아하는 가수는 테일러 스위프트예요. 그녀의 노래를 좋아하는 이유는 감성적이고 의미가 있기 때문이에요.

예시 3 I enjoy reading fantasy novels because they take me to another world. 나는 판타지 소설을 읽는 걸 좋아해요. 날 다른 세상으로 데려다주거든요.

하루에 한 문장이라도 즐거운 소재로 기록하기! 'I like~', 'I love~' 'I enjoy~' 문장이 익숙해지면, 'My goal is~나의 목표는', 'I want to~나는 ~하고 싶다', 'I believe~나는 믿는다' 등으로 확장해보세요. 이 과정을 스마트폰 메모장에 기록해두면 나만의 작은 역사가 됩니다. 매일 한 문장! 영어로 자신을 표현하는 습관은 영어 실력 향상과 함께 자신을 더 깊이 이해하는 기회가 될 거예요.

■ 'I like~' 로 나를 알아가는 7단계

1단계 기본 문장 구조로 시작하기

가장 간단한 '주어 + 동사 + 목적어' 구조로 문장을 구성해보세요.
'I like~', 'I enjoy~' 등의 표현으로 시작하면 됩니다.

I like reading books. 저는 책 읽는 걸 좋아해요.

I enjoy cooking Italian food. 저는 이탈리안 요리를 즐겨요.

2단계 좋아하는 이유 붙이기

왜 그것을 좋아하는지 이유를 추가해보세요. 'because'나 'since' 같은 연결어를 사용해서 문장을 확장하면 더욱 풍부한 표현이 됩니다.

I like reading books because it helps me relax. 나는 독서를 좋아해요.
마음이 편안해지거든요.

I like dogs since they make me happy. 나는 강아지를 좋아해요. 나를 행복
하게 해주기 때문이에요.

I like helping others because it makes me feel useful. 다른 사람을 돕
는 걸 좋아해요. 내 자신이 쓸모 있다고 느껴지거든요.

3단계 '언제, 어디서'에 대한 정보 추가하기

자신이 좋아하는 활동에 대한 정보를 더해서 구체적으로 설명해보
세요. When과 Where에 대한 정보를 넣어 무엇을 언제, 어디서 하는지
를 덧붙이면 표현이 더 풍부해집니다.

I enjoy hiking in the mountains on weekends. 주말에 산에서 하이킹하는
걸 좋아해요.

I like listening to music in my free time. 자유 시간에 음악 듣는 걸 좋아해요.

감정을 나타내는 'exciting신나는', 'amazing멋진' 등을 활용해보세요. 문장이 생동감 있게 들립니다.

I love traveling because it's exciting and I get to see new places. 여행을 좋아해요. 새로운 곳을 보는 게 신나거든요.

Reading is amazing because it takes me to different worlds. 독서는 정말 멋져요. 다른 세계로 데려가주거든요.

"I recommend~", "If you like~", "you should try~" 같은 표현으로 추천하는 문장을 구성할 수 있어요.

If you like mysteries, I recommend reading Agatha Christie's books. 추리물을 좋아하신다면, 아가사 크리스티의 책을 추천드려요.

If you love Italian food, you should try making pasta at home. 이탈리안 음식을 좋아하신다면, 집에서 파스타를 만들어보세요.

같은 내용을 문장의 구조를 바꿔서 표현해보세요. 응용력이 생깁니다.

I like watching movies. 나는 영화 보는 걸 좋아해요.

→ Watching movies is one of my favorite hobbies. 영화 보기는 내가 가장 좋아하는 취미 중 하나예요.

7단계 가족이나 친구에게 이야기해 보기

연습한 내용을 가족이나 친구에게 영어로 간단히 이야기해 보세요. 나른 사람에게 설명하는 과정을 통해 배운 표현을 적절하게 사용하는 법을 익힐 수 있어요.

I tried a new recipe today, and it was delicious! 오늘 새로운 요리를 시도했는데 정말 맛있었어요.

I watched a great movie yesterday. It was really interesting and made me laugh a lot. 어제 정말 재미있는 영화를 봤어요. 정말 흥미롭고 많이 웃겼어요.

13 미니 다이어리 쓰기 : 하루 한 줄, 실력이 쌓인다

일기는 오늘 하루 있었던 일이나 생각을 기록하는 것입니다. 매일 써야 한다는 부담을 느낄 수도 있으니, 이름을 '미니 다이어리'라고 부르며 간단하게 기록하는 것도 좋은 방법입니다. 장문을 써야 한다는 부담 없이 한 문장부터 시작해보세요. 'Today is good'처럼 짧고 간단한 문장 하나로 시작해도 충분합니다. 다음과 같은 팁을 참고하면 가볍게 일기 쓰기를 시작할 수 있습니다.

틀리는 게 당연하다는 마음으로 첫 문장 써보기
그날의 키워드를 정해 간단히 기록해보기
일상에서 눈에 띄는 소소한 순간들을 적어보기

영어 일기를 잘 쓰는 분들에게는 하나의 공통점이 있습니다. 자기만의

'일기 시간'이 있다는 것이죠. 새벽의 고요 속에서 커피 한 잔과 함께 글을 써내려가는 분도 있고, 저녁 시간 하루의 생각을 정리하는 분도 있습니다. 중요한 것은 그 시간들이 일상의 루틴이자, 작은 의식으로 자리 잡았다는 거예요. 이렇게 하면 영어 실력 향상과 함께 자기관리 능력도 자연스레 길러질 것입니다. 어떤 분은 일기를 이렇게 시작했습니다.

Time : 10 PM

Place : my desk

Activity : write diary

'매일 밤 10시, 세 문장'으로 일기를 쓰기로 결심한 것입니다. 단순해 보이지만, 습관으로 자리 잡기까지는 많은 노력이 필요했습니다. '3일만 해보자, 1주일만 더, 하루만' 하면서 계속 이어갔더니 어느 순간 당연한 일과가 되었다고 합니다. 영어 일기, 사실 그렇게 어렵지 않습니다. 어렵게 느껴졌던 이유는 아직 시작하지 않았기 때문이고, 시작하더라도 꾸준히 이어가지 못했던 기억 때문입니다. 오늘, 작은 노트 한 권을 마련해 한 문장, 두 문장을 기록해보세요. 몇 달 후 그 노트를 펼쳐 보면 자신이 얼마나 성장했는지 한눈에 보일 거예요.

■ 단계별 영어 다이어리 쓰기

1단계 **기초 :** 간단한 문장으로 시작하기. 현재형 위주로, 일상적인 활동에 대해 기록합니다.

I wake up at 7. 나는 7시에 일어난다.

I go to school at 8. 나는 8시에 학교에 간다.

I listen to music on the bus. 나는 버스에서 음악을 듣는다.

2단계 **중급** : 감정과 생각을 표현하기. 과거형과 미래형을 사용해보고, 날씨와 기분을 묘사합니다.

I felt happy because I got a good grade. 나는 좋은 점수를 받아서 행복했다.

Tomorrow will be exciting because I have a trip. 내일은 여행이 있어서 신날 것이다.

I was tired because I studied until late. 늦게까지 공부해서 피곤했다.

Next week, I will start a new hobby. 다음 주에 새로운 취미를 시작할 것이다.

3단계 **심화** : 자세한 상황을 설명하고, 다양한 시제를 활용합니다. 개인적인 생각과 의견을 덧붙여보세요.

While studying, I discovered how much I love reading. 공부하면서 내가 독서를 얼마나 좋아하는지 알게 되었다.

If I could change today, I would have gone for a walk. 오늘 한 가지만 바꿀 수 있다면 산책을 했을 것이다.

Looking back on today, I think I should have been more patient. 오늘을 돌아보면, 나는 더 참았어야 했다.

■ 시간별 영어 다이어리 쓰기

① 아침 : 하루 계획 세우기

예시 Today's weather is sunny and warm. 오늘 날씨는 맑고 따뜻하다.

I plan to study for my math test. 나는 수학 시험공부를 할 계획이다.

My goal for today is to finish reading my book. 오늘의 목표는 책을 다 읽는 것이다.

I feel excited about today's trip. 나는 오늘의 여행이 기대된다.

② 점심 시간 : 간단하게 기록하기

예시 For lunch, I had a sandwich. 점심은 샌드위치를 먹었다.

I met my old friend at the cafe. 나는 카페에서 오랜 친구를 만났다.

The meeting was productive and interesting. 회의는 생산적이고 흥미로웠다.

Something interesting happened at school today. 오늘 학교에서 재미있는 일이 있었다.

③ 저녁 시간 : 하루 일과 마무리

예시 Today was a busy but fulfilling day. 오늘은 바빴지만 보람찬 하루였다.

The best part was having dinner with my family. 가장 좋았던 점은 가족과 저녁을 함께한 것이었다.

I learned a new word in English today. 나는 오늘 새로운 영어 단어를 배웠다.

Tomorrow, I will wake up early and exercise. 내일은 일찍 일어나서 운동할 것이다.

인생은 무엇을 하든 늦지 않습니다, 내가 지금 시작한다면

여기까지 오느라 수고 많으셨습니다.

영어공부를 다시 시작한다는 것은 단지 언어를 배우는 일이 아닙니다. 그것은 오래전의 나와 다시 마주 앉는 일이며, 삶의 어느 갈피에 접어 두었던 꿈과 꺼내지 못한 말들, '나도 한 번쯤은…' 하고 마음속에만 품고 있던 갈망들을 다시 들여다보는 일입니다. 말하자면, 자신에게로 통하는 작은 문을 여는 것이지요.

오십 이후의 배움은 젊은 날의 공부와 다릅니다. 속도에 쫓기지 않고 점수에 얽매이지 않으며, 타인의 시선을 의식하지 않아도 됩니다. 이제 야 비로소, 배우는 일이 온전히 나를 위한 것이 될 수 있음을 압니다. 익숙한 일상에 젖어있던 나를 깨우고, 삶에 새로운 질문을 던지게 하는 것—그 시작이 영어였다면, 그것만으로도 이 책은 충분히 제 역할을 다

한 셈입니다.

바람이 있다면, 부디 영어에 머물지 않기를 바랍니다. 외국어 한마디를 익히는 기쁨이 독서로, 글쓰기로, 악기로, 혹은 걷기나 그림 등, 새로운 경험으로 이어지기를 바랍니다. 무엇이든 좋습니다. 중요한 것은 '다시 시작했다'는 사실, 그리고 그 시작이 여러분의 삶을 더 넓고 깊게 만들어줄 것이라는 믿음입니다. 영어가 친구가 되었듯, 또 다른 배움도 곁을 내어줄 것입니다. 그렇게 우리는 나 자신과 대화하며 삶을 풍요롭게 가꾸는 법을 제대로 배워가는 것이겠지요.

여러분의 두 번째 청춘, 그 아름다운 도전에 따뜻한 응원을 보냅니다. 시간은 남은 것을 세는 것이 아니라, 어떻게 쓰느냐에 따라 늘어나는 법입니다. 서두르지 마세요. 천천히, 그러나 꾸준히 걸어가십시오. 그 걸음 하나하나가 결국, 여러분의 세계를 더욱 깊고 넓게 이끌어줄 테니까요.

Every step forward is a step toward yourself. 앞으로 나아가는 모든 걸음은 결국 자신을 찾아가는 여정입니다.

읽으면서 바로 말하는 영어 공부법 61

오십을 위한 오! 쉬운 영어

초판 1쇄 인쇄 2025년 5월 21일
초판 1쇄 발행 2025년 5월 28일

지은이 | 백선엽

발행인 | 박재호
주간 | 김선경
편집팀 | 허지희
마케팅팀 | 김용범

구성·교열 | 구해진
디자인 | 김태수
종이 | 세종페이퍼
인쇄·제본 | 한영문화사

발행처 | 생각정원
출판신고 | 제25100-2011-000320호
주소 | 서울시 마포구 양화로 156(동교동) LG팰리스 612-2호
전화 | 02-334-7932 **팩스** | 02-334-7933
전자우편 | 3347932@gmail.com

ⓒ 백선엽 2025

ISBN 979-11-93811-28-3 (03740)